法　　意

第二辑

赵明　主编

商務印書館
2008年·北京

卷 首 语

本刊名之曰“法意”，受近世大哲严复先生译孟德斯鸠巨著 *De l'Esprit des Lois* 之启示，意在承近世鸿儒之志，究心于立法者之意图，开吾国法哲学研究之新篇章。

康有为有言，凡天下之大，不外制度、义理两端。法哲学关乎法之精神气质、价值诉求及意义根基，非注释性和技术性之形而下考察，乃追问式、批判式之形而上探究，自觉于法和法学之语言与逻辑，立内在而超越之标准，明国家政制法度之义理。然则逻辑与历史相一致：经验历史凭义理而呈现精神方向，义理藉经验历史而开示与确证。学界斤斤于“当下问题”而不知其历史根基，而不明法哲学之“问题意识”，而疏于义理之逻辑勘察，“小学”也！吾辈痛乎此而兴拯病之愿，欲返回历史，探经典之玄奥，以启社会之蒙覆，重振“大学”精神。是故，本刊不仅刊名冠之以经典，且栏目亦以经典之名标示，惟望汇聚学界同仁之鸿篇，共谋吾国法哲学之将来！

因当下而兴志，为历史而沉潜，展未来而昂扬——路漫漫其修远兮，吾辈将上下而求索！

赵　明

公元 2006 年 1 月 14 日

目　录

法的形而上学原理

赵明　康德论“自然权利”…… 3

建国文献研究

林国基　比希莫特抑或利维坦——美国建国的生死问题 …… 71
刘晨光　反联邦党人成败论…… 100
纳坦·塔科夫　联邦党人和反联邦党人论对外事务…… 120

孟德斯鸠《法意》中文版百年纪念

爱尔维修　关于研读《论法的精神》之手稿致函法兰西学院
孟德斯鸠院长和 M. Saurin 先生 …… 143
列奥·施特劳斯　论柏拉图的《米诺斯篇》…… 151

神人古事

郑文龙　古希腊城邦与宗教:荷马史诗与库朗热的《古代城邦》 …… 169
肖厚国　人类实践理性的一次冒险之旅——读索福克勒斯
《安提戈涅》…… 197

和平的保卫者

王利　保卫“利维坦”——论霍布斯政治哲学中的现代国家…………… 233
Harvey C. Mansfield　TOCQUEVILLE ON LEADERSHIP IN DEMOCRACY(英文版) ………………………………………………… 278
哈维·曼斯菲尔德　托克维尔论民主中的领袖(中文版)……………… 288

春秋决狱

林国华　大革命与新制度——希罗多德《原史》Ⅲ.79—83 意图略考…… 297

法的形而上学原理

康德论“自然权利”

赵　明

康德的法权哲学不仅不否定古典自然法学倡导的“自然权利”学说，而且认为“权利科学研究是有关自然权利原则的哲学上的并且是有系统的知识。从事实际工作的法学家或立法者必须从这门科学中推演出全部实在立法的不可改变的原则”①。然而，正因为如此，康德专门批判了以霍布斯为杰出代表的古典自然法学。② 因为以霍布斯为重要奠基人的古典自然法学在探讨“自然权利”的学理上存在严重的不足，远未能达到康德所要求的具有普遍必然性的纯粹理论知识的高度。古典自然法学提出并高扬了权利的意义，但将对权利的论证基础确立在人的自然本性之上，而所谓“本性”又被规定为人的自然欲望，这是自然主义和心理主义的论证方式，尽管就论证本身而言仍是理性主义的。对人之“本性”作“自然欲望”的把握使得“权利”之为“权利”（道德正当）本身成了问题，休谟和卢梭挑明了权利问题本身的危机。休谟的怀疑论使得建立在自然因果联系上的客观知识成了严重的问题，为霍布斯等人所特别看重的“欲望、激情、意志”不过是人的自然心理，它们依赖于人的习惯性心理联想，根本不具有逻辑的客观必然性规律，建立在这种自然心理基础之上的权利证明在知识论上是极不牢靠的；卢梭则通过凸显科学、艺术与道德的紧张关系向人们提出了人的自由和尊严及其与“权利”之内在关联的深刻问题，也即功用诉求对人性尊严的极大损伤。于是，

---

① 康德：《法的形而上学原理》，沈叔平译，商务印书馆1991年版，第38页。

② 《康德历史哲学论文集》，李明辉译，台湾联经出版事业公司2002年版，第113页以下。

在纯粹理性中探讨经验性的实在权利之先天根据成为康德法权哲学的重大主题之一。

一、康德直面的"自然法"传统

西方自然法观念源远流长,自古希腊罗马以降,中经中世纪,演进至康德的时代,形成了根深蒂固的自然法思想传统,正是在这一传统之中孕育并催生了作为近代国家政法制度之价值基础的"权利"精神和原则。本文无法对这一传统进行完整而系统的梳理,但为了能够凸现康德法权哲学的问题意识和思想立场,我们必须对古希腊哲人倡导的自然法理念和以霍布斯为代表的古典自然法学说进行回顾和清理;因为,康德正是在一定意义上通过重返柏拉图的立场,扬弃了霍布斯等人的主张,而为"自然权利"进行了实践理性的哲学奠基。

(一)古希腊的自然法理念

我们要真正把握古希腊的自然法理念,首先就得理解古希腊人的"自然"观念。自然观念既是古希腊自然科学和哲学的逻辑基础,也是古希腊人关于实在政法问题思考的逻辑基础。亚里士多德在其《论灵魂》中说过:"按照某些人的说法,泰勒斯似乎把灵魂看作一种能运动的东西,似乎他确实说过,磁石能使铁移动故而磁石有灵魂。"①正因为如此,他们不仅认为自然界是有规则和秩序的充满活力的生生不已的世界,而且认为是一个有理智的世界整体。所以,黑格尔认为:"说磁石有灵魂(如泰勒斯所说的)比起说它有吸引力更好些;力是一种性质,性质是可以和物质分离的,可以想象为一个述语;而灵魂则是磁石的这种运动,是和物质本性等同的。"②按照古希腊

① 苗力田主编:《古希腊哲学》,中国人民大学出版社1990年版,第21页。

② 黑格尔:《哲学史讲演录》(第一卷),贺麟、王太庆译,商务印书馆1959年版,第191页。

人的这种观念,植物和动物就不仅是分有世界"躯体"的物理机体,而且是在心理上分有世界灵魂的生命历程,是一个朝着高级目的的运动和发展的具有等级秩序的和谐世界。① 自然观念表达的其实是一种信念的力量,哲人们最初就是抱持这种信念对城邦政制进行反思和批评的。

亚里士多德将希腊早期思想家称为自然哲学家,这是在对古希腊人自然观念的准确把握下所必然得出的结论。当爱奥尼亚哲学家问"什么是自然"的时候,其问题实际是:事物是由什么组成的?或者,什么是"始基"?也就是什么是在我们所认识的自然界所有变化之下不变的"实体"?亚里士多德解释"始基"说:"一切存在着的东西由它而存在,最初由它生成,毁灭后又复归于它,万物虽然性质多变,但实体却始终如一,人们说,这就是一切存在着的东西的元素和本原。他们由此认为并没有真正的生存和灭亡,因为这样一种本性总是保持着。"②在古希腊语中,"自然"一词的本义就是指"本性";说它是"实体",则意味着这是一种使其持有者像它所标志的那样行为的东西,这种东西内在于其自身之中,是其行为的根源。如果行为的根源在其之外,它的行为就不是本性的,即是说不是主动的自身运动,而是被迫的。其实,这个"自然"之所以是"实体",还在于它是它自身,是动者的不动者,是永恒的存在。古希腊的"自然法"理念正是旨在揭示现实的、可变的政治法律制度和秩序之永恒的、不变的根据。

古希腊哲学家追问这个"自然"的道路是漫长的。最初,哲学家们坚信有某些作为"本性"的东西,他们相信本性是"一",而且其本身是"实体"或"物质",无论是泰勒斯的"水"、阿拉克西曼德的"气"、阿拉克西米尼的"不定形",还是恩披多克勒的"四因说",都应作如是观。③ 到了毕达哥拉斯这位伟大的哲学家,他开辟了一个新天地,得出了一个新的结论。他把这个"始基"或"本性"确立在几何结构或"形式"上,他发现不同的几何图像有着不同的质的差异,但作为类同的空间形状,它们没有任何物质的特殊性,仅是"形

---

① 罗宾·柯林伍德:《自然的观念》,吴国盛、柯映红译,华夏出版社 1998 年版,第 4 页。

② 苗力田主编:《古希腊哲学》,中国人民大学出版社 1990 年版,第 20 页。

③ 叶秀山:《前苏格拉底哲学研究》,生活·读书·新知三联书店 1982 年版,第 41—59 页。

式”而已。一个事物的本性,也就是使之如此行为的东西,不是它由以构成的东西而是它的结构,而结构又是可以用数学术语描述出来的。这就摆脱了先前哲学家们原来因探寻原初“物质”是什么的问题所带来的困境。为了解释事物的行为,就有必要公正地对待不同事物之间行为的相似性和它们之间的不同,而这只有数学形式才能做到,先前的物质性“始基”是无法达到这个目的的。尤其重要的是,数学形式提供了人类精神的和谐家园,因为在这个家园里,我们能够获得清晰而确定的知识,这才是真正理性的。黑格尔指出,毕达哥拉斯因以“数”为一个基本哲学概念而“把一般观念认为存在或真实的一切,都一下打倒了,把感性的实体取消了,把它造成了思想实体”,因此,他在古希腊哲学史上的地位处于从实在论哲学到理智哲学的过渡。[①] 从此以后,人们尽管要努力去发现非数学的形式,以便确定像人这样的存在者其行为的“本性”,但数学的精确性和清晰性则成了范本,所以,尽管柏拉图把事物的基本“本性”确立为“善”,但亚里士多德仍然把他视为一个毕达哥拉斯主义者。[②]

如果说泰勒斯师徒开创了西方哲学追问“自然”,也就是追问一个具有确定性和永恒性的“存在”传统:万物从其而来,又复归于它;毕达哥拉斯则把这个“存在”确立为“形式”。苏格拉底的伟大则在于他将哲学从大宇宙的自然世界转向了小宇宙的人本身,正是人这个特殊的存在者才能担负起追问和回答“存在”意义的神圣使命。尽管海德格尔认为正是从苏格拉底开始西方哲学走上一条遗忘“存在”的道路,但对“此在”,也就是人本身的考察不能不说是苏格拉底的贡献。正是苏格拉底的哲学追求和他的因其哲学追求所导致的悲剧性命运将“自然”与“习俗”、“礼法”的对立和冲突强烈地呈现于人的面前,将法律的“存在”极其强烈地展现为人们必须加以追问和审查的“自觉”问题。法律在过去是与未加审查的“习俗”、“习惯”连结在一起的,它的“规范性”特征一直被人们视为常识性真理,而通过“类比”成为人们追

---

① 黑格尔:《哲学史讲演录》(第一卷),第 217—220 页。

② 事实上,柏拉图与毕达哥拉斯学派的一些重要代表人物有相当复杂的渊源关系。参见汪子嵩等:《希腊哲学史》(第一卷),人民出版社 1988 年版,第 362—388 页。

问“自然”规则和秩序的信念源泉。比如，据文献记载，阿拉克西曼德就明确地将“始基”与“正义”联系了起来，他说：“万物由之产生的东西，万物又消灭而复归于它，这是命运规定了的。因为万物在时间的秩序中不公正，所以受到惩罚，并且彼此互相补足。”①西方有学者指出，阿拉克西曼德的宇宙正义是哲学中最重要的概念，和惩罚等概念一样，是从法律的术语转到物理学的术语，从法律领域移植到自然领域，从城邦生活扩大到宇宙中去。② 可是，这个“法律”本身却很可能是不公正的，是非理性的，甚至是暴虐的，苏格拉底的遭遇就清楚地向人们呈现了这样一点。苏格拉底的哲学不再以“自然界”为思考的对象，而是开始以人的“心灵正义”为对象，人的生命的意义和价值在于过有“德性”的生活，可什么是“德性”呢？苏格拉底说“知识即美德”。可什么是“知识”呢？人云亦云的“意见”是算不上“知识”的，“知识”的特点是清晰和确定性，是可以不断地加以逻辑推导的，是可以理智地言说的，是可以在对话中达成一致的，而这是与人的地位、身份、个性等无关的，是不允许虚假地存在的，苏格拉底是个“牛虻”，他让人直面“真实”，而这需要“勇气”。“习以为常”是普通人们的生活原则，这个原则的有效性是建立在人们眼前的利益需求基础之上的，但却很可能遮蔽了“真实”。人们的习以为常很可能是卑俗的、不公正的。

柏拉图是苏格拉底的学生，其师在雅典民主的喧嚣声中从容赴死带给他的伤痛是无法排遣的，但他在悲痛中却坚信理性立场的重要。他一生都在追问法律的“真实”。什么是“真实”呢？这又要回到“自然观念”上来。他之所以是一位毕达哥拉斯主义者，就在于他坚信只有“形式”才具有“实在性”和“可理解性”，也因此才具有“真实性”。我们中国人认为“眼见为实，耳听为虚”，可柏拉图似乎刚好倒过来了，眼见的是感性的东西，它恰恰是不真实的，而“耳听”与“说”相关联，“说”是言语行为，与逻辑相关，否则就是“胡说”，如果是胡说当然是“虚”了。柏拉图坚信，“形式”才是事物的“本性”，才

① 北京大学哲学系编：《古希腊罗马哲学》，商务印书馆 1982 年版，第 7 页。

② 汪子嵩等：《希腊哲学史》（第一卷），人民出版社 1988 年版，第 205 页。

是事物的“自然”:相对于存在于事物中的“行为”来说,“形式”是本质或本性,而“行为”是可见的、可感知的东西,“形式”恰恰是不可见的、不可感知的,所以,相对于研究它的人类精神来说,“形式”虽然是不可感知的,却恰恰是可以理解的。形式的多元性和等级性恰好在柏拉图那里构成了一个可以理解的世界结构和秩序。尤其值得注意的是:这个可以理解的形式的世界绝对不是人们心中的一个观念,而是独立于研究它们的人类思想的,人的意义在于,这个特殊的此在恰恰能够追问和回答这个“存在”世界的意义。在古希腊,说这个“形式”的世界独立于人类思想是能够为人们所接受的,因为,这个“形式”作为事物的“本性”、“本质”,是事物对世界灵魂的分有。事物自身拥有本性而自己运动,是一个有机体,这是当时有教养的人们的基本自然观念。

柏拉图之贡献的关键在于,他所谓“真实的”,就是与“想象的”、“虚幻的”相对立的,这是人们都能接受的。事物的物质性,人的身体同样是“真实的”,但是它们却是要变化的,是不定的,是常常被遮蔽的,是不纯粹的。“形式”比“物质”(质料)更真实,这个“真实”其实是“真理”这个词,而在希腊文中,“真理”一词的本意是“去掉遮蔽”,它是澄明的、非隐藏的、非秘密的、不骗人的。“真实”之为“真理”就是它的纯粹性,这只有“形式”才如此,感性的、物质的东西则是遮蔽物,是必须去掉的。所以,人的生命意义在于向形式的理念世界的努力,在于让世界的“善”的本性呈现出来,在于让物质本身的“善”的本性呈现出来。所以,说一个人是“真实”的,就意味说他与“真理”结伴而行。

当我们这样来理解柏拉图的自然观念的时候,我们就能够理解亚里士多德对“形式”问题的推进了,他把“形式”既把握为事物的结构和形式,又看做是对质料(物质)的“赋形”活动。形式是事物内在的本性,而不只是外在于事物的彼岸的实在,世界上没有无质料的形式,也没有无形式的质料。形式是整体地内在于世界的,这样,可理解形式的存在,在于仅仅使得它所内在的世界呈现出可理解性。但柏拉图的思想贡献则恰恰在于他提出和发展了形式的超越性观点,这对后来长久影响西方法律传统的自然法观念的成熟有非常重大的意义。按照超越性的观点，形式的存在不是被当做可感世界的本性，而是“单独地”处在一个分开了的世界，这个世界不是物质事物的可感世界，而是纯粹形式的可理解的世界，这就是柏拉图著名的“理念”（形式）的世界。因此，可感的世界是对理念的可理解的世界的模仿，可感的世界是一个影子的世界，甚至是影子的影子的世界，离我们的感觉越近的世界就离真实的理念的世界越远。

现在，我们必须谈及古希腊的怀疑论和逻各斯精神了。所谓怀疑论说的问题在于，人是否能够真正认识和把握那个自然本性，那个确定的永恒的“一”。既然泰勒斯他们理智地提醒人们注意，可感知的世界是一个变化不定的世界，我们要去追问的是那个隐藏的本原，这才是事物的本性；那么，我们一定要随时提醒自己注意，我们的认识和理解不是一次性就能完成的，理解世界的本性是一个艰苦的道路，我们很可能被“意见”、“偏见”挡住了我们的理性的眼睛，被本来属于感觉的东西所欺骗。所以，忠诚于爱奥尼亚学派的赫拉克利特说过，人不能两次踏进同一条河流，这是一个理性的警戒。可是，他的学生克拉底鲁对这个警戒线也提出了怀疑，说人甚至一次也不能踏进同一条河流，因为世界瞬息万变，无物常驻，世界被化为一片“嘈杂纷乱”。我们要去追求那个“不变”的本性，可怎样去把我们追寻的东西确定下来呢？这当然只有靠定义性的东西，语言问题的出场在古希腊思想家那里其实是由他们的那个提问——自然界的本性是什么，即世界万物的始基是什么——所逻辑地注定了的。

作为西方思想的重要源头，古希腊哲人为追寻世界之“本原”而踏上了语言自觉的道路。亚里士多德认为，哲学起源于人们对大千世界的惊奇感，因“惊奇”于大千世界的变幻无穷而产生了进一步追问“不动者”（本质）的强烈冲动，也就是要探寻任何变动的东西背后的根据、基础，或称“本原”、“始基”，并且希望将这种追寻的结果固定下来，细心守护起来。为达此目的，使用什么样的语词越来越成为人们关注的重点。赫拉克利特最后发现只有“逻各斯”才能做到这一点。当人们正在争论用一个什么样的语词来表达和规定世界的本原的时候，他终于醒悟到：就用“语词”这个语词吧！[①] 应该说，赫拉克利特提出“逻各斯”思想正是古希腊哲人追寻语言自觉道路的顶峰，因为对哲学语言的追寻最终回到了语言本身。

古希腊哲学家们对“本原”、“始基”的探寻实际是对“真理”的执著。“意见”与“真理”的对抗贯穿西方思想的全程。前者是变化的“多”，后者则是确定的“一”。哲学家们发现无论是“意见”还是“真理”，都与语言相关。在赫拉克利特提出“逻各斯”，也就是语言本身的问题之后，语言问题成了人们的关注中心。到了智者派的时候，语言学和修辞学成了研究和传授的重点。因为，在人们的经验生活中，语言作为一种普遍的尺度，为人人所拥有，可又常常因人而异，甚至自相矛盾的特点也非常明显。巴门尼德曾将语言分为两类：一类是对于真理的可靠的言辞，这就是赫拉克利特所说的“逻各斯”；一类是“意见”。而智者派则把两类结合为一类了：凡是在语言上说得头头是道的都被当做是真的。普罗塔哥拉提出了一个著名的命题：“人是万物的尺度，是存在的事物存在的尺度，也是不存在的事物不存在的尺度。”[②]也就是说，你(个人)觉得是真的，就是真的。这实际上取消了一切真理、一切尺度，语言就成了诡辩，成了亚里士多德后来所说的“使弱的真理变强”的一种技巧。在古希腊当时的政治背景下，修辞学实际成了政治学，是一门政治技术学，如何通过言语去感染、打动别人，使别人赞同并追随你的主张，从而产生政治的公共影响，这成了当时人们普遍感兴趣的问题。智者派也因此而为苏格拉底式的哲人所不齿。尽管智者派中的诡辩论确乎导致了严重的语言危机——语言与真理的背离以及是否具有可传达性，他们中的有些人甚至走到了否定语言本身的地步，但是，我们仍应特别注意智者派对直至亚里士多德才完成的西方语言本体论的贡献。智者派给予人们两个提示：一是语言具有的重要的政治生活意义，近代发展起来的言论自由的政治宪法权利与此有关。二是智者派凸显了这样一个问题，即语言要想成为真理，就必

---

① 邓晓芒：《思辨的张力——黑格尔辩证法新探》，湖南教育出版社1992年版，第25页。
② 北京大学哲学系编：《古希腊罗马哲学》，第138页。

须摆脱个人感知的特殊性，而成为普遍的、永恒不变的东西；同时，这个普遍性的东西不仅不应受到特殊性事物的抵触，而且应当成为具有统一一切可见事物的力量。这在智者派看来是不可能的。这个智者派没有完成甚至认为根本不可能的工作，在苏格拉底和柏拉图那里得以完成。“逻各斯”精神因此而被发扬光大。

柏拉图曾受教于克拉底鲁和苏格拉底。前者教给了他这样一条牢固而清晰的经验知识：当你允许自己受可感知世界的迷惑时，迷惑就会发生在你身上。柏拉图生动地描写了这个可感的世界，它起伏、汹涌、无休止地翻腾，它之中的事物刚获得一种确定的形态却又转瞬即逝。这是一个混沌的世界，思想在此找不到立足之地。这里没有任何可知的也就是可理解的东西，因为没有任何确定的东西。然而，柏拉图没有因此而走上彻底怀疑主义的道路，而是因为确信可感世界的不确定性，坚定地追求那个确定的因此是真实而可理解的世界，这就与他接受苏格拉底的教诲有关了。苏格拉底在其伦理学的探讨中，对人的心理过程并不太关心，他关注的是“逻各斯”，他关注的是如何通过推理和论证去发现那些清晰而确定的定义本身，进而建立一个语词的秩序，以排遣变化无穷的可感世界给人带来的困惑，从而获得真知。苏格拉底的追求恰是柏拉图通过建立一个理念的世界而得以实现的。这个形式的世界，也就是理念的世界是一个超越性的独立世界。在柏拉图看来，真实的或者说可理解的世界不是物理的，而是没有物质的纯形式，物质性是可感的，却是不可理解的。人类真正的知识是对纯粹形式的洞察，是通过语词和概念所建立的逻辑秩序。

至此，我们对希腊人自然观念的讨论，虽然远没有结束，但有一点应该是很清楚的了。这就是希腊哲人的理性精神其实是与他们的怀疑论精神结伴而行的，或者说，怀疑论本身就是理性精神成长的内在动力和精神质素。我们这里所说的当然是成熟了的，也就是形成了一套完整的理论表述的怀疑论。其实，希腊哲人从发出“自然是什么”的提问时就蕴涵了一种深刻的怀疑精神。他们与任何民族一样，一开始就体验到自然事物的秩序，但不同的是，对其他许多民族来说，事物的秩序，乃至于人们生活的秩序，制度结构的秩序是一个不言而喻的东西,接受它,并且安顿于此就行了。可希腊哲人不是这样,他们要将对事物秩序的本能式的感觉提到思想和理智的层面加以追问,寻求运动和秩序的根源。这里有一个隐含的前提,就是把思想者本身设想为独立于思考对象的具有自足性的某种"存在",把自己同经验现象分离开来,并站在经验对象的对立面,而对其加以审查和判断,并力图将追问的结果固定下来。这样他们理性地探讨语言的问题,并最后发展出了"逻各斯"的精神,也就是语言本体论,这是逻辑学的;他们探讨事物运动变化的本性,而最终摆脱了物质性的困扰,从而最终发展了纯粹形式化的数学知识。本来,最初他们是通过人与自然事物的类比,而走上了探寻自然本性的坚定道路,人间制度秩序成为他们探究自然本性的可能性的信念源泉。可是,他们最终把注意力转向了人的本身,转向了对人的伦理秩序本性的探讨,将个人与城邦也对立起来,把人本身的肉体存在与其内在心灵世界对立起来,而他们的任务就是要去探讨消除这种对立的可能性基础和道路。从此,开始了真正意义上的政治(法)哲学,城邦政制的基础和法律的源泉问题正式成为思想的主题了。

现在,我们应该对古希腊人关于"自然"与"习俗"相对立的观念进行讨论了,这是西方"自然法"精神传统的关键性问题。当思想家们把注意力从大宇宙转向小宇宙的时候,他们开始思考城邦的本质及其与个人的关系,他们最初相信城邦是一种道德秩序,可到了前 5 世纪智者派那里,这种预设出了问题。本来,"自然"概念一直是用来为事物的现存秩序作辩护的,它也被用来维系古老的重要习俗,也就是说,"自然"与"习俗"并不对立。毕达哥拉斯主义者在他们对"自然"(形式)的解释中发现了正义的基础(数的原则),赫拉克利特由于意识到"普遍者"的稳定性而强调了人类法律的最高权威。然而,智者派所依旧使用的"自然"概念则通常具有的是"破坏性"的特征,与"习俗"相反,"自然"提供了把城邦及其法律判断为无物的标准。这究竟是怎样发生的呢?我们已经多次指出,早期希腊哲人毫不怀疑地接受了城邦政制秩序及其实施的法规,而这种秩序和法规最初并不是体现为成文法,而是渗透在人们生活的方方面面的习俗;习俗的源头无人可知,也无人想去追究，正是在习俗的指引下，人们过着有秩序的生活；倒是自然界的一切似乎变幻无常，第一代哲人之所以是自然哲学家，就因为他们把秩序观念引入了自然界，从人类法律也即与习俗相关的法律（梭伦立法就是在宗教习俗的背景下展开的）这一确凿的事实出发论证万物也有某种规律。一旦哲人们在万物中洞察了这种规律，他们又反过来，用所谓“自然”来为人类秩序和法律作辩护。可是随着人们的立法活动的开展，尤其是随着殖民地的开拓，殖民地的立法使得人们对法律的“人为”性有了越来越强烈的感知，人类的生活随着成文法运动的开展，越来越从“习俗”中摆脱出来，传统的稳定性遭受越来越大的冲击和破坏。像梭伦这样的立法活动在希腊世界的频繁开展，使得人们越来越认识到，人类的立法要么是某些执政者的创造，要么就是对某种习俗的认可和保存。而制定法在各城邦之间又存在着明显的差异，而且，每个城邦的法律在不断被修改。在所有差异和变化的背后是否也存在着一个唯一的“基础”或者“自然”呢？人们越来越认识到，法律是一种习俗，而各地的习俗又彼此不同，城邦的立法也不过是人的一种产物，也就是说，没有任何人间事物是自然的产物。尽管对自然现象的研究导向了万物唯一“始基”的概念，当哲人们把目光转向人自身的时候，则发现对人类的事务的研究却不过是把我们置身于习俗的多样性之中，这让哲人很是尴尬：自然现在遵循一种规律，而人自己则徘徊于许多习俗之间。自然哲学与道德哲学相互反对，这导致了自然规律与人类习俗的对立的认识。安提戈涅的悲剧正好就体现了“自然”与“习俗”的对立。智者派把对这种对立的思考作为了自己思想的主题。

智者派活跃在公元前5世纪的后期。前5世纪的希腊历史是一个急剧变革的历史，为提高城邦和个人的自觉意识而极大地刺激了思想的自由开展。提罗同盟盟主的地位无疑增强了雅典人的自豪感，而雅典内部发生的政治变化也为公民大会和法庭辩论开辟了一块自由的领地，从而使得思想和表达思想的能力本身有了实际的价值。智者派的作用就是表达了这种新的自觉意识，同时满足了对新思想和表达这些新思想的语汇的实际的需要。智者派在语言学上的贡献尤其巨大，他们研究语言的起源问题：“它是被创造的,还是自然产生的?”他们是逻辑学家,对语法规则、语词的性质、“同一”与“差异”之类的概念进行了总结、比较和研究;他们是修辞学家,而这是年轻的政治家们所必需的一种政治技艺。智者曾被称为半教授、半新闻工作者;他们半是教师和思想家,半是那些撩人耳目的新奇、乖谬而令人惊讶的事情的传播者;他们多是常住雅典的外邦人,与别的外邦定居者一样,他们在社会平等的大尺度上被接受,但不享有政治特权。智者派声称自己传授的是一般的雄辩术和实践能力。

智者派是爱奥尼亚哲学传统的反对者。他们试图证明那种寻求“始基”的自然哲学的无效;同时努力把思想探索转向人类事务,转向人的本身,这与苏格拉底是一致的。苏格拉底年轻时就是一个自然哲学家,他也是智者阿基劳斯的学生。早期智者高尔吉亚虽然不关注道德和政治哲学,但他却抨击了流行的自然哲学,并由于试图证明自然哲学的贫乏而推动了这样一种主张,即人类适当的研究对象是人。他试图证明:没有什么“存在”;即使有也不能被人所认识;即使有人认识了也不可传授给人。他是智者,不可能认为一切都是不可交流和不可说明的,他的真实旨趣在于反对自然哲学,尤其是他们关于唯一“始基”的理论。另一位早期智者普罗泰戈拉更值得我们注意。他是一位道德哲学家和政治哲学家,他是修辞学家,是第一个教授辩证法的希腊人,据说,他承诺要让较不具有说服力的案件变得较有力。他反对自然哲学家,针对他们试图在宇宙中发现某种隐含的“统一性”的企图,提出了“人是万物的尺度”的著名命题。万物存在或者不存在,都取决于个人的度量或判断。他既不相信自然界有一个唯一的“本质”,也不相信在人类社会中有一个唯一的“本质”,这个与他们的一切法律相对立,各城邦都有自己的法律,彼此并不一致。他提出城邦先于它的公民立下了法律,也就是长久以来所形成的习惯,并提出了社会起源的理论,据此他把人类发展分为三个阶段:第一个阶段在一定意义上说是一种自然状态,人们知道制造和农耕的技艺,但不知道政治的技艺,没有城邦,他们常常成为野兽的猎物,纯粹的需要驱使人们要建立一个公民共同体。这就发展到第二阶段,他们通过建立城邦以寻求联合与保护,但他们还是没有关于政治的技艺,同胞相互残杀，直至四散而毁灭。所以接下来是第三阶段，宙斯把赫尔默斯（信使）派到他们中来，带来敬畏与正义作为新建城市中秩序的原则和团结的纽带，城邦就这样出现了。在这最后一个阶段，城邦是一个精神上的社会，它得到了神的认可，并通过敬畏与正义的精神纽带而凝聚起来。所以，他主张城邦实际上是一个教育机构，通过教育所有成员理解他的法律精神，从而把他们提升到一个完美人性的高度。① 这是柏拉图告诉我们的普罗泰戈拉的基本思想，这里蕴涵着柏拉图论证法律问题的一种方式。然而，我们要注意，普罗泰戈拉并不信奉社会契约理论，因为，在他看来，城邦的目的并不在于契约论所谓的“保障人们相互抗衡的权利”，尽管这对于个人的所谓“权利”的实现是有益的。其实，他的学说中孕育了后来柏拉图以正义为神圣基础的教育性国家的学说。柏拉图事实上也专门写了《普罗泰戈拉篇》的对话。在他的眼里，法律是把人们引向某种正确的生活方式的有益的教育者。也就是说，在普罗泰戈拉的学说中，似乎没有什么自然与法律（人们长久以来所形成的习惯和常识就是法律）的对立，即使对立，法律的地位也更高。但是，值得我们注意的是，法律之所以更高的理由在于它是神所认可的，而且，其意义在于它把人从一种与野兽无别的“自然状态”中解救了出来。

所谓“神”的认可，这样的观念本身可能导致所谓“法律”的内在的自我分裂与冲突。因为法律毕竟与“人为性”相关，尤其古希腊大量的立法活动的存在更是强化着法律“人为”性特征。就为神所认可的法律而言，法律与正义是等同的，合法的就是正义的，在这一点上，智者派中的某些人，如色诺芬《回忆苏格拉底》中所记载的西庇亚的观点与苏格拉底是一致的。问题在于，人们的大量立法，导致已经颁布的法律经常被变更和否定，这使得智者派如西庇亚指出，应该存在着某些不成文法，它们才是来自于神，而为任何一个城邦所遵守。他由此而提出了所谓自然正义的观点，认为它有别于各邦的成文法，并且由于来自于神的指令而高于人为的成文法。这里出现了

---

① 厄奈斯特·巴克：《希腊政治理论——柏拉图及其前人》，卢华萍译，吉林人民出版社 2003 年版，第 88 页。

普遍而神圣的“自然法”与人为的因与现实利益相关而必定是狭隘的成文法之间的某种对立。据柏拉图的《普罗泰戈拉篇》,西庇亚甚至对雅典听众说过这样的话:“我把你们都当作我的亲友和同胞,这是根据本性来说的,而非依据习俗。依据本性那么同类相聚。但是习俗是人类的僭主,会对本性施加暴力。”①这里已经挑明了的“自然”(本性)与“法律”(习俗)的对立,表明智者派朝着某种激进的方向发展了,“自然”被推到了高于“法律”的地位,其最终结果就是个人从城邦及其法律的教育性看管中再一次解放出来。按照这种激进的观点,自然与法律的对立,就意味着传统、习俗的道德内容或者法律内容,与某种以人类生活的“首要原则”为基础的理想的道德准则或者法律精神是对立的;意味着人为的立法始终是值得怀疑的。可以说,走到这样一步,智者派由最初的反对自然哲学的立场又回到了自然哲学的立场,自然哲学家们试图找到潜存于自然界一切变化中的永恒本原、始基、不动者、本性,那才是真实的自然;而现在,当人们把注意力转向人类生活和习俗的道德世界的时候,他们事实上也是为了寻找潜存于传统、习俗背后的那个永恒的本原或者本质,他们要探求的是那个为实际生活中的众多的规范和法律所湮没了的永恒的道德基础,也就是人类的“自然”。在激进的智者派看来,人类法律仅仅是技艺(立法)和习俗的产物,它们随时空的变换而变换,人们按照这种缺乏自然效力的法律而听命、隶属于他人是荒唐的。事实上,自然哲学关于自然界的概念构成了智者派关于人类生活的概念的基础。柏拉图认为,这是一种自然主义的世界观所导致的一种自然主义的伦理观和政治学体系,当然也是一种法律观。

晚期智者派的重要代表安提丰在两个方面使用“自然”这个概念。一是在他所谓“真理”或“实在”的意义上使用,其明确的目的是为了质疑城邦制定法,他把城邦制定法与意见和习惯等同起来;二是在人人都享有共同“本性”的意义上使用“自然”概念,目的在于推翻流行的对于希腊人与野蛮人的区分,这对后来的斯多亚“自然法”思想的成熟产生了很大影响,他们要打破

① 《柏拉图全集》(第一卷),王晓朝译,人民出版社2002年版,第460页。

公民与奴隶的区分,他们对城邦失去了信心,提出了一个没有民族界限或者没有历史和地域界限的理想的世界国家学说,要建立一个世界性的普遍的法律世界,它只能是理性的,因而也是人们必须要普遍遵循的自然法则,或者叫上帝的法律。安提丰认为,在人可以推断的范围内,人类的自然法则是求生而避死,追求安全而舒适的生命实现方式。这无疑是柏拉图所批判的自然主义立场,与后来的霍布斯有相近的一面;但霍布斯在自然主义的基础上论证的恰恰是法律对于生命安全实现的价值和意义。而安提丰在他对法律本性(意见和习惯)判断的基础上,通过其自然主义的立场恰恰要表达的是强制性的法律违背了生命的自然法则。他认为人类法律所确立的行为规范与每个人都必然要追求的生与舒适之自然法则是抵触的。因为法律所建立的规范是偶然的,是建立在契约和惯例的基础之上的,是纯粹意见的产物,而不是真理的体现。安提丰虽然没有明确提出依据正义(正义就是力量)彻底推翻或抛弃法律,但他提出了只要一个人能够不被察觉地规避法律,规避法律的行为就没有什么不好,因为法律所施加的惩罚只不过是人们的意见的规定,总体上看法律因其违背自然,因而也就违背了正义的标准而是错误的,遵守法律因而也是错误的。安提丰是现实主义的,他希望探索人类事务中的真理,他要关注的是人们在现实的情况下,受制于自己的身体结构而实际是什么,而不是他们应该是什么,心灵的问题被放置一边了。后来的霍布斯又与此遥相呼应。

智者派,尤其是晚期智者派活动的时期与苏格拉底和柏拉图是一致的。人们也常常把苏格拉底看做是智者。柏拉图对智者派的学说是非常熟悉的,《理想国》正是以对智者派观点的叙述为开篇的,其用意正在于呈现他和其师苏格拉底的"问题意识"。智者派把自然与法律对立起来,其后果不仅对城邦作为整体生命具有颠覆性,而且对人们的习俗、惯例和传统信念都具有极大的破坏性。而人们既然将在各种意义上来把握和界定"自然",关于自然,人们就只有在一种否定的意义上才能达成一致,即自然不是习俗和传统信念之所是。这些对柏拉图无疑都产生了巨大的影响。但智者派的基本思想和立场是他所不能同意的。他认为智者派的特征是修辞的、雄辩的,而不是逻辑的和论证的，他们本身也不过是因袭自然主义的结果，而不是创造性的。他尤其要反对的是激进的智者派的观点。他认为把自然与习俗绝对对立起来是错误的，既对城邦具有现实的颠覆性，同时更无益于发现真理。发现真理只能借助于哲学的素养和洞察力，不是要把自然与习俗对立起来，而是要到习俗中去找寻隐含于其中的永恒的“理念”，并根据“理念”来提升习俗，使习俗包括法律变得高贵而赋有尊严。质言之，不是摧毁，而是哲学地奠基！柏拉图在其《法律篇》中所宣称的仍然是“以言辞建城”。

(二)以霍布斯为奠基人的古典自然法

如果说，以柏拉图为最高代表的古希腊法哲学是以“正义”为中心论题的话，那么，现代西方法哲学则是以“权利”为核心论题而建构起来的权利哲学。权利哲学依然关涉正义问题。只不过，在古代法哲学中，正义是整体性的，它是独立于个人意志的一套标准和规范，单纯个人权利的某种确定性观念尚未能成长起来，个体唯有通过分享和参与整体性正义才能获得自身存在的意义根据；而现代权利哲学则意味着整体(譬如国家)的意义是通过个体之独立价值的实现而获得自身正当性证明的。因此，从“正义”论到“权利”哲学构成了西方法哲学历史的一次根本性转换，这其实也是西方“逻各斯”精神的一次跃升。

霍布斯的思想和学说标志着这一根本性转换的完成，因为正是他创造性地实现了自然法理念在基本意蕴上的现代诠释。他用“人的本性”取代“自然”，而以“权利”取代“法”。在霍布斯看来，人性的最根本特点在于自我保全的利己动机，这是解释人的全部意志活动的最为简单而自明的原则。“自然法”因此而被解释为人之自我保存的正当权利，“自然法”这一古老概念从此由“自然权利”取而代之。霍布斯“以一种前无古人、后无来者的清澈和明确，使得‘自然权利’，即(个人的)正当诉求，成为政治哲学的基础，而不去自相矛盾地到自然法或神法那里寻求借鉴。”①

① 列奥·斯特劳斯:《霍布斯的政治哲学》，申彤译，译林出版社 2001 年版，第 189—190 页。

如上所述，古代的自然法理念是与目的论的宇宙观和理性的自然观紧相契合的，人通过服从于一个目的论等级秩序而获得自身生存的价值和意义，也因此而分享了世界灵魂，进而拥有了自己生命的理性价值。因此，个人“权利”问题尚不可能在古代自然法观念中获得基础性的逻辑地位。霍布斯所最终完成的现代自然法思想的确鲜明地凸显了自文艺复兴以来的现代法哲学的总体特征，“即从永恒秩序向人的转变，从义务和规则向权利和要求的转变。人类的正当研究对象是人，所谓启蒙，正如康德所言，就在于自由和公开地运用自己的理性。理性也不再是原先的对世界灵魂，即Logos的分有，或是对神性秩序的参与，而是成为人类自主的行为和思想能力，整个科学研究的最终目的是人类的幸福，一切知识的基础在于对心理活动的实际过程的考察。”①然而，为霍布斯所阐明的“自然权利”，尽管与作为“人类自主的行为和思想能力”的“理性”并不矛盾，但他本人却坚持认为，支配“自然权利”的根本力量并不是“理性”，而是“死亡恐惧”的自然心理。心理主义而非理性主义成了霍布斯以“权利”取代“法”、用个人之权利诉求取代责任与义务的优先地位的“科学性”前提，列奥·斯特劳斯甚至认为这是霍布斯为一般近代政治哲学所提供的根本前提。②

就像马基雅维利一样，霍布斯以真正的政治科学家而自居，他所追求的是要在经得起普遍怀疑的、真正牢靠的基础上建立起崭新的政治——法律科学，他发现这种真正牢靠的基础既不在于中世纪以来的宗教神学体系所宣扬的上帝意志和神圣恩典，也不在于古希腊以来的世俗哲学所倡导的至上理性，而是存在于人性的各种自然情欲之中，而尤为关键和重要的是人对由暴力所造成的死亡的恐惧以及自我保全的利己动机。如果说人要追求什么“善”的话，那么有益于保存生命就是首要的善；如果要列举令人愉快的事物的话，那么追求成功的奋进与欲求最令人愉快。这里已明确消除了古代道德理想和评价的存在空间，个人生存欲求本身成为正当，生命存续、人身

---

① 林国荣：“自然法传统中的霍布斯”，载《现代政治与自然》，上海人民出版社2003年版，第3—4页。

② 列奥·斯特劳斯：《霍布斯的政治哲学》，第190—193页。

安全和追求幸福等乃是最基本的"自然权利",这些权利是人与生俱来的,在任何社会组织形成之前的自然状态中就已然存在着,理性的意义就在于发现这些自然权利,并将其作为建构人们之间的公共生活秩序的价值依据。古代思想所津津乐道的"正义"和"道德"现在反而成为有条件的存在,它只有从人之自我保全的自然欲望中才能推演出自身存在的根源,没有绝对而客观的正义秩序和道德义务,唯有基于人之生存欲求的自然权利才是绝对的、无条件的。

霍布斯将人之自然欲望本身作为讨论问题的出发点,"理性最终与传统的洞见事物本质的能力无关。它是纯粹属于人的一种计算能力,它的任务就是找到或者说计算出一种最佳的途径、方法或规则以实现自我保全的权利要求。"①换句话说,理性不过是实现人之自然欲望的工具而已。在霍布斯看来,任何一个人在原则上也不比他人更为明智,或者更不明智,他们都一样地追求自己心目中的利益,而且都同样具备感知其自身利益何在的基本能力。也就是说,人与人之间在理性方面并不存在值得特别重视的根本性区别。他的主张是有明确针对性的,并在讨论"主权"这个近代问题时尤其强调了这一点。在古代的类似"主权"的问题是,"何人或何物应该统治?"其答案与"法"直接相关。而那些对于法的神学起源持批判立场的哲学家们,通常诉诸"理性"以为"法的统治"寻求论证根据:理性应该制约非理性,法因此应该统治人。可是一旦理性和富于理性的统治权开始受到质疑,"主权"就必将成为问题而摆在人们的面前了。假设确实有人由于理性的缘故而毋庸置疑地优越于他人,那么被统治的人们会不会只根据这一点,就顺从他们,服从他们?会不会因此就承认他们的优越性?问题的尖锐性在于,依照天性,所有的人具有同等的理智,因此,将理性视为主权的来源与根基所在,理由无论如何也是不充分的,霍布斯"将君主的最高权力,不是视为理性,而是视为意志"②。

---

① 林国荣:"自然法传统中的霍布斯",载《现代政治与自然》,第31页。

② 列奥·斯特劳斯:《霍布斯的政治哲学》,第193页。

“意志”问题早为中世纪经院哲学之唯名论(如邓斯·司各脱)所特别彰显。在理解上帝与宇宙之关系上,唯名论主张上帝并非凭借理智的必然性法则而创世,因此,人们对上帝创世的过程就不能理解为上帝本质显现的逻辑必然性,而应理解为上帝意志的自由活动,上帝以偶然的意志行为创造了一个偶然的世界,宇宙中并不存在所谓内在目的、等级秩序和“至善”的理念,只有个别事物才是真实存在的。尽管唯名论也强调了无论是上帝的意志还是人的意志都与理智相伴随,但无限意志是优先于无限理智的。因此上帝的本质特征在于其自由意志而非理智。但应注意的是,唯名论赋予意志的是“自由”,而不是“欲望”,意志是完全自由的,它既不服从于理智的判断,也不受欲望的支配。“在灵魂的种种能力中,更崇高的地位属于意志还是属于理智是其所关注的基本问题。”①联系到唯理智主义的决定论,唯名论是非决定论的,它在意志中认识到灵魂的基本力量,意志就此而言决定着理智活动的发展。②

霍布斯深受唯名论的影响而将“意志”与“激情”紧密关联起来。“他试图通过研究历史学家的著作,通过历史归纳,发现现实中的人生,实际上行为如何,实际上是哪些力量在支配着人的行动,以期凭依这种知识,获得传统规范施行运用的法则。他特别发现,各种激情就是支配人们行动的力量。”③霍布斯基于自己所强调的“科学”立场,接续并发扬光大了唯名论的心理学研究路径,着重于对人的基本心理过程进行探究。他发现在人的身上存在各种激情,正是激情构成人们行为的根本动因。就激情的对象而言又是随着每个人的性格和教育的不同而千变万化,虽十分自然但确属偶然,而无必然性的普遍规律可循,个体性特征十分鲜明。作为伦理学上的善、恶问题同样与个人的激情感受紧密相关,因此,无法从客体的属性中抽象出共同的善恶标准。人们为激情所指导,理智不能左右激情;相反,它本身不过是探寻达到所欲目标之道路的手段。因此,霍布斯否定了古代自然法之宇

① 文德尔班:《哲学史教程》(上卷),罗达仁译,商务印书馆 1987 年版,第 440 页。

② 同上书,第 443 页。

③ 列奥·斯特劳斯:《霍布斯的政治哲学》,第 156 页。

宙目的论根基,而强调自然法之根基必须从人的最强有力的激情当中去寻找。

依据宇宙目的论和自然的等级秩序,亚里士多德认为人是天生的"政治动物",唯有通过政治这个共同体,人才可能获得自身存在的价值和意义。霍布斯则否定了关于人之政治属性和社会属性的传统假设,认为这与自然事实不符。既然人天生不具备政治和社会属性,我们就必须回到前政治状态,即"自然状态"中去寻找支配人的生活的最强有力的激情。事实上,霍布斯的"自然状态"本身就是从人的激情中推演出来的。"秩序问题"是霍布斯政治哲学的根本问题。他认为,为了揭示正确的政治秩序之根源,人的自然倾向才是必须加以深切理解的。而在人的所有激情当中,最根本和最强有力的当是对死亡尤其是非自然的暴死的恐惧。死亡是每个人的自然生命必须面对和无法逃避的。这种激情激发了人最原初的自然欲望,即自我保全的欲望。自然使每个人都处于自由且平等的状态,也即"自然状态"。在这个自然状态中,每个人都面临着被别人杀死的同样程度的逻辑可能性,能力的平等导致欲求的平等,导致所有有着同样欲求的人们之间没有止境的竞争,努力排挤、驱逐、征服甚至杀害敌对者以免除死亡之危险,而求得自我保全。对自我保全的欲求由此取代了古代自然法的善的目的理念,具有规范意义的自然法只能从人们自我保全的基本欲望中加以推演,自我保全成为为古代自然法所追求的"正义"的唯一根源。从伦理学角度而言的基本的道德事实因此就转换为基于此种欲望的权利,而非为了共同善之实现的义务,权利本身意味着人之自然生存欲求的正当性,义务不过是从这一基本的自我保全的权利要求中衍生出来的规范。换言之,没有绝对的、客观的义务,义务作为规范其约束力的程度以不危及自我保全的权利要求为限。只有自我保全的权利才是绝对的和无条件的。

自然法根源于人的激情,而不是理智,激情激发了人最原初的生存欲望。区别于唯名论,霍布斯赋予意志以"欲望"的内涵。基于自我保全的强烈欲望,霍布斯认为人与人之间意志的相互敌对和冲突才是人与人之间关系的本质特征,诉求于义务的传统道德观为霍布斯所坚决拒斥,他告诫人们:“我们要认识到,今生的幸福不在于心满意足而不求上进。旧道德哲学家所说的那种终极的目的和最高的善根本不存在。欲望终止的人,和感觉与印象停顿的人一样,同样无法生活下去。幸福就是欲望从一个目标到另一个目标不断地发展,达到前一个目标不过是为后一个目标铺平道路。所以如此的原因在于,人类欲望的目的不是在一顷间享受一次就完了,而是要永远确保达到未来欲望的道路。因此,所有的人的自愿行为和倾向便不但是要求得到满意的生活,而且要保证这种生活,所不同者只是方式有别而已。”①由于一切人对一切人的基本存在状态是普遍的战争状态,人与人之间的关系是狼与狼的关系,自然状态因此是一个充满紧张、恐惧和苦难的生存状态,没有人愿意在这种自然状态中生活下去,和平和安全成为人之根本欲求,这无疑是自明的、正当的。所谓“自然状态”的真实含义其实质在于表达一个和平与安全没有切实保障的状况,“战争状态”就不过是一种夸张的逻辑表述,并非经验的历史之考察和描述。作为理性的推论,它旨在帮助人们真实地认知自我,同时也让人们明白这种令人无法忍受的糟糕状态是迟早要被抛弃的。正如霍布斯所言:“以上所说的就是单纯的人性使人实际所处的恶劣状况。使人们倾向于和平的激情是对死亡的恐惧,对舒适生活所必需事物的欲望。以及通过自己的勤劳取得这一切的希望。于是理智便提示出可以使人同意的方便易行的和平条件。这种和平条件在其他场合下也称为自然律。”②很明显,“自然”不是充当人们生活的直接指南,而是向人们昭示应该避免什么。人们从自然中唯一可得到的补偿就是有可能摆脱自然状态。“自然法是理性发现的诫命或一般法则。它禁止人们去损毁自己生命或剥夺保全自己生命的手段的事情,并禁止人们不去做自己认为最有利于生命保全的事情。”③在霍布斯的自然观中,既无目的也无秩序,更无上帝理性的存在,存在的只是孤立的个人,这个孤立的个体已不再受任何外在的限制,不再服从他人或某种等级秩序,他

① 霍布斯:《利维坦》,黎思复、黎廷弼译,商务印书馆1985年版,第72页。

② 同上书,第96—97页。

③ 同上书,第97页。

似乎是完全自主和自足的。[①]

据此,霍布斯在权(利)与(法)律(right and law)之间第一次做出了明确的区分:"权(利)在于做或不做的自由,而(法)律则决定并约束人们采取其中之一。所以(法)律与权(利)的区别就像义务与自由的区别一样,两者在同一事物中是不相一致的。"[②]这一区分是西方政治(法)哲学史的一个具有决定性意义的转折点,它标志着一个从永恒秩序向自然人性、从规范和义务向权利和要求转变的新时代的开启,同时也赋予自然法论述以个人主义的根本特征。现代自由主义者都承认所有自然法则以及所有社会和政治的责任和义务都源于并服从于自然权利。就此而言,霍布斯是当之无愧的古典自然法学的奠基人。

(三)康德所理解的自然法

如前所述,古希腊智者派在思想的逻辑上最终回到了自然哲学的立场上,以探寻那个为实际生活中的众多的规范和法律所湮没了的永恒的道德基础,也即人类的"自然"。安提丰一方面为了质疑甚至否定城邦制定法而在"真理"或"实在"的意义上使用"自然";另一方面又在人人都享有共同"本性"的意义上使用该概念,提出作为规则的人类的"自然法"不过是求生而避死、追求安全而舒适的生命实现方式而已。

柏拉图批判了这种自然主义的立场,却又保留了"自然"与"真理"相关联的意义,进而将自己的哲学计划确立为为实在法律进行理性的哲学奠基。"对柏拉图来说,道德和政治问题的重要性,无法比拟地高于亚里士多德的看法;而另一方面,柏拉图同时又不亚于亚里士多德,也把他的视野,从人转移到永恒秩序的高度;这样,我们就必须认为,哲学探索之所以起始于伦理和政治问题,之所以起始于合乎道德的正确生活方式与合乎道德的正确社会构成的问题,其原因不在于确信,人优越于所有现存的创造物,而在于确

---

① 林国荣:"自然法传统中的霍布斯",载《现代政治与自然》,第27—31页。

② 霍布斯:《利维坦》,第97页。

信，善行超然存在于全部存在之上。”①对于柏拉图和亚里士多德来说，“自然法”是与“至善”的目的直接相关的，正因为如此，它才能为实在法奠定基础并指示“真理”。政制不只是公职的一种安排，也是一种人的基本生活方式；城邦不只是某种法定的结构，更是某种伦理共同体，是一种道德生活，伦理道德才是城邦的内在本质和关键意义所在。他们讨论政治所使用的主要是道德语言，而不像后来罗马人那样使用法学的语言，因为，他们所考虑的是一个伦理的，而不是法律的社会。在很大程度上可以说，法哲学对他们而言就是整个社会的伦理学，这个社会由于某种共同的道德目的而凝聚为城邦共同体，它必须确立整个社会的“善”，以及最好地实现这种“善”的社会结构和政治行为。把城邦定义为一个以实现美德（善）为目标的伦理共同体，就意味着与现代人关于国家与个人的关系的观念是有区别的。古希腊人确实对自己在城邦中的独立价值和意义有高度的自觉，但在希腊思想中个体的概念并不突出，权利概念则完全没有形成。甚至可以说，就因为个人高度意识到了自己在共同体生活中的重要意义和独立价值，他才没有坚持自己的任何与整体相抗衡的所谓“权利”。他“自身”的问题就因为确信自己的社会价值而被遮蔽起来了。在他们的政治意识中，参与政治是作为一种荣誉来看待的，而不是仅仅为了谋求自身的利益。而恰恰是由于自身的利益总是难以消除，它总是与共同体的利益和道德目标相违背，柏拉图、亚里士多德这些哲学家们才费心于思考和实验各种政治运行方式，才有那么多政治体制的运用和变化；他们也才总是把促成“善”看成是城邦政治的使命。他们要探究的其实是城邦政制如何能使整体的目标和生活方式深刻地影响个人的途径，他们的自然法学说其实主要讨论的是整体性“正义”，而不是个体的“权利”问题。在他们的思想观念中，城邦政制不应当把财富、权力或平等作为目标，尽管这些也是必须加以正确处理的问题。“城邦政制的目标是其公民的幸福”，它的真正意义在于把荣誉和公职给予具备美德从而能帮助城邦实现目标的那

---

① 列奥·斯特劳斯：《霍布斯的政治哲学》，第107页。

些人,它不应当因为穷人穷或者富人富就把权力交给哪一方。所以,他们把城邦政制的基本特点看做是病理学的,而不是生理学的,相应的政治意识和政治思想是实践和救治性的。因此,城邦享有完全的立法权,而这种立法与今天是有很大不同的,它不仅仅是人们利益分配的规则体系的创设,而是像医生那样是对城邦机体和其成员心灵疾病的诊断和救治。立法就像开处方,是很科学的,它要求高度理智,“他们的立法者就像使用标尺和圆规的建筑师那样工作。”政治生活中立法的工作十分重要。而立法者同时就是教育者。教育者就是医生,它要医治人们的心灵,使之成为一个健全的、富有秩序的心灵。

霍布斯对柏拉图是不感兴趣的,对亚里士多德也颇有微词。“霍布斯不满足于提出‘传统道德规范如何实现’的问题。他无意仅仅为传统规范寻找根据,使之比在传统哲学那里,更为切实可行;他全盘否定传统道德的现实可行性,无论是古典哲学的道德学说,基督教《圣经》的道德学说,甚或是贵族德行的学说。他甚至走得更远。他不仅断言,亚里士多德没有揭示实现规范的途径,而且断言,亚里士多德甚至没有正确地界定规范本身。霍布斯不仅对亚里士多德在他的《政治学》里所假设的人的天然不平等的实践意义,或者永恒至福对所有尘世利益的优先地位的实践意义加以质疑,而且否认这种不平等和这种优先地位本身的存在……与传统形成对照,霍布斯试图‘将这些原则奠定为基础,因为激情并非不可信任,故可存之’。可见,霍布斯……希图使各种激情自相冲突,以期为实现那些业已建立的规范指点迷津;他期望阐发一个政治哲学,从一开始就与激情互为你我,和睦相处。对激情的研究之进入道德领域,最初只同业已存在的规范的施行运用问题相关联,而从现在起,这个研究遂成为关于规范本身的知识的基础……他从这个基础(他称之为‘自然权利’)出发,着手建立自然法,而这样做,也是符合施行运用的利益的。”①霍布斯遥相呼应于古希腊的智者派,从自然主义的立场建立其自然法的体系,不过,他将“自然法”转换为“自然权利”,而且

① 列奥·斯特劳斯:《霍布斯的政治哲学》,第119—120页。

不通过自然法去否定实在法，而恰恰是通过自然法而确立起了实在法的功利原则。

康德的自然法思想在很大程度上坚持了柏拉图立场，而摈弃了霍布斯的自然主义和心理主义思想进路和论证方式。事实上，为了达到从形而上学角度来确立权利（法）的概念的目的，自然法是康德必然要坚持的基本理念。不过，他不能赞同霍布斯从人的心理激情的基础上推演出自然法，尽管他也主张自然法依赖于我们的人性（human nature）。因为，严格说来，自然法在根本上是一个理性的原则，它依赖于理性的一致性；否则，它不可能构成讨论实在权利和政治义务的基础。因为“假如在一个既具有理性，又具有意志的东西身上，自然的真正目的就是保存它，使它生活舒适，一句话就是幸福，那么，自然选中被创造物的理性作为实现其意图的工具，它的这种安排也就太笨拙了。因为被创造物为达此目的的全部行动，它所作为的全部规则，如果是由本能来规定的话，对它说来，要比由理性来规定更加适宜，更有把握来达到目的……自然要防止把理性用于实践，并且让它不作此非分之想，凭它那薄弱的省察力，自己就能设想出一个达到幸福的计划和完成计划的手段。自然不但为自己选择目的，也选择手段。它周密地考虑，把两者完全托付给本能。事实上，一个理性越是处心积虑地想得到生活上的舒适和幸福，那么这个人就越是得不到真正的满足。”①康德指出，追问“权利是什么”的问题，就如同追问逻辑学家“真理是什么”一样，颇让人犯难，但这个问题毕竟是法哲学中最为核心的问题。人们必须抛弃那些来自经验的原则，而在纯粹理性中探究权利和法律的根源，以便为经验生活中的实在立法奠定可靠的基础。② 在他看来，由立法机构制定并公开颁布的实在法，为了获取其必须具有的权威性，就必须是从自然法中推导出来的。

那么，康德的自然法究竟是什么？他做了这样的定义性解说：“有可能

① 康德：《道德形而上学原理》，苗力田译，上海人民出版社 1986 年版，第 44 页。

② 康德：《法的形而上学原理》，第 39 页。

为之进行外在立法的责任规律,一般称为外在的法。其中,即使没有外在立法也能由理性先天地认识其责任的外在法,虽是外在的,但却是自然法;反之,那些无现实的外在立法就完全不受约束、因而也不成其为规律的法,称为实证法。因此,一个外在的立法可以被设想为包含纯粹实证法;但在那种情况下,还是必须预先有一条自然法来确立立法者的权威(即仅凭他自己的任意而约束别人这种权力)。"①

康德认为,尽管仅凭立法者的任意行为而建立一个法律体系是可能的,但要获得其权威性因而不至于使其立法成为偶然性和专断性的,就必须有着先于立法活动的自然法的存在。只有自然法才能为权利(法律)提供真实的根据,也才能保证立法者通过其意志而使别人承担遵守法律之义务的道德资格。而自然法是一个不依赖于经验的纯粹先天原则,它因此而为有别于自然法则的自由法则,也即是道德的法则。道德法则之不同于自然法则,在于它"作为有效的法则,仅仅在于它们能够合乎理性地建立在先验的原则之上并被理解为必然的"②。康德指出,由于包括立法者之立法活动在内的人类行为的准则来源于主观之诸多因素,它们自身并非必然地与客观而普遍的原因相一致,"因而理性只能规定出这种最高法则,作为禁止做或必须做的绝对命令。""绝对命令"就其可以决定自愿选择的行动而言,"它就是实践理性自身"③。在康德看来,自然法必须从"实践理性"的角度来加以认知和理解。他从实践理性推演出道德主体,也就是人类按照绝对命令应该去做什么和绝对不能做什么,这是内在的。内在的本体自由才既使我们作为道德主体成为可能,也使我们作为权利主体成为可能。这就是说,自然法在最本质的意义上关联于先验的自由,它不可能从欲望、激情之经验人性当中推演出来。

① 康德:《〈道德形而上学〉"导言"》,曾晓平、邓晓芒译,载《哲学译丛》1992 年第 5 期。

② 康德:《法的形而上学原理》,第 15 页。

③ 同上书,第 13 页。

二、康德的权利概念

自然法为权利提供根据。因此，康德的权利概念就是从实践理性的角度来加以界定，而不是从人之生存欲求的自然法则的意义上来加以把握。权利在本质上是与先验自由相关的一种内在能力，唯有针对作为主体的人而言，权利概念才能获得真正的意义规定，它意味着在普遍的自由法则之下人对做或不做什么的理性判断和选择，而自由法则恰恰首先表明的是一项责任，也即“是一个自由的行动在理性的一条定言命令之下的必然性”，又“因为责任不仅包含实践必然性，而且包含强制性，因而，所设想的这条命令就是一条指令或禁令的规律，根据它，一个行动的做与不做被表现为一种义务”①。所以，与霍布斯有着根本性的不同，康德总是在与义务相对应而存在的意义上来理解权利的。“我们唯有通过道德命令（它是义务的直接指令）才认识我们自己的自由——由于我们是自由的，才产生一切道德法则和因此而来的一切权利和义务；而权利的概念，作为把责任加于其他人的一种根据，则是后来从这种命令发展而来的。”②霍布斯只是基于孤立的个人立场而强调了权利对于义务的优先性和基础性，而对人的社会性规定和交互性关系视而不见，他因此在对权利的界定和理解上根本不可能有康德那样的深刻洞见。在康德看来，就使其承担义务的能力而言的权利唯有人才可能真正享有。

基于此，康德的权利概念呈现出这样三个特征：第一，就人的社会性规定和交互性关系而言，权利“只涉及一个人对另一个人的外在的和实践的关系，因为通过他们的行为这件事实，他们可能间接地或直接地彼此影响”；第二，就权利的具体所指而言，它“只表示他的自由行为与别人行为的自由的

---

① 康德：《〈道德形而上学〉“导言”》，载《哲学译丛》1992 年第 5 期。

② 康德：《法的形而上学原理》，第 34—35 页。

关系”,这是一种仅仅意味着一个人与他人之自由意志的关系,而不考虑“一个人的自由意志对另一个人的愿望或纯粹要求的关系”;第三,进一步说,在这些自由意志的交互关系中,“权利的概念并不考虑意志行动的内容”,而仅仅考虑关涉彼此之自由意志关系的形式,也就是说,仅考虑“二人中一个人的行为,按一条普遍法则,能否与另一个人的自由相协调的问题”。①

因此,康德的权利概念主要意味着每个人的意志选择之自由与任何他人的自由能够相互共存的全部条件。它指涉的是相关于内在自由的现实运用的外在自由领域,与人在现实生活中的外在行为相关。权利主体是外在性的,涉及他人,因此,行为原则成为思考权利问题的一项重要原则。通过行为原则而赋予权利以实际内容,而不仅仅是普遍形式的原则,并因此而与功利区分开来,功利不是权利的道德基础,但却是权利所不排斥的。康德与霍布斯、洛克、休谟和卢梭的根本区别在于,他主张的“自然权利”其基础排除了自我保全和功利性的观念,这些只在外在自由中加以考虑。尤其是对外在物的权利与行为原则有着最紧密的联系。

但决定权利的普遍法则并不关涉功用或任何其他目的的(物质的)考虑,它是一条纯粹的形式原则。康德指出:“权利的普遍法则可以表达为:‘外在地要这样去行动:你的意志的自由行使,根据一条普遍法则,能够和所有其他人的自由并存。’这无疑是把责任加于我的一条法则;但仅就这个责任而言,它根本不能期待我,更不是命令我应该用这些条件来限制我的自由。理性只是说,它在这个方面深受它自己的意见所限制,并很可能实际上也受到别的条件所限制;理性把此普遍法则作为一个不能进一步证明的公设而规定下来。由于此公设的用意不是教人以善德,而是去说明权利是什么,那么,权利的法则,正如上面所说的,不可以也不应该被解释为行为的动机原则。”②权利的实质性问题在于:我们一旦确信它,便要根据它来“行动”,以建构社会生活秩序,实现人的尊严,而不仅仅是我们在思想观念上求

① 康德:《法的形而上学原理》,第39—40页。

② 同上书,第41页。

得与之一致。也就是说，不是一个单纯的认识论问题（理论理性），而是一个实践的问题（实践理性）。它是一个可以直接决定我们意志的问题，也即我们可以欲求什么而是正当的、有力量的，在正当地要求别人的同时，又能够保证人的伦理尊严。

这就是说，权利概念内在地包含着强制的权威性要素。“如果在某种程度上，行使自由的本身就是自由的妨碍，那么，根据普遍法则，这是错误的；反对这种做法的强迫或强制，则是正确的，因为这是对自由的妨碍的制止，并且与那种根据普遍法则而存在的自由相一致。于是，根据矛盾的逻辑原则，所有的权利都伴随着一种不言而喻的资格或权限，对实际上可能侵犯权利的任何人施加强制。”[①]强制的正当性和权威性内在地包含于权利概念之中，“权利和强制的权限是一回事。”权利的法则“是在普遍自由的原则支配下，根据每一个人的自由，必然表示为一种相互的强制”[②]。而“强制体现了法律立法与义务的联系”[③]，这就为法律意义上的国家惩罚权提供了根据，“因为惩罚仅关乎自由的、但违反法则的意志；但是，自然与爱好却无法为自由制定法则。对于义务的理念而言，情况就完全不同了：对义务的违犯——即使不考虑由此而对他产生的不利——直接影响心灵，并且使人在他自己的心目中成为卑鄙而应受惩罚的。”[④]因此，康德最后将权利概念理解为“可以看作直接含有普遍的相互强制的可能性，并与所有人的自由相协调。由于一般的权利所涉及的对象仅仅是外在的行为，因此，严格的权利与伦理决不能相混淆，它只考虑行为外在的方面，而不考虑行为的其他动机，因为它是纯粹的权利，不混同于任何德行规范。所以，严格的权利（按照这个词的狭义含义）就是那种仅仅可以被称为完全外在的权利。毫无疑问，这样的权利是建筑在每个人根据这条普遍法则而来的责任的意识上。”[⑤]

① 康德：《法的形而上学原理》，第42页。
② 同上书，第43页。
③ 同上书，第21页。
④ 康德：《康德历史哲学论文集》，第112页。
⑤ 康德：《法的形而上学原理》，第42页；译文依据德文本有改动。

事实上,理解康德整个权利的论述依赖于理解自由意志的外在运用和外在实践关系的观念。在康德看来,没有先验自由(自由意志),任何归咎(罪)都是不可能的。因此,人必须是一个自由的存在者,而一个自由的存在者必定是一个自律的存在。在此意义上,康德坚持使他人有义务的能力,比如一项权利的概念又是从道德律令中引申出来的,然而,道德律令必定是绝对命令,而且是一个先天综合命题。离开伦理(道德),我将不能意识到我自己作为一个自由的存在,也不能意识到我是一个权利的拥有者。当康德主张严格的权利事实上是建立在依据普遍法则而来的责任意识之上时,他所强调的正是这一点。任何能进入涉及权利的他人的关系中的人,就是一个他自己给自己立法的主体,因此,道德法则是被包含在人的概念之中的。在权利关系中至少有两个人被涉及(只有人才有权利,物没有权利,因为无责任意识):一个能履行义务的人和一个拥有强制其履行义务的人。在《道德形而上学原理》一书中,康德为了找到作为道德至上原理的道德法则而提出了三个假设:第一,只有出于责任的行为才具有道德价值。第二,一个出于责任的行为,其道德价值不取决于它所要实现的意图,而取决于它们所被规定的准则。它们不依赖于行为对象,也即意欲达到的目标或目的的实现,而依赖于行为所遵循的意志的原则。第三,责任就是由于尊重道德法则之规律而产生的行为必要性,"除非我愿意自己的准则也变为普遍规律,我不应行动。"①一个人的权利之所以可能,除了"人性"——作为每个人行为最高界限的理性本性是自在目的这一原则②——的原因之外,关键在于它内在地包含着别人的目的,权利的设置和实现正是对人性的相互尊重,是对目的的相互尊重。这个要求十分明确地表现在了人对于自由和财富这些权利的要求之中,"如果人们把对他人自由和财产的侵犯作为例子,那么就会显而易见,这种做法是破坏他人的原则。因为十分清楚,处心积虑地践踏别人的权利,是把别人的人格只看作为我所用的工具,决不会想到,别人作为有理

---

① 康德:《道德形而上学原理》,第 49—51 页。

② 同上书,第 83 页。

性的东西，任何时候都应被当作目的，不会对他人行为中所包含的目的同样尊重。”①权利关系中的双方都应该在各自的人格上包含着并承认对方之可行的目的。正因为如此，作为行为准则的具有正当性的权利才是行得通的，才能为所有的人认可并予以尊重。

如上所说，古代自然法思想预设和追求一个终极的目的，也就是共同体的“善”，所有个体无法以“自足”性完成自身的规定，而是要通过参与和内化“共同善”而获得自己的本质规定性，所以自由和权利这些现代自由主义所关注的逻辑前提在古代思想世界根本不可能存在。而霍布斯所奠基的古典自然法学抱持的是机械的自然观，他们强调国家是人为“制作”的产品和结果，其目的是人所注入或者赋予的，它始终处于被检测和评价，甚至被改造的视野之下，个体权利的实现乃是国家之正当性根源。

康德一方面坚持了霍布斯的个人主义立场，但又大大提升了国家作为共同体对于人的重要性，他是通过人本身存在的现实可能性而阐发其主张的。人的权利只有在一种文明共同体中才是可能的。康德首先强调了法律，法律成为文明共同体的基本标志，国家的关键不在于权力的运行，而在于法律的存在，国家是法律存在的载体。这又在一定程度上回到了柏拉图，继承了古代自然法关于共同体之至善的理念。与古典自然法学家不同的是，康德的思想方式是纯粹哲学的，在他看来，权利既不是自然的、心理的经验性归纳，也不是不证自明的信念表达，而是必须进行纯粹哲学的探究，也就是必须探究权利之所以可能的先天根据。康德法哲学的意义从根本上说可以用他自己的一个论断来概括：“当局部知识应当由哲学来规范和引导时，总体知识在这里就总是走在局部知识的前面：没有哲学，一切获得的知识就只能是当作零碎的摸索，而不能认为是科学。”②康德认为权利成立的根据是“先天”的，而不是基于人的自然欲求，国家因此也不是为了个人利益的获取而通过契约建立的，个人利益尽管是非有机的国家所必须要加以保

① 康德：《道德形而上学原理》，第 82 页。

② 康德：《实用人类学》“前言”，邓晓芒译，上海人民出版社 2002 年版，第 3 页。

障的,但国家成立的根据却不在于个人利益的本身。所以国家作为人类文明的共同体具有不可毁坏的特征,可以改变的是具体的权力运作方式。

权利在康德法哲学中无疑是十分重要的,康德法权哲学的使命就在于为权利进行理性的奠基。所谓"奠基"有两层含义:一是"权利"本身的根据何在?古典自然法学家认为权利的根据就在于"人"的本身,所谓"本性权利"是也。问题在于他们所谓的"本性"是指人的自然欲望,康德认为"欲望"恰恰不能被视为人的本性,因为欲望是受其对象的制约的,这是"他律"的,而不是自律的,就是说他们所提出的权利的根据恰恰不在人的本身,而这是与他们提出的命题自相矛盾的。康德通过"人为自然立法"命题的阐明而确立起了人的理性(知性)的主体性地位,又通过"人为自身立法"(自律)而确立了人的真正自由即道德性的主体地位,主体的人是自由的存在,权利的根据在于人本身,也就是说权利的根据在于人的自由本性。对人的自由本体的探究因此成为康德法权哲学的内在目标。二是作为知识体系的"权利科学"如何可能?古典自然法学所采取的心理主义、自然主义和功利主义论证道路均受到康德的批判。因为这些论证道路都不可能建立起具有普遍必然性的关于权利的知识体系。康德认为,"法权哲学"是关于权利和法律原则的"理论知识",而"要决定那些已经制定出来的法律本身是否正确,并规定出可以被接受的普遍标准以判断是非,弄清什么是公正或不公正的,这就非常困难了",除非舍弃那些经验的法则而上溯到其纯粹理性的根源;像这样的"理论知识"对一个与法律实务紧相关联的法学家来说"可能还完全不清楚",他立足于实在法律之上而建立起来的纯粹经验性的法学理论"就像费德拉斯童话中那个木头的脑袋那样,尽管外形很像头,但不幸的是缺少脑子"①。康德是在"纯粹实践原理"之下进行权利问题的探讨的。"人为自己立法"既是一个自由事实,也是一个理性事实。权利作为人的一种内在能力,它因涉及人与人的关系而在本质上属于外在自由,其根据却在于人的内在自由,因此,权利从根本上说是自律的,它意味着人为自己立法,权利的存

---

① 康德:《法的形而上学原理》,第39页。

在证明了人的自由本性。

这里，要注意的是，人们的“权利”意识和理论话语体系的建构，以及以权利为本位的制度设置和“权利的根据”，这两者是不同的问题，前者是“历史的”、“经验的”，与“自然秩序”中人们的欲望和利益需求是直接相关的。在此意义上，权利的理论话语正是人们生存欲求之正当性的表达。古典自然法学关于“自然权利”的理论建构就体现了这一方面，也因此而具有不可否认的理论价值和实践意义；而后者是逻辑的、人性的，古典自然法学无论是在权利根据的人性探讨上，还是在权利根据的逻辑证明上都是不成功的。所谓康德权利哲学的“问题意识”与前者相关；而所谓“为权利奠基”则主要与后者相关。另一方面，两者又是密切相关的。就前者而论，“权利”与人的经验性利益和幸福欲求是不可分的。这是在康德的“经验人类学”中加以解决的问题。而“权利的根据”则绝不是“经验人类学”所能解决的，它只能在“先验人类学”的逻辑体系中才能获得求证。康德的权利学说之所以有一个从“先验的人类学”到经验性的“实用人类学”的思想进程，根本原因在于康德所谓权利是从对人的基本关怀出发的，他之所以强调实践哲学高于理论哲学，就在于其实践哲学是为人的自由而辩护，因为人是自由的，所以每个人类个体都应享有不可让渡和剥夺的基本权利。然而，人的权利享有是一种理性的行为，尽管其现实的目标是指向幸福的生活，但权利享有的基础在于理性的自由意志，只有理性的自由意志才能使人真正步入人生的舞台，才能有选择的能力和承担责任的道德自觉。换言之，权利同时还涉及人之是否配享幸福的问题，这才是人因为权利而获得人性尊严的关键所在。

康德将物自体与现象界作二元论划分，企图调和以认识论为主题的唯理论与经验论的对立，既不否定经验知识的实在性，同时又认为经验知识之所以可能的根据并不在于经验本身，而在于先天的理性根据。康德一方面将问题置于由“存在—本质”向“客体—主体”的转化中，置于启蒙运动以来的人类学特征中；另一方面，康德在上帝—世界二元景观的逐渐隐匿的思想背景中，借助先验原则实现了普遍化的人类立法，继承古典自然法传统而将上帝的创世意志转化为人类理性的自由意志,高度肯定了人类自由的实践与行动能力。就否定性方面而言,康德在事实与规范之间做出了极端的几乎无法调和的区分,区分意味着物自体对现象界、道德律令对经验人生的“限度”;就肯定性方面而论,康德在讨论人的知识与认识能力、自由与行动能力的关联中,借助于以先验原则为基础的普遍化意志的“绝对”形式化原则的有效性,取代了中世纪以来的“世界—上帝”之精神景观,将哲学导向了对人的“自然”的探究,实现了从上帝之恩典到人类理性的自然与自由的世界观转换,为人类平等而自由的认识能力、行动能力提供了形而上学的证明。由此,康德将对人的权利和政治自由的法权哲学主题之考察完全置于以“自然与自由”二元对立为基础而建构起来的批判哲学的视域内,以哲学的“逻各斯”精神来讨论政治与法律的“自然”。因此,康德的法权哲学体现出强烈的规范论色彩,以为人类经验生活中的实在权利和实在法律的创立提供正当性根据和标准。在这个意义上可以说,康德部分地回到了以柏拉图为奠基人的古代自然法传统之中,而对古典自然法学进行了回应和批判。所以,康德的法权哲学所要自觉处理的问题就是“批判哲学”与古典“自然权利”学说之间的关系。其问题就是:我在此生能够希望什么?其基本回答是有尊严的幸福生活。考虑到康德的“二元论”逻辑架构,那么,其问题的实质含义就在于,自由(天赋权利)的现实化也即实在化是如何可能的?

我们从霍布斯关于自然权利的讨论中不难看出现代世界的一个基本特征在政治和法律生活中的初次表达,这个基本特征就是意志(will)相对于理智(intellect)取得了优先地位。真假、对错、美丑的判断从根本上说都以人的激情、人的意志而定,并不像中古时代那样有着先在的客观而普遍的规范存在。人出于自我保全的强烈欲求而可以理智地创造所需要的规范,而这种自由的理智创造是以霍布斯的新的知识论为基础的。霍布斯的自然观念和宇宙观念是机械论,不存在任何超越人类的世界动因。霍布斯不相信中古世界的目的论的宇宙观是可能的,“这意味着世界本身不需要目的,因此,仅仅蕴涵在认知中的目的就足够了。”这就是说,“认知本身就可以提供必要的目的论原则。”[①]由此，霍布斯所谓的“科学知识”就不仅是对事实的客观描述，而且也有着目的论的意涵，最终也就必然有着价值上的关涉和目的上的关涉，由于这种关涉，认知就必然企望行动。对于现代认识论的本质，斯特劳斯给出一个直接的定义：“去理解就是去创造。”[②]康德有两个世界——现象界与物自体的划分，人类的有限理性只能认识现象界，至于自由本体则属于实践理性的对象，实践理性高于理论理性，这同样是对古代自然法观念的颠倒和消除，同样是对人的自由实践和行动能力的强调。同时，康德是通过目的论批判来安排目的论的理性的逻辑位置的，在认识论中，目的仅具有调节性作用，人被确认为自然的最高目的，它导引着人的认识能力的展现和超升。也就是说，康德同样体现了现代行动化的认识论特征，这意味着“对沉思或者理论的优先性的摒弃，取而代之的则是实践的优先性”[③]。

然而，康德所强调的“意志”仍然是理性主义的，它不是对人之“自然”的顺从，而恰恰是对人之“自然”的理性立法。他坚持权利的根据不能建立在人的自然欲望之上，也不能从人类历史和社会的经验性生活中寻找。康德继承了古代自然法的知识传统，认为经验性的实在权利和实在法律的根据存在于先验的本体界，也就是先验的自由。康德主张只有一种“自然权利”，这就是天赋的自由，它才具有先验性、永恒性和不可让与性。实在权利和法律的正当性和价值正是根源于先验的自由。霍布斯等人通过“自然法”而提出“权利”的神圣性，把自然与本性，法与权利联系起来，这是一个伟大的哲学思想。问题在于，本性是什么？是自然欲望吗？如何理解理性？霍布斯把理性转变为人之自然欲求实现的工具，人性得以从神性中解放出来，但又失去了精神方向，人成了自然欲望的奴隶，休谟对这种自然法的批判，卢梭对人性尊严的呼喊都启发了康德提出这样的问题：我们拥有理性究竟是为了什么目的？在他看来，人拥有理性的自由能力不是为了自身自然欲望的实现，不是为了自身利益需求的功利计算，也不是为了自己幸福目的的追求

---

① Leo Strauss, *Natural Right and History*, The University of Chicago, 1953, p. 176.

② Ibid.

③ Ibid.

和实现。因为,仅凭自然赋予我们的生存本能就可以达到这些目的了,从根本上说人的生存欲望和实现这种欲望根本无须理性能力的存在。康德坚持认为,自然赋予我们理性的目的必定是为了产生一个"善良意志"。因为人性的尊严要求我们拥有一个执著于实践理性原理的善良意志。这样,拥有推理的理性能力和理解理性原理的能力就是必须和必然的了。"我们终究被赋予了理性,作为实践能力,亦即作为一种能够给予意志以影响的能力,所以它的真正使命,并不是去产生完成其他意图的工具,而是去产生在其自身就是善良的意志。"①

康德探讨权利的根据始终是与对人性尊严的道德诉求相关联的。因此,与霍布斯相反,权利原则总是与义务法则相关的,人享有权利,受权利原则的保护,同时也受权利原则的束缚,人因此而获得道德尊严。我们人类生活的价值和意义只有当我们在道德法则范围之内来追求我们的目的的时候,方才得以显露。在此基础上,康德阐明了权利优先性原则,这构成道德形而上学的前提部分:"如果公正和正义沉沦,那么人类就再也不值得在这个世界上生活了。"②康德不否定人对幸福的追求,他所关心的是我们如何能配享幸福,我们期望的真正的幸福如何可能。他说:"(善良)意志虽然不是唯一的善、完全的善,但却定然是最高的善,它是一切其余东西的条件,甚至是对幸福要求的条件。在这种意义下,我们的看法就与自然智慧相一致了,这就是,为无条件目标培植所需的理性,至少在这个世界上要从各方面限制有条件目标,即幸福的实现。"③康德认为,人只有成为可能目的王国的成员时才配真正享有幸福。而善良意志恰恰被康德视为我们成为可能的目的王国的成员的条件,它是以实践理性能力为基础的,它规定了道德法则的应用范围——应用到作为具有实践理性和道德感的人身上。我们每一个人都应尊重正义职责和道义职责,在受其约束的同时,也因此而受到尊重和保护。这才是权利之于人的真实意义和价值所在。康德特殊的人性概念——

① 康德:《道德形而上学原理》,第 45 页。

② 康德:《法的形而上学原理》,第 165 页。

③ 康德:《道德形而上学原理》,第 45—46 页。

精神能力的纯粹私人的独一无二的实现，正是通过权利而成为可能的，因为权利作为人的外在自由恰恰体现在个体与个体、个体与共同体的关系之中。权利的实现正好活生生地展现了合目的的人性不断完善的伟大历程。

如果说，古典自然权利学说意味着对人的自主性能力的颂扬，意味着对人性平等价值的肯定，那么，康德对此是持高度肯定的态度的。在他看来，人之为人正在于其拥有“自由意志”，能对其行为作理性的判断、把握和抉择，这种抉择能力和自由意志是人能自主和有自由的基础。人之自主既是人之为人的规定性，当然也就是人拥有基本权利的根据所在。或者，更应该说，人的自主本身就是一项最基本的权利。倘若人不能自主，也就很难真正获享其他诸多权利，因为凡是权利必然是属于自我的，是表现自我、自主的可能行为，也是对自我自主的界说，权利不是被赏赐的。就对人性平等价值的肯定而言，既然自然权利是因人之为人而得以成立，那么人性平等之价值地位也就必然是自然权利观所要强调的重要内涵之一，平等作为人的一项基本权利事实上也为康德所坚决主张。人的自主和平等地位这两种权利，在康德看来均属与生俱来，并非国家或任何其他社会组织之赐予，包括国家在内的任何社会组织要获致其本身的正当性，都必须对这两项基本权利予以确认和保护。之所以如此，根本论据在于人因具有内在的绝对价值而拥有尊严，人是他（她）自己，是一个有理性、有情感、有创造力的独立存在，不可以像物那样被买卖、转让和随意处置。应该说，康德最为深刻地洞悉了自然权利说的精神底蕴：“每个有理性的东西都必须服从这样的规律，不论是谁在任何时候都不应把自己和他人仅仅当作工具，而应该永远看作自身就是目的。”①

霍布斯说：“语词之力太弱，不足以使人履行其信约，人的本性中，可以想象得到的只有两种助力足以加强语词的力量：一种是对食言所产生的后果的恐惧，另一种是因表现得无需食言所感到的光荣或骄傲。后者是一种极其少见而不能作为依据的豪爽之感，在追求财富、统治权和肉欲之乐的人

① 康德：《道德形而上学基础》，第86页。

中尤其罕见,偏偏这种人占人类的绝大部分。可以指靠的激情是畏惧。"①康德依然守护了柏拉图理性主义的"逻各斯"精神。他在"哲学凭借概念而包含有事物的理性认识的诸原则"的意义上,赞成把哲学划分为"理论哲学"和"实践哲学"两部分。由此,为这个理性认识的诸原则指定其客体的那些概念就必定是各不相同的。"只有两类概念,是容许它们的对象的可能性有正好两种各不相同的原则的:这就是自然诸概念和自由概念。既然前者使按照先天原则的某种理论知识成为可能,后者却在这些理论知识方面在其概念本身中就已经只具有某种否定的原则(单纯对立的原则),相反,对于意志的规定则建立起扩展性的原理,这些原理因而叫作实践的原理:所以,哲学被划分为在原则上完全不同的两个部分,即作为自然哲学的理论部分和作为道德哲学的实践部分(因为理性根据自由概念所作的实践立法就是这样被称呼的),这是有道理的。"②而作为"先验人类学"的权利哲学是属于道德的实践哲学的有机组成部分,它所必然具有的自己的基石概念当然应该是自由概念,"权利(法)"正是理性根据自由概念所作的实践立法。

然而,无论是霍布斯、洛克,还是卢梭,他们在讨论"自然权利"时常常将按照自然概念的实践和按照自由概念的实践混淆起来,进而使其理论无法直面休谟怀疑论的质疑,而呈现出其权利理论的内在危机。康德指出:"一切被设想为通过意志而成为可能(或必然)的东西,就叫作实践上可能(或必然)的,以与某个结果的自然的可能性或必然性区别开来,后者的原因不是通过概念(而是像在无生命的物质那里通过机械作用,在动物那里通过本能)而被规定为原因性的。"③如前所述,以霍布斯为奠基人的古典自然法学,一方面,将权利问题与人的意志关联起来,但另一方面却又将赋予意志的原因性以规则的概念体系建立在自然概念基础之上。根据康德的知识分类,古典自然法学所建立起来的权利原则就至多不过是"技术上实践的"。而只有当这些原则是建立在自由概念基础之上时,它们才能是"道德上实践

---

① 霍布斯:《利维坦》,第107页。

② 康德:《判断力批判》,邓晓芒译,人民出版社2002年版,第5页。

③ 同上书,第6页。

的”，由此才可能通过权利而展示人的自主性地位和人性的尊严。因为，在康德看来，可以按照那种规则被自然冲动所规定而言，作为欲求能力因而作为自然能力的所谓“意志”，在自然界中就不只是人才具有。“但这样一类实践规则并不称之为规律（例如像物理学规律那样），而只能叫作规范：这是因为，意志不仅仅从属于自然概念，而且也从属于自由概念，它的诸原则在与自由概念相关时就叫作规律，只有这些原则连同其推论才构成了哲学的第二部分，即实践的部分。”而“普遍的幸福学说，更不用说为了幸福学说的要求而对爱好的克制和对激情的约束了，这些都不可以算作实践哲学，或者说，这些东西根本不能构成一般哲学的第二部分；因为它们所包含的全都只是一些熟巧规则，因而只是些技术上实践的规则，为的是产生按照因果的自然概念所可能有的结果。”①至于那些完全建立在自由概念之上，同时完全排除意志由自然而来的规定根据的道德上实践的规范，则构成了规范的一种完全特殊的方式：“它们也像自然所服从的那些规则一样，不折不扣地叫作规律，但不是像后者那样基于感性的条件，而是基于某种超感性的原则，并且和哲学的理论部分并列而完全独立地为自己要求一个另外的部分，名叫实践哲学。”②其原则就不再像霍布斯等人那样从以感性为条件的自然概念中推导出来，而是基于超感性的自由概念之上，借助于形式规律（而非质料）而成为可知的，所以它们是道德上实践的，就是说，它们“不只是在这种或那种意图中的规范和规则，而是不与任何目的和意图发生先行关系的规律。”③由此，需求和功利原则就被排除在权利问题的哲学依据之外了。

在康德的思想世界里，实践理性高于理论理性，他关注的是人本身的问题，休谟的怀疑论提醒康德清理和确立理论理性的界限，卢梭则使得康德对实践理性的问题，也即人的自由问题重新加以考虑。然而，康德坚信实践理性与理论理性最终在一个共同原理中是能够得到统一的。“因为，归根到底

---

① 康德：《判断力批判》，第6—7页。

② 同上书，第7页。

③ 同上书，第7—8页。

只有一个理性,只是在运用方面有所不同罢了。”①康德要将自然秩序与道德秩序统一起来,而自由是统一的基础,我们的自由理性既是理论的,又是实践的。理论理性研究给定对象的知识,先验逻辑确立的是使得这些对象的先天综合知识成为可能的原理,但除此而外,理论理性已经能够超出这些对象而提出“先验自由”的理念了;实践理性关注的则是我们如何使得先验自由的理念实现出来的问题。在《纯粹理性批判》中,康德论证了理论理性总有一种超出自身界限的倾向,进而不可避免地要陷入“二律背反”,理论理性在“唯理论”者那里的自负的空洞性,被康德揭示了出来,这与休谟有关。但理性是否就如休谟那样陷入不确定性而没有客观实在性呢?康德给予了否定的回答。康德指出:“我们全部认识能力有两个领地,即自然概念的领地和自由概念的领地;因为认识能力是通过这两者而先天立法的……通过自然概念来立法是由知性进行的并且是理论性的。通过自由概念来立法是由理性造成的并且只是实践性的。不过只有在实践中理性才是立法性的……如果规则是实践的,理性却并不因而立刻就是立法的,因为这些规则也可能是技术上实践的。因此,理性和知性对于同一个经验的基地拥有两种各不相同的立法,而不允许一方损害另一方……自由概念应当使通过它的规律所提出的目的在感官世界中成为现实;因而自然界也必须能够这样被设想,即它的形式的合规律性至少会与依照自由规律可在它里面实现的那些目的的可能性相协调。”②可见,理性在自然和自由两个领域中都有客观实在的“立法”,而最终的立法就是自由的立法。

康德将“判断力的批判”作为把哲学的这两部分结合为一个整体的手段:“……含有一切先天的理论知识的根据的那些自然概念是基于知性立法之上的。——含有一切感性上无条件的先天实践规范之根据的那个自由概念是基于理性立法之上的……不过,在高层认识能力的家族内却还有一个处于知性和理性之间的中间环节。这个中间环节就是判断力,对它我们有

① 康德:《道德形而上学基础》,第40页。
② 康德:《判断力批判》,第9—10页。

理由按照类比来猜测，即使它不可能先天地包含自己特有的立法，但却同样可以先天地包含一条它所特有的寻求规律的原则，也许只是主观的原则……所有的心灵能力或机能可以归结为这三种不能再从一个共同根据推导出来的机能：认识能力、愉快和不愉快的情感和欲求能力。对于认识能力来说只有知性是立法的……对于作为按照自由概念的高级能力的欲求能力来说，只有理性（只有在它里面才发生自由概念）是先天立法的。——现在，在认识能力和欲求能力之间所包含的是愉快的情感，正如在知性和理性之间包含判断力一样……判断力同样也将造成一个从纯粹认识能力即从自然概念的领地向自由概念的领地的过渡，正如它在逻辑的运用中使知性向理性的过渡成为可能一样。”①这里实际上涉及长期为康德研究者所忽略了的“自由感”的问题。根据邓晓芒先生的研究，“自由感”构成了康德自由概念的三个层次之一（另两个层次是“先验的自由”和“实践的自由”），它与依赖于一个外在目的（意图）之实现的“技术上实践的规则”一起，被包含在康德所谓感性“自由的任意”之中，着眼于自由主体本身的感性活动（情感活动）。这个“自由感”正是康德《判断力批判》所要探究和处理的主题，其先天原则首先从人类的感性（审美）判断力中被发现出来，然后扩展到自然目的论上。康德正是在自然目的论中对包括权利在内的人类文化予以历史哲学之探究的。② 人们的权利意识和正义感（情）联结着认识能力（知）和欲求能力（意）。就历史哲学而言，人们借助于权利概念，从人类在现实生活中出于各自感性的癖好（诸如荣誉欲、统治欲、占有欲）而相互冲突对抗的经验现象出发，对人类历史的整个未来作出乐观预言，即建立“法制状态”和“世界公民”系统，这个系统“即使不是造成了、但毕竟是准备了各国的一个建立在道德之上的系统的合法性，因而准备了它的统一性。”③就道德的形而上学而论，“权利”区别于“德性”，它关联于人的自然欲求，关涉着主体间的外在自由关

---

① 康德：《判断力批判》，第 13 页。

② 邓晓芒：“康德历史哲学：‘第四批判’和自由感”，载《哲学研究》2004 年第 4 期；“康德自由概念的三个层次”，载《复旦学报》2004 年第 2 期。

③ 康德：《实用人类学》，第 288 页。

系。然而,权利的先天根据却在于自由,它指向"德性"的道德世界。权利"优先"于德性,这正表明它是由理论(认识)通往实践(道德)的中介。

同时,康德强调指出,要将权利科学真正提升到哲学的高度,就必须追求权利概念分类的完整性,以保证这门科学不是缺乏内在逻辑的材料堆砌,而是一个具有开放性的理性体系。①

首先,康德基于道德主体与权利主体相统一的立场,坚持维护人的权利和尊严本身是人的一项义务,而提出了权利的义务的一般划分。康德的道德哲学和法权哲学同样都建立在自由主体的基础上,权利主体和道德主体是互为发生的一种关系。作为道德主体,其道德的行为的普遍法则是:你必须把自己当中的人性和他人当中的人性同样看成是目的,而不是手段,也就是说认识到自己是自由的,也意识到他人是自由的。这就是说必须尊重人,尊重人的自由,你要是不把他人看成是目的,不把他人看成是自由的主体,你的行为就不是道德的行为。康德由此进一步提出了权利的普遍法则:你外在的自由行动以及自由意志的自由行使,根据一条普遍法则,能够和他人的自由相共存。这就是说,"我"作为一个自由主体,"我"同时把他人看成也是自由的,也即"我"认同他人作为权利主体的地位而享有自己的权利;与此对应,"我"被他人看成是自由的,这意味着"我"被承认为一个权利主体而享有自己的权利。这是一种相互承认的关系。在康德看来,权利的问题只有在主体间相互的外在关系中才能现实地发生,也就是说主体间相互被承认为自由的权利主体,这在外在方面是人(尤其是立法者)的法律义务,在内在方面则是人的道德责任。而唯有在内在道德的基础上,人的外在权利才是可能的,才能作为一个权利的主体得到承认。权利主体表达的是作为理性存在之相互承认的关系,权利之所以可能,就在于人是有理性的,是自由的主体,可以相互承认,使我们既作为一个道德主体又作为一个权利主体而共居于一个文明的共同体之中。依据这种权利的普遍原则,康德引用并发

① 康德:《法的形而上学原理》,第195页。

展了乌尔比安的三个公式来表达关于权利的义务的一般划分[①]:第一,你要“正直的生活”,就是说在与别人的关系中,你要正当地维护自己作为一个人的价值,你是目的,而不是仅仅供别人使用的手段,这是产生于我们自身的人性的权利;第二,你必须“不侵犯任何人”,他人也是一个自由的权利主体,有其自身存在的正当性,其权利必须得到尊重而不容许你的侵犯;基于这样两个条件而有第三个公式:“把各人自己的东西归给他自己”,这就是我们通常所谓的“正义”——给予每个人其所应得的东西,康德称之为“分配正义”,它指的是一种权利的分配,是对你作为权利主体之地位的承认,它先天地决定了我们必须进入以“法律状态”为标志的“文明状态”:“进入这样一个状态吧,在那儿,每人对他的东西能够得到保证不受他人行为的侵犯。”在这种文明状态下,权利(正当性)因关联于“合法性”而获得现实性。

其次,从科学的理论体系的角度,康德将权利划分为“自然权利”和“法律权利”两大类。[②] 这一方面继承了古典自然法学的理论传统,另一方面又与之相区别。继承的一面在于,康德同样将“法律权利”与立法者的意志相关联,认为是由立法者的意志加以现实的规定的;区别在于,康德拒绝了古典自然法学家们通过心理主义、自然主义和功利主义论证“自然权利”的运思模式,认为这些论证实际上是不可能建立起具有普遍必然性的关于权利的“理论知识”体系的。在康德看来,“自然权利”是以先验的纯粹理性原则为根据,自然权利不等于“自然的权利”,即未经人为制定的权利,而是人的理性建立的。也就是说“自然权利”是以先验的自由为存在根据的,唯有通过“先验人类学”才可能建立起关于权利和法律原则的“理论知识”体系。

再次,康德依据“行为原则”即行为服从责任的道德行为原则而将权利的体系区分为“天赋的权利”和“获得的权利”。基于“行为原则”,康德指出:“权利的体系又可以被看作是那种不言而喻的力量,即在道德上与他人交往

① 康德:《法的形而上学原理》,第48—49页。

② 同上书,第49页。

时,可以作为责任去约束他人的一种力量。这就是,在与他人的关系中,提供一种法律上的行动权限。"①所谓"天赋的权利"就是每个人依据"自然法原则"而不是依赖于经验中的一切法律条例而享有的权利,这就是与生俱来的自由,康德又称其为"内在的我的和你的";而所有"获得的权利"均是通过人的外在行为而成为可能的,属于"外在的我的和你的",其取得和现实享有的"合法性"依赖于经验中的法律条例的认可和评价。在康德看来,在天赋权利的关系中,在内在的"我的和你的"的关系中,不存在古典自然法学家们所阐发的许多权利,而仅仅"只有一种天赋的权利,即与生俱来的自由"②。尽管每一个人相对于别人的关系而言具有着一般行为的权利,诸如受他人外在自由影响的一个人对其智能和体能所拥有的运用的权利、未侵犯他人的实际占有而享有对自己财产的实际占有的权利;保证一个人生存所必需的土地权、平等权、主宰自己命运以及追求无可指责的品质的权利;做并未减损或贬抑他人权利的事情的权利;儿童获得其父母监护的权利、履行人类义务的权利也即人性权等等,③这些也都是"天赋的",但康德认为所有这些权利或权限已为与生俱来的自由权利原则所涵盖,是由天赋的自由权衍生出来的。康德之所以强调天赋的自由权以及由此衍生的一些权利或权限是人生而有之的权利,目的在于将其视为非获得的权利,天赋的权利为一个人所内在地拥有,它独立于任何正当的外在行为,它是作为一个人一旦存在就具有的权利,因此而成为不可能丧失和不可剥夺的权利。康德说:"自由(独立于其他人的强迫的任意),就其能按照一条普遍法则而与每个别人的自由共存而言,就是这个唯一的、本原的、每个人凭其人性而得到承认的权利……天赋的平等,即除非人们也能互相约束,人就不受他人约束这样一种独立性,因而人成为自己的主人的这种性质……所有这些权限都已经包括在天赋的自由的原则中,并实际上(作为一个更高的权利概念之下所分出的诸

---

① 康德:《法的形而上学原理》,第 49 页。

② 同上书,第 50 页。

③ Leslie Arthur Mulholland, *Kant's System of Rights*, Columbia University Press, 1990, p.201.

环节而)与天赋自由没有区别了。"①根据康德法权哲学的人类学立场,在天赋自由的原则之下,再没有比天赋自由权更高类型的权利了,而解决后天获得的一切权利之争端的最终根据也在于天赋的自由权利,因此,"天赋的权利"与"获得的权利"就是权利的最高一级划分了。

最后,康德在对其整个权利体系之基础作一般阐述的前提下,回到人类现实的社会生活中,对确保人们实现诸如财产权、福利权这些重要权利的具体政治权利之正当性和合法性进行了探讨,进而提出了"自然的权利"和"文明的权利"的划分。② "自然的权利"构成私人的权利,也即所谓"私权";"文明的权利"则构成公共的权利,也即所谓"公权"。"私权"乃是"公权"的正当性基础。这里尤其表明康德的法权哲学仍然属于西方自然法传统的谱系。

三、天赋的自由权利

康德提出的权利的普遍原则展示了自由的正当配置的整体性特征。权利指涉的是与其他因素相关联的外在自由,该种自由之所以存在是因为人可以通过强制手段合法而正当地预防别人对自己自由运用的干涉。与古典自然法学家不同,康德显然将权利问题排除在功利需求与实用的范畴之外,权利原则与社会福利等问题没有直接的关联,权利体系的客体或者说目的在于人依据普遍法则的自由意志之交互作用的实现。然而,康德除了强调人享有天赋自由权,也同样肯定与实现人的基本需要相关的诸如财产权的重要。因此,为了系统阐发其权利理论,通过论证除自由权之外的人类其他重要权利而赋予权利一般原则以实质内容(而不仅仅是形式原则),确立起诸如财产权及对物的占有权的法律地位,康德必须扩展其外在自由的思想。只有这样,他才能找到论证人类各种权利的方法和途径,在他看来,人类所

① 《康德全集》(德文版,第六卷),第237—238页。另参见康德:《法的形而上学原理》,第50页。

② 康德:《法的形而上学原理》,第51—52页。

拥有的这些权利其实就是自由的合法配置。康德的权利理论使得我们领悟到了权利的本质和范围。康德的法权哲学充分地阐释了人类享有的各种合乎理性的权利,这些权利具有内在逻辑地构成了根据普遍法则而使每个人的自由能够相互共存的条件体系。我们在前面已经讨论了康德是如何推演出权利的普遍原则的,然而,权利的普遍原则乃是一条形式原则,它并未指示我们到底拥有哪些具体权利。事实上,康德在其天赋权利原则中已经揭示了权利的实质性原则。在该原则中,康德论证了人作为一个受道德法则规范的自然存在,是如何获得原始权利(an original right)的。他对天赋权利的揭示使得任何获得的权利和文明状态下的公共权利的取得成为可能。

为了探讨康德的天赋自由权及由之衍生的其他天赋权利,我们必须首先考察康德所宣称的人类所具有的第一个具体的权利的内涵,也就是要理解为什么康德认为天赋自由权的唯一可能客体就是人生而具有的能力,并在此基础上考察康德坚持对于其他物的权利必须获得的理由。天赋权利的道德基础依赖于人之作为人的特性,而这又依赖于人作为一个具有天赋自由的存在其自身在根本意义上讲就是一个目的的存在。在康德看来,作为目的自身的人性原则是由自由和自然特征构成的一个整体,个体的自然特征使得人与人之间相互区别开来(我与你),而人的自由意志则构成行为原则的基石,据此,任何人除非他实施了一定的行为均可不必对他人承担义务,他如因出于自由意志而实施了一定的行为就必须对他人承担义务。康德首先依据人的自由本性而提出了天赋权利,然后以行为原则为机制,以期在权利体系的框架内使权利获得现实性。

(一)外在自由与占有及行为之关系

在阐释人的天赋权利时,康德意指的仅仅是人的自由权及由之衍生的各种天赋权利。我们在理解康德的天赋自由权时,有两点是需要特别重视的:一是把握好康德所提出的自由与占有之间的理性联系;二是理解在康德整个权利体系中有着重要逻辑地位的行为原则。

虽然康德不以人的外在行为为天赋权利的根据,但他在阐述、说明某些天赋权利时，却又总是提及行为原则。因为它关涉法律义务和责任的问题。在康德的定义中，他是这样表述“行为”的：“一个行动，就它从属于责任规律而论，因而就它的主体被依照其任意之自由来加以考察而论，就是行为。行动者由于这个行动而被视为该行动结果的创始人，而这种结果，和行动本身一起，可以被归之于他，如果我们预先知道那条能将某种责任加之于他的规律的话。人格是可以将其行动归之于他的那种主体。因此道德人格性不是别的，只是有理性的生物在道德规律下的自由；由此推论出，人格不服从任何别的规律，只服从他自己给自己提供的规律（这要么是他独自给自己提供的，要么至少同时也是和别人一起给自己提供的）。事物是那种不能把任何东西归究于它的东西。自由的任意的每个对象，本身缺乏自由，因此称作事物（物体的东西）。正当或不正当一般来说是一种合乎义务或违反义务的行为：不管这义务本身愿意采取何种方式，是按照其内容还是按照其起源。违反义务的行为叫作不合规矩（罪过）。一个无意的不合规矩仍能被归咎，不过它被称为单纯的过失。一个有意的违规（亦即一个伴随有它是不合规矩的意识的违规）称为犯罪。凡根据外在的规律是正当的东西，就称为公正的，相反的则是不公正的。”①“行动”之所以被称为“行为”是因为它处于责任规律和义务的范畴之内，就同一主体而论，它是在自由意志的支配下发生的。就权利问题而言，如果行为人事先就知道法律所加之于他的义务，通过这样一种行为，行为人就是法律后果的渊源，因此连同行为本身他将承担一定的法律义务和责任。与此相关联，康德把辨别正当或不正当（有权或无权）作为“行为”而不仅仅是“行动”的特性，并对故意的违法行为和非故意的违法行为加以区分，前者被称之为犯罪，而后者则仅仅被称为过失。

就天赋权利而言，行为原则的重要意义在于，它排除了把与生俱来的才能和自然关系或状态作为一个人对他人拥有特权的根据。在行为原则中，康德坚持认为只有与普遍法则相一致的自由行为才是权利和义务之基础。

---

① 康德：《〈道德形而上学〉“导言”》，《哲学译丛》1992年第5期。

这与康德对外在自由和占有行为之关系的讨论是直接相关的。

在康德看来,"外在自由"即是利用一定的外在物以实践自由意志的活动,它虽然独立于他人意志的控制(否则就谈不上"自由"),但这种实践活动在某种程度上又会受到他人之外在自由的干涉。这是与权利的普遍原则相一致的。康德认为:"使用任何东西的主要条件就是对它的占有。"[①]这就是说,使用外在物的一个先决条件在于行为人同该物有某种联系,并能实际控制它以使该物为达到自己的目的而服务。这种控制即为"占有"。人可以控制该物而实际上并不使用它,但如果对该物没有某种形式的控制就根本谈不上使用它。通过明确"占有"作为"使用"的前提,康德实际上缩小并廓清了"外在自由"的概念。我们说一个人的外在自由受到了妨碍,当且仅当他对物的占有受到了妨碍,因此,影响并不为某人占有的物就并不妨碍其外在自由;如果通过阻止或威胁手段,影响他人占有某物就不仅妨碍了他的外在自由,而且可能是一种犯罪的违法行为。

康德通过区分两种可能存在的对物的占有,进一步解释了他所谓的外在自由的概念:一种是内在的占有;一种是外在的占有。但首先应注意,我们不能将内在占有与外在占有两种形式的区别混同于内在的自由活动和外在的自由活动两者之间的区别。因为,人的外在自由实践活动包括他对内在占有物的使用,同时对他人所拥有的内在占有物施加某种影响也是可能存在的。然而,人的内在的自由活动是不会受到他人的影响的。对于物的"外在占有",康德解释说:"描述一个作为'外在于我'的对象,可以简单地说它仅仅是'与作为一个主体的我是不同的,并且是有区别的',或者说,它是'一个在我之外的物,并可以在别的空间或时间中找到它'。"[②]又说:"在这种关系中,'外在'一词并不表示它是存在于我所在的地方之外的另一个地方,不是表示我的决定和接受是在我得到一提供物的那一瞬间之外的另一个时间,它只是表明一个对象不同于我自己,或者是在我之外的事物。"[③]因

① 康德:《法的形而上学原理》,第 54 页。

② 同上书,第 55 页。

③ 同上书,第 64 页。

此，就“我”对外在物的占有而言，康德的意思是指“我”对物的占有，而该“物”是异于作为主体的“我”的。与此相对照，康德所谓“内在占有”的含义必定是指由“我”所占有的“物”与作为主体的“我”是没有区别的，因此，人之内在占有之所指即为占有他自己。康德由此推证说，人之内在地占有的“物”必定是与生俱来的。具体而言，它主要是指这样两个方面：一是“人性”，也就是人的自由意志；二是自然地依附于特定人的为了其生存和发展所必需的体能和智能。

康德之所以认为体能和智能属于人之内在占有，主要的原因在于他将作为个体的人视为由多个器官、多种机能连同“自我”所构成的一个有机的整体，这从他对自然法则和人性原则的讨论中都可以得到印证。在《实用人类学》中，康德对人的认识能力的考察就是从人的“自我意识”开始的。在《法的形而上学原理》中，他也是从“一般外在的‘我的和你的’的原则”出发来讨论“私人权利”（私法）问题的。“人能够具有‘自我’的观念，这使人无限地提升到地球上一切其他有生命的存在物之上，因此，他是一个人，并且由于在他可能遇到的一切变化上具有意识的统一性，因而他是同一个人，也就是一个与人们可以任意处置和支配的、诸如无理性的动物之类的事物在等级上和尊严上截然不同的存在物，甚至当他还不能说出一个‘我’时就是如此，因为在他的思想中毕竟包含着这一点：一切语言在用第一人称述说时都必须考虑，如何不用一个特别的词而仍表示出这个‘我性’。因为这种能力（即思考）就是知性。”[①]如果否认人之内在的智能和体能，就是从经验的角度将人与权利关联起来也是不可能的。在对权利其他方面的探讨中，康德指出经验地考察占有的表征是非常必要的，虽然并不是因为这些表征而构成所有权，但它们却是直观地了解和认识某物被人占有的基本途径。即使是出于这种认识论方面的需要，确定人之显而易见的特征及机能，或许也足以使康德所持的内在占有的观点具有可理解的依据。

既然内在占有之“所指”由个体人的智能和体能构成，那么外在占有必

① 康德：《实用人类学》，第3页。

然是指对外在物的占有,而该物又是不依赖于人的体能和智能因素的。就对物的内在占有而言,占有关系依赖于主体自然或后天形成的内在机能;就对物的外在占有而论,占有关系依赖于自己的而非他人的主观意志而对物加以利用。问题是外在物可能为任何人所拥有,因为从本质上来说,它不依赖于任何人而存在。因此,所有的外在占有必须是实际获得的而非与生俱来的占有。而且,康德坚持说,对外在物的使用依赖于特定主体的主观意志,这种使用可以是物质性的,也可以是非物质性的。康德将非物质性占有称之为"理智的占有"。他说:"一个外在物是我的,只有当这个外在物事实上不是在我的占有中,如果别人动用它时,我可以认为这是对我的侵害,至此这个外在物才是我的。因此,自己占有任何外在物是会自相矛盾的,如果'占有'这个概念不是有两种不同意义的话,即作为感性的占有(可以由感官领悟的占有)和理性(智)的占有(可以由理智来领悟的占有)。同一个事物,对于前者,可以理解为实物的占有;对于后者,则可以理解为对同一对象的纯粹法律的占有……以第二种意义而言,'占有'一词表示理性(智)的占有;以第一种意义来说,它必然指经验中的占有。理性的或者只能用智力理解的占有,如果这种占有是可能的话,那么,这种占有要看作不同于物质上持有或扣押。"[①]康德对于物的理智占有的概念所要强调的主要是对物的正当而合法的占有。只要符合以下两种情形,某人对物的占有就是正当的而合法的:其一,它并不依赖于实际上的占有;其二,根据普遍法则,它是能够与任何人的自由相共存的。由此也可以推断出,某人对某物的关系如此密切,以至于任何没有征得其同意就利用该物的行为,便构成侵权。因此,对外在物的理智占有,其本质含义就是指某人对物享有"权利"。

根据我们前面已经讨论过的权利的分类,一项权利不是天赋的,就是获得的。康德认为,对任何外在物的权利都一定是获得的权利。要获得不是与生俱来的权利就必须具备这样两个条件:一是实施一定的行为;二是根据普遍法则,由于这一行为,本人可以强制他人承担义务,并且不经本人的同

① 康德:《法的形而上学原理》,第54—55页。

意不得对外在物施加任何影响，因为“依照普遍法则，去动用这些物便会是错误的，或者与所有人的自由不一致”①。所谓对外在物的权利是获得的权利，其关键在于，无论人对外在物的权利发生于何时、何处，它都是某种行为的结果。换言之，对外在物的权利并不是内在的、天赋的，而是通过外在行为取得的。

所有对外在物的权利都是获得的权利，这个主张在康德的整个权利理论中是极为重要的。因为，一方面，康德对财产权的处理，乃至于对国家权力的证成都依赖于他对外在物的权利均为获得的权利的讨论；另一方面，康德对自由、自主、平等之宪法性权利的阐释又是根源于他的与生俱来的权利不是获得的权利的主张，这种天赋权利的任何部分都是不能被剥夺的。

（二）一般的天赋权利

康德关于外在自由、占有与行为原则之关系的阐述，有助于我们理解和把握“权利”在其法权哲学中的功能与地位。在康德看来，权利既为人们使用“物”的可能性提供了公正性依据，也为自由主体的实践活动提供了合法性条件，同时还为超越对物的经验占有的局限性而为自由的扩展提供了恰当的路径。因此，我们在考察康德关于获得的权利及其扩展实践自由之能力的途径的论说之前，必须首先考察天赋自由权为外在自由所提供的范围。

虽然康德在陈述天赋权利时所使用的“自由”这一概念，其含义并不很明确，但他坚持认为，天赋权利乃为一项根据普遍法则能够和所有人的自由相容而并存的自由权。② 在关于权利的表象中，如果我们认为自由仅仅是指人的内在占有中不包含强制性因素，那么天赋权利就包括对任何外在物产生影响的权利，而他人的内在占有却不受任何影响。在对自由作如此阐释的时候，根据普遍法则，我们的行为将与每个人的自由相并存。由此，天赋权利就使得所有获得的权利成为不可能。事实上，康德又坚持认为获得

① 康德：《法的形而上学原理》，第 50 页。

② 同上书，第 55 页。

的权利是可能的。这就导致我们在理解康德的天赋权利时必须对自由概念作扩展性把握，就是说它既可以指人对物的内在占有，也可以指人对物的外在占有。换言之，康德在谈到自由时，不仅指独立于强制的内在占有，同时也泛指独立于强制的所有形式的占有。我们在前面已经谈到，所有的对外在物的权利都是获得的权利。因此，作为与生俱来的权利，天赋的自由权不包含任何对外在物的权利，因为这些权利是通过行为原则而成为可能的获得的权利。然而，康德指出，将天赋的权利与获得的权利之划分“引用到自然权利的体系(所有这些权利都看成是天赋权利)之内的理由，不是没有意图的。它的目标是，一旦对后天获得的一种权利发生争辩时，以及出现在下列两种情况下，即或者对有关事实尚有怀疑，或者事实已经确实，但对有关的权利还有争议，谁应该对此举证的问题时，否认这项责任的人就能够有条不紊地提出他的天赋自由权利，作为在各种关系中详细的专门化的权利，并能公平地在这些关系之上建立各种不同权利的权限”①。这就是说，天赋自由权包括处于获得的权利之纠纷案件中的被告的一项权利，这项权利使得被告可以免于对案件事实的举证责任。而且，康德认为天赋权利包括针对他人的一般行为的权利，当然该权利应以他人能够实现对自己的权利为限。“每一个人对别人还具有一种天赋的一般行为的权利，所以，他可以对其他人做出那些不侵犯他们权利的事情，或者，不拿走他人的任何东西，除非他们愿意他拿走。例如单纯的思想交流，去叙述任何一件事情或者允许某件事情，不论他是否出于真诚或者毫无诚意，因为这完全看其他人是否会相信或信赖他的话，但是，所有这些权利或权限，已经全部包括在天赋自由的原则之内。”②因此，康德认为人的天赋自由权涵盖的不只是它内在拥有的东西，还包括其运用自己的能力(体力和智力)的权利。

根据普遍法则，一个人对特定外在物的排他性使用只要能与每个人的自由相协调，那么，他就对该特定的外在物享有获得的权利。然而，与普遍

---

① 《康德全集》(德文版，第六卷)，第238页。另参见康德：《法的形而上学原理》，第51页。

② 康德：《法的形而上学原理》，第50页。

法则相一致的原则仅仅表达了无论何种行为或条件，只要能与他人的自由相共存的情况下，获得的权利就是有根据的，却并没有明确指出特别的行为或条件。就是说，康德尽管述及获得的权利，但实际上指涉的却是个一般权利，而该种权利包含着人对任何事物享有权利的一个条件。康德在阐述天赋自由权时，似乎考虑的就是作为所有权利之条件的一般权利。因此，自由似乎是指一个人所占有的任何东西，而不管其占有是获得的还是非获得的。那么，天赋的权利就并未具体说明一个人对特别的外在物享有获得的权利，或者说，并没有具体说明对外在物的获得权利是可能的。它只是规定了一个人获得对外在物的排他性使用是可能的，而这种排他性使用根据普遍法则能与每个人的自由相共存，因此，他就享有对该外在物的权利。

根据这个一般的自由权，一个人只要根据普遍法则能与每个人的自由相容而并存，他就能获得一项权利。然而，一般权利本身却不能是获得的，它只是任何获得权利之可能的条件。因此，一般权利就必定是天赋的权利。其实，康德所谓的一般权利在本质上表达的是人作为一个自由存在的身位，人作为一个自由的存在本身就具备享有权利的内在能力。所以，康德说："自由……是每个人由于他的人性而具有的独一无二的、原生的、与生俱来的权利。"①在康德看来，有人性的存在就是有自由意志的存在，他把人格界定为"是可以将其行动归之于他的那种主体。因此道德人格性不是别的，只是有理性的生物在道德规律下的自由；由此推论出，人格不服从任何别的规律，只服从他自己给自己提供的规律。"②人被把握为能作出自主性决定的人格。而且，一个存在当其是自主（自律）时，他就肯定有着自由意志，他能根据其自由意志而实施一定的外在行为。康德一般的天赋自由权的思想表达的正是每一个人由于其自主性（自律）而获得了作为主体的人的地位。所以，所有调整主体间关系的法律都应该承认其调整对象本身的人格性。因此，根据普遍法则，任何不能与自由原则相容的妨碍人的行为或状态都是对

① 康德：《法的形而上学原理》，第50页。

② 康德：《〈道德形而上学〉"导言"》，《哲学译丛》1992年第5期。

预先假定在所有权利情形中的作为主体的人的地位的侵犯。基于此,一般的天赋自由权与其说是对任何特定物的权利,毋宁说是一种享有权利的资格,甚至可以被认为是在其相互的外在人际关系中对所有人的主体身位的哲学辩护。就法权哲学所要探究的权利的道德基础而论,它表达的是这样一种理性的事实,即人作为权利的主体不隶属于任何经验的法律,他本身才是法律的主人。

由此,我们可以就所有关涉权利情形而预设的形式条件作如下两方面的陈述:第一,根据普遍法则,如果一个人的行为能与每个人的自由相共存,那么,他就有权做出这样的行为;第二,根据普遍法则,如果一个人对外在物的排他性使用能够与每个人的自由相共存,鉴于法则的普遍性,在同样条件下,任何人对类似物的使用就能够与任何他人的自由相并存。因此,如果某人对外在物享有权利或能获得权利,那么人人在同样的情形下对类似的物也就享有权利或能获得权利。康德正是借助这些形式条件和行为原则来推导关涉主体间关系的人的各种获得的权利的。只要一般的天赋权利是各种权利情形存在的必要的形式条件,那么对获得的权利的任何侵犯行为也将间接地侵犯人的天赋权利。然而,由于天赋权利并不足以提供获得的权利的充要条件,一个人的天赋权利受到侵犯而获得权利却未受到侵犯的情形就是可能发生的。

(三)人身自由的天赋权利

除了包括在天赋权利中的形式要件外,康德还提出了关于权利的一个具体主张。他认为人人都对其智能和体能享有权利,就是说这样的智能和体能是可能受到他人的影响的。康德要表达的是人人都对所谓的"人身自由"享有天赋权利。这当然不仅仅是一项形式上的一般权利,而且是一项人享有对其身体及其他机能的实体性权利。

康德认为天赋权利包括一个人对其内在占有的东西之具体权利。这无疑应该包括身体在内,同时也应该包括依附于身体的各种机能。在主张人身自由权时,康德在对权利的理解和阐述上与霍布斯、洛克以及卢梭的古典自然权利学说存有很大差异。霍布斯承认天赋的自由权，但这种权利没有相对应的义务，他所谓的天赋权利就是做或不做任何事的自由，每个人都可以凭着自己的判断和推理，计算出最合适的办法以保全自己的生命。既然如此，对于天赋权利所允许的行为而言，就不应有强制性的限制。可对于康德来说，尽管存在人身自由之内在权利，但权利的普遍原则及人之满足需求的交互作用恰恰决定了义务的不可或缺和相互性义务的存在。洛克和卢梭的观点或许与康德更为接近些，但差异毕竟是存在的。洛克认为人人应该首先保护好自己，只有当自我保护未受到任何挑战时，他才应该尽可能地保护其他人，他与霍布斯一样，认为每个人的基本权利也即基本的道德义务就在于自我保护，这个权利内在地包括了为达到自我保护的目的而使用的任何必要手段，一个人对他人不存在义务除非他确保了自我保全。卢梭也同样认为，人类天性的第一部法律就是自我保护法，人类首先关注的是它对自己负有什么，人一到理性的年龄就成为自己命运的主宰者，因为他自己能判断什么最能确保其持续的存在和满意的生活方式。

康德恰恰不能赞同将自我保全的欲望和激情作为天赋权利的基础。自我保全的欲望和激情其内涵是不能确定的，它完全可能允许一个人侵犯他人的权利，而对他人所遭受的痛苦毫无责任意识。一个人有权保护自己，但他必须也承认其他人有着同样的权利。然而，霍布斯等人主张的自我保全却意味着某人做他认为有必要确保其持续存在和满意的生活方式的任何事情。这种观点的症结在于它没有包括调整人际关系的法律适用的问题，卢梭就指出过，它依赖于权力而非权利。霍布斯在排除自然状态的所有义务规定时，把人与人之间的关系比作狼与狼的关系，实际上就充分意识到了他对“自然权利”进行阐述时所隐含的深刻“危机”。康德在阐述人身自由之天赋权利时，是拒绝诉诸自我保全或任何功利的考虑的。

康德理论的重点主要在于阐述这样一项天赋权利并不依赖于任何其他事物，而只是考虑有关相互自由的权利观念。康德的理论目的使他不可能以自我保全为该项权利的必要条件。相反，他倒是对其他两个方面作了探究：一方面是行为原则；另一方面在于，人的智能和体能既是自由的外在实践活动的手段,也因此是任何自由的外在实践活动的必要条件。所以,任何对成年人(未征得其同意)之智能和体能的妨碍就将是对其自由的侵害,因为既然对其所内在拥有的这些能力构成侵犯,也就有可能对其内在拥有的这些能力加以利用。但由于同时考虑到了行为原则,那么对这些能力的妨碍是否就侵害了一个小孩的自由呢?这就与成年人的情况有所区别了。因为,小孩还未形成行使其自由意志的能力,因此,其身体和其他依附于身体的机能都只是为将来行使其外在自由准备条件。但对小孩而言,即使不太可能侵犯其人身自由的现实行使,却依然有可能阻碍他将来的外在地行使其自由的能力。所以,接受良好的教育和培养应该是小孩的一项天赋权利,因为实践自由的能力取决于必要的技能上的培养,对小孩的教育并不是对其自由的干预。

如果我们承认人的身体及其依附于它的机能与外在地行使自由的关系,那么,康德对"人身自由"的天赋权利的论述就没有必要考虑需要和自我保全的问题。根据普遍法则,如果一个人的行为及相关条件能与每一个人的自由相共存,那么,他对那种行为或条件就享有权利。又根据行为原则,一方妨碍他方的外在自由只有在以下情形中才具有正当性:第一,他方本人也实施了一定的行为,而该行为侵犯了某一权利;第二,征得了他方的同意。一般说来,一方无权妨碍他方的外在自由,除非他方实施了某种行为,而该种行为使此方获取了某项权利。

关于"人身自由"的天赋权利与行为原则的关系,康德在其"论通常的说法:这在理论上可能是正确的,但在实践上是行不通的"一文中给予了说明:"就一个人对另一个人的强制权限(他由此也就始终停留在他那自由的运用与我的自由相一致的界限之内)而言,每个人在这种状态之中的生来的权利(也就是说先于其他一切合权利的行为)就是彻底平等的。既然出生并不是被生出来的人的一种行为,因而从其中就不能籀引出来权利状态的任何不平等和对强制法律的任何服从……共同体的一个成员作为同胞臣民,对于另一个就不能有生来的优先权,而且也没有人可以让自己的后代来世袭自己在共同体中所占有的地位上的优先权,因而仿佛是由于出生就有资格享有统治地位的样子，也不可强行阻止别人凭自己的贡献去取得更高的级别。”①康德这里的中心思想就是出生对于被生下来的人来说并非其自身出于自由意志所实施的行为，就是说，人之出生并不是他自己的决定或由于自己的过失而来到这个世上。因此，人之出生并未实施任何使得他人有权妨碍其外在自由的行为。康德强调的是一种行为使得一方对他方承担义务是必要的。而一个人自出生后所享有的唯一占有就只能是内在占有，即依附于其自身的体能和智能。因此，人自出生始一直到他能实施一定的行为——该行为使得他人有权对其体能和智能进行干预——为止，根据普遍法则，人人所内在占有的这些体能和智能是能够与他人的自由相并存的。也就是说，人人生而有人身自由的天赋权利。这样，康德在阐述具体的天赋权利时就并不涉及功利问题，而仅仅考虑的是自由的普遍法则和行为原则。当然，这并不排除人可以利用其自由以满足自己的需要，康德对权利的系统论述是能够与手段满足目的的观点相贯通的。

(四)财产权与天赋权利

与古典自然法学一样，康德也是在天赋权利的思想逻辑中建构其财产理论的。要理解康德的财产理论，就得理解他关于对外在物的占有所作出的区分：一是物质的占有；一是理智的占有(physical and intelligible possession)。康德说：“我不能把一个有形体的物或一个在空间的对象称为是‘我的’，除非我能够断言，我在另一种含义上真正的(非物质的)占有它，虽然我并没有在物质上占有它。”②又说：“外在的‘我的’一词的词语定义可以这样表达：‘外在的我的(财产)是指在我自身之外的东西，凡是对我随意使用它的任何妨碍，就是伤害我或对我不公正，就像侵犯我的(按普遍法则能与他人自由并存的)自由一样。’这个概念的真实的定义，则可以这样表达：‘外在的我的(财产)是在我自己之外的东西，因此，谁阻止我去使用它就是一种不

① 康德：《历史理性批判文集》，何兆武译，商务印书馆 1991 年版，第 185 页；另参见《康德历史哲学论文集》，第 117—118 页。

② 康德：《法的形而上学原理》，第 57 页。

公正,我确实把它作为一个对象拥有它,虽然我可能没有占有它。'如果一个对象被认为是我的,我就必须对该外在物具有某种方式的占有;否则,任何人干预这个对象时,不会因此影响我,因而,他不会对我有什么不公正……如果认为公正地存在着一种外在的'我的和你的',那么,理性(智)的占有必须假定是可能的……在这里,理性必须根据自由法则去处理意志活动的实践方面的决定,不论这个对象是可以通过感官去认识的,或者只能通过纯粹理解力才能成为可以想象的。我们所考虑的权利,如果从理性和意志(根据自由法则而活动)的关系而言,权利是理性的纯粹实践概念。"①

康德有一个基本观点,即对外在物的物质的占有并不就是对外在物的权利,而只是人身自由之天赋权利的一种特例。这一点对我们理解康德之财产理论很重要。康德认为,由于人身自由的天赋权利,人人都有权利用任何外在物,除非他侵犯或损害了他人的权利。也就是说,由于一个人对其体能和智能享有天赋权利,他就有权要求他人不得侵犯他物质地占有某物,只要无其他人对该物享有权利。"任何人,如果他想坚持有权利把一个物作为他的(财产),他必须把该物作为一个对象占有它。假如他不是该对象真正的占有者或所有者,那么,当别人未得到他的同意而动用该物时,不算构成对他的侵犯或损害。因为,如果一物对他说来是一件外在物,而且他与该物没有任何权利的关系,那么,如果对该物有什么影响,也不能把他作为主体而影响到他,也不会给他造成任何不公正,除非他与该物有所有权的关系。"②人对其体能和智能享有天赋权利,只要他在利用这些能力时没有侵犯或损害他人的权利。由此,康德认为对外在物的物质上的占有存在这样一种情形,即某人对物的物质上的占有与其自身的关系如此紧密,以至于真正地影响该物就必然侵犯或影响到对该物有权利的主体本身。鉴于一个人与其物质上占有某物之间的关系,任何人如果影响他人的物质上的占有就都将影响到他作为人的自身,即使不是直接地,也将是间接地侵犯他人之人

---

① 康德:《法的形而上学原理》,第59—60页。

② 同上书,第57页。

身自由的天赋权利。因为，每个人对任何外在物的物质上的占有都享有间接的天赋权利，只要他没有侵犯或损害任何别人的权利。从这里也可以看出康德强调的"理智的占有"的概念的重要性。

(五)对土地的天赋权利

康德说："我享有某种外在于我的东西作为我的(财产)，这种模式包含着主体的意志与该对象之间的特殊的法律联系；此模式与该对象在时间上和空间上的经验状态无关，却与理性(智)占有的概念一致。"①纯粹法律占有的概念为了能保证其实践的真实性，并能被运用到经验的对象中，它就不可能是经验性的概念，而只能是理智上的概念，也就是说是独立于时间和空间的经验状态的。我们上面已经说过，理解康德的财产理论必须要能把握其理智占有的概念。而对土地的天赋权利正是康德作为天赋权利来论述的财产权的一个核心问题之一。理智的占有同样是理解人们对土地的天赋权利的关键所在。因为，"地球上某一块土地并不因为我用身体占据它便外在地是我的，因为这件事仅仅涉及我的外在的自由，因此只影响到我自身的占有，而不涉及外在于我的物，所以，这只是一种内在的权利。相反，如果我有资格继续占有这一小块土地，那么，即使我离开它到了别的地方去，它仍然是我的，只有在这种情况下，我的外在权利才与这块土地发生联系。"②

尽管不是上帝的意志创世，也不能说是上帝的恩赐，但"所有的人都原始地，在出现自由意志的法律行动之前，都正当地占有了土地。这就是说，不管大自然或偶然机会，不顾人们的意志，把他们置于何处，他们都有权在那里生活。这种占有(它与作为一种有意识的、获得的、永久占有居留地是有区别的)，由于地球上所有地方的人彼此都有接触而变成共同的占有"③，康德这里所表达的意思很明确，即是指每个人都对他所出生的那块土地，以及因自然事故而迁徙并居住那块土地享有天赋的权利，但不对任何你想占

① 康德:《法的形而上学原理》，第65页。

② 同上。译文根据德文本有改动。

③ 康德:《法的形而上学原理》，第77页。

据的或侵占的土地享有获得的权利。如果一方已经理性地取得了对一块土地的天赋权利,他方就不能简单地通过自己的意志选择行为而将该权利移转给自己,也无法正当地把对其享有天赋权利的人从这块土地上强制性地赶走。也就是说,一个人不能通过他物质的占有来确立起他对某一块土地的天赋权利,因为物质占有的权利只有在一个人并不影响他人以同样方式而获得权利时方才有效。一个人对一块土地的天赋权利,即使这块土地被他人所占用,也依然有效。这即是说,当一个人经验上虽不占有某块土地但却仍然可以拥有该土地,他对该土地的占有就是理智的占有(法律上的占有),也即"所有"。理智的占有是经验的占有的可能性条件,也就是随时可以占有某块土地的"资格"。

为了确立起人们对土地的天赋权利,康德指出,为了维持人类的生存,对土地的利用是先天的必要条件。这似乎像古典自然法学家们一样诉诸对土地之利用的功利原则。其实,康德认为并不是对土地的权利因为需要和自我保全的直接原因而正当化了。他不否认必须存在一项自我保护的权利,但这样一种权利只有根据权利的普遍原则才能是正当的,也就是说,只有符合根据普遍法则每个人的自由能相互共存的条件时,这样的权利才能是正当的。为了阐述一个人对作为自我保全之必要条件的土地的权利,而又必须同时考虑自由的普遍法则,我们必须引入康德关于权利的行为原则。这样,如果一个人不能利用某块土地,那么他就不可能生存;而如果其生存受到妨碍,那么他的体能和智能势必受到影响。本来,与体能和智能相关的人身自由之天赋权利因必定实施一定的行为而使得他人有权对其加以干预,可一个人因出生或者由于自然意外事故而被驱使到某一块土地上,这就不是其本人行为的结果。任何人获得对土地权利的正当性以及他人应承担不得侵犯该土地的义务,就因行为原则的引入而得到了证明。在这种情况下又可以说,一个人利用土地之天赋权利是人身自由之天赋权利的一种特例。然而,同样依据行为原则,一个人对土地的天赋权利并不能给予其对土地的获得权利以完全的根据。完全可能出现这样的情形,即一个人偶然来到别人享有获得权利的土地上,并想滞留在这块他无权滞留的土地上,而决定滞留在一块土地上是一种事实行为，这种行为很可能将侵犯或损害别人的权利。因此，如果并不危及其生存，一个人滞留于别人享有获得权利的土地上的行为应予排除。这将构成人类进入文明状态后各国所应承担的尊重别国领土的义务之证成的主要理由。

四、天赋权利与自然法

从观念史的角度看，“希腊哲学家们并不议论权利问题，这是事实。”① 麦金太尔考证说：“直到中世纪即将结束时为止，在任何古代的或者中世纪的语言中，都没有可以恰当地表达我们所谓‘一项权利’的词语。”②古典自然法学家们将“权利”这个概念作为人们现实生成欲求之正当性的哲学表达，“权利”话语在近代以来世俗文化中的广为流行，这无疑意味着“人”的观念的根本性变革。近代以来的世俗文化既对人的自然欲求予以充分的肯定，同时又确信通过人的理性自为，能够建构起比较完满的规范和制度秩序，以妥善地处理人与人、人与社会、人与国家之间的种种微妙而复杂的关系。它由此而将人的个性与独立意识、人的价值与尊严问题凸显出来了。康德的哲学庄严地宣示了人是目的而绝非单纯手段的伦理精神和道德理念。要真正领会和把握康德权利学说的精神实质，就必须首先理解他是如何确立起人的主体性地位的。

人的世界不外乎两个方面：一是物质性的生存，一是精神性的生存。前者是生命存在的前提，后者却是生命存在的根据。人作为自然的感性存在虽不可否定，然而人不停留于此。人同时是理性的存在者，他要挣脱自然秩序的约束，而理性地自由选择自己的生活方式、理性地建构并遵循行为的道德原则，以展示人之所以为人的主体性立场和精神，以安宁于自然目的等级

① 庞德：《通过法律的社会控制·法律的任务》，沈宗灵译，商务印书馆 1984 年版，第 44 页。

② A. MacIntyre , *After Virtue*, University of Notre Dame Press, 1984, p. 69.

秩序中的最高位，以使整个世界呈现出方向和意义。这是人的基本使命，由此而体现出人性的尊严和光辉。

人首先是自然秩序中的存在。霍布斯紧随马基雅维利，追求和建构所谓的“政治科学”，他对中世纪神学之道德诉求的拒斥正是为了保证其“科学性”的追求，它无疑是实证性的，而非康德所谓的“哲学”的建构，实证科学关注的是“实然”的经验性问题，而不是“应然”的价值追求。他们从自然主义、心理主义的立场出发，首先要回答人实际上是什么，而不是应当成为什么。所以，欲望、激情和理性均成了在价值序列中平行的描述性的东西，而正视和承认这个“科学的”描述性序列才是“理性”精神的基本标志。

从生存论的角度看，康德接受了古典自然法学反宗教的立场，人是生来无“罪”的。人首先是作为自然秩序中的一员而现实地存在着，其生存方式受本能、欲望的驱使，他是受动的，与动物一样是缺乏主动性的，“兽性”乃是人性的第一个基本特征，它不需要理性的训练就可以完成。尽管如此，人的感性需求却是无可指责的。康德甚至说：“保证个人自己的幸福是责任，至少是间接责任，因为对自己处境的不满，生活上的忧患和困苦，往往导致不负责任。即使撇开责任不谈，一切人对自身幸福的爱好，都是最大、最深的，因为正是在幸福的观念中，一切爱好集合为一个总体。只不过，幸福的规范往往夹杂着一些爱好的杂质，所以，人们不能从称之为幸福的满足的总体中，制定出明确无误的概念来。”①

从人性论的立场讲，柏拉图《理想国》卷九一开始就教导我们在合法的与自然的欲望、非法的与非自然的欲望之间作出区分，后者是我们心中的野兽的欲望：它们不同于对奢侈品的欲望，因为它是兽性的而非人性的。康德在其《单纯理性限度内的宗教》中，恰恰将“兽性”纳入对“人性”的讨论之中，只不过是人性最低的层次而已。他说：“我们有理由把这种原初禀赋与其目的相联系分为以下三类，来作为人的规定性的要素：1. 作为一种有生命的存在物，人具有动物性的禀赋；2. 作为一种有生命同时又有理性的存在物，人

① 康德：《道德形而上学基础》，第48页。

具有人性的禀赋;3.作为一种有理性同时又能够负责任的存在物,人具有人格性的禀赋。”①

从哲学的意义上说,康德对包括自然存在的人性在内的感性给予新的定位,“自从巴门尼德始,人的感性存在几乎像是人的一条多余的尾巴,一直让许多哲学家深感累赘和羞耻。因为好像正是人的感性存在使人陷于‘洞穴’般晦暗不明的梦幻世界,以致远离了真理,远离了‘现(真)实的存在’。然而在康德哲学里,这一传统发生了根本性的变化:真正现实的东西恰恰必定存在于感性里,感性甚至成了一切存在者的现实存在的尺度。感性在哲学中的地位的这种变化与康德在感性论里完成的变革相关。从根本上讲,康德对感性论的变革体现在两个方面,即感性的超验化与时空的观念化。”②

其实,康德在哲学上所作出的感性论的变革,其根本意义在于从“先验人类学”的立场上确立起了人在自然秩序中的目的论地位。康德指出:“即使我们只是要通过连续不断的观察而在自然的有机物中来研究自然,我们也必不可少地需要把一个意图的概念加之于自然;所以,这个概念对于我们理性的经验运用来说已经是一个绝对必要的准则了……现在,我们把一物的实存和形式在一个目的条件下想象为可能的,该物的概念就与该物的某种(按照自然规律的)偶然性的概念不可分割地结合起来了。因此那些我们只有作为目的才觉得是可能的自然物,也对世界整体的偶然性构成了最有力的证明,并且也是惟一被普通知性同样也被哲学家所承认的证据,证明世界整体依赖于并起源于一个在世界之外实存着的、确切地说(为了那种合目的性形式的)有理智的存在者:所以,目的论只有在某种神学中才能找到它的那些探讨的完全的解释……但现在,即使是最完备的目的论,最终又证明了什么呢?它证明了比如说,这样一个有理智的存在者是实存的吗?没有;它证明的无非是,按照我们的认识能力的性状、因而在经验与那个最高理性原则的联结中,我们绝对不能给自己造成有关这样一个世界的可能性的任

---

① 康德:《单纯理性限度内的宗教》,李秋零译,中国人民大学出版社2003年版,第9—10页。

② 黄裕生:“康德对感性论的变革——一种存在论阐释的尝试”,载《哲学研究》2004年第8期。

何概念,除非是这样的概念,即我们设想这个世界的一个有意起作用的至上原因。"[①]而"我们在这个世界中只有惟一的一种存在者,它们的原因性是目的论的,亦即指向目的的,但同时却又具有这种性状,即它们必须依据着来为自己规定目的的那个规律,是被它们自己表象为无条件的、独立于那些自然条件的,但本身又被表象为必然的。这种类型的存在者就是人,但却是作为本体看的人;这是惟一这样的自然存在者,我们在它身上从其特有的性状方面却能认识到某种超感官的能力(即自由),甚至能认识到那原因性的规律,连同这种原因性的那个可以把自己预设为最高目的(这世界中最高的善)的客体。现在,对于作为一个道德的存在者的人(同样,对于世上任何有理性的存在者),我们就不再能问:他是为了什么而实存的?他的存有本身中就具有最高目的,他能够尽其所能地使全部自然界都从属于这个最高目的,至少,他可以坚持不违背这个目的而屈从于任何自然的影响……既然这个世界的事物作为按照其实存来说都是依赖性的存在物,需要一个根据目的来行动的至上原因,所以人对于创造来说就是终极目的;因为没有这个终极目的,相互从属的目的链条就不会完整地建立起来;而只有在人之中,但也是在这个仅仅作为道德主体的人之中,才能找到在目的上无条件的立法,因而只有这种立法才使人有能力成为终极目的,全部自然都是在目的论上从属于这个终极目的的。"[②]

在《实用人类学》中,康德对人的认识能力的考察是从人的"自我意识"开始的。在《法的形而上学原理》中,他也是从"一般外在的'我的和你的'的原则"出发来讨论"私人权利"(私法)问题的,这涉及与人的生存需要紧相关联的"物权"问题。"人能够具有'自我'的观念,这使人无限地提升到地球上一切其他有生命的存在物之上,因此,他是一个人,并且由于在他可能遇到的一切变化上具有意识的统一性,因而他是同一个人,也就是一个与人们可以任意处置和支配的、诸如无理性的动物之类的事物在等级上和尊严上截然不同

---

① 康德:《判断力批判》,第252—253页。

② 同上书,第293—294页。

的存在物，甚至当他还不能说出一个‘我’时就是如此，因为在他的思想中毕竟包含着这一点：一切语言在用第一人称述说时都必须考虑，如何不用一个特别的词而仍表示出这个‘我性’。因为这种能力（即思考）就是知性。”①

在康德的哲学话语中，“知性”与“理性”是有区别的，前者相当于近代认识论意义上的“理性”，后者则相当于柏拉图思想世界里的“理念”和“真理之光”。康德认为，人类的认识是从感官开始而进到知性，最后结束于理性，所以，理性是人类知识的最高能力。由于我们通常都是用较高的东西来解释较低的东西，以使较低的东西获得明确的规定，我们对理性加以规定就因此而遇到困难。康德的这种“困难意识”无疑是与他反宗教神学的人类学立场有关。在知识论意义上，他严格划定了人类认识能力的界限，人类只有在先天直观和“知性”概念能力的共同作用下才能建立起关于经验现象界的具有普遍必然性的知识体系。尽管“理性”才真正具有“原则”的能力，才能建立起“知性”所不能提供的纯粹从概念的普遍性中产生的综合知识，但它在关涉自然秩序的理论知识中却只具有“调节性”功能，以引导一切可能经验使之趋于最大统一性的目标，使得人类认识不断有所突破并朝向深度发展。然而，康德的“划界”其真正的用意却在于揭示关涉“本体界”的“理性”之于人类自由实践的伟大意义。“理性”被把握为“实践理性”，它对人类具有严格的“规范”意义，人的生活必须由“自然”进到“自由”的世界，人不能仅仅臣服于“自然秩序”，成为自身自然欲望的奴隶，而要通过“实践理性”为自己“立法”，以使自己成为自己的主人，成为自由的存在。他正是从道德实践方面对柏拉图的理念论作出了新的诠释，而认为柏拉图首先就是在实践、自由和道德领域中去寻找其“理念”的。②

康德正是以人是理性的自由存在为基点而推导出人所享有的一般天赋权利的，并以之为人身自由权、财产权以及对土地之利用等具体的天赋权利的基础。概而言之，康德所倡导并阐明的天赋自由权的主要特征在于：第

① 康德：《实用人类学》，第3页。

② 杨祖陶、邓晓芒：《康德〈纯粹理性批判〉指要》，人民出版社2001年版，第256—259页。

一,作为权利所关涉的外在自由是在与物具有某种联系的意义上来加以理解和把握的,从而使得物可以被正当地占有和利用,这意味着对作为自然秩序中的人之生存欲求的肯定;第二,根据自由的普遍法则,每个人的自由能够相互共存乃是每个人获得并享有权利的形式条件,由此权利与义务具有相关性,这意味着对人作为自由的道德主体的地位的强调;第三,权利的行为原则明确了主体间相互承担责任与义务的基本界限,这对天赋权利之现实化提供了合法性依据。总之,康德对天赋自由权的阐释构成其整个权利理论的基石,根本目的在于表明权利乃是根据自由的普遍法则每个人的自由能够相容共存的条件体系。

康德之天赋权利理论的根本特征表明,康德仍然是西方自然法传统中一位伟大的思想家。那些为他所阐明的天赋权利都是自然法上的权利,而所有的获得的权利则是派生于行为原则的,是后天获得的。只不过康德与以霍布斯为奠基人的古典自然法学派存在着本质性的区别。他的自然法是自由的、理性的自然法,是实践理性意义上的自然法;在本体论的意义上,人的"自然"是自由的必然性,是自律的道德性。所以康德说:"自由概念只能从理性的实践法则来推断,作为事实来看,理性的实践法则被称为绝对命令。"[①]而"我们所考虑的权利,如果从理性和意志(根据自由法则而活动)的关系而言,权利是理性的纯粹实践概念。"[②]应该说,康德推进并大大提升了西方法哲学之自然法理念的哲学层次。

(作者系西南政法大学法学研究所教授)

---

① 康德:《法的形而上学原理》,第64页。

② 同上书,第60页。

建国文献研究

比希莫特抑或利维坦

——美国建国的生死问题

林国基

你且观看比希莫特。我造你,也造它,它吃草与牛一样。

它在上帝所造的物中为首,创造它的给它刀剑。(《约伯书》40章)

在地上没有像它造的那样,无所惧怕。

凡高大的,它无不藐视。它在骄傲的水族上做王。(《约伯书》41章)

一、犹太神学—政治传统中的比希莫特与利维坦

根据旧约《约伯书》,比希莫特和利维坦是上帝创造的一对怪兽,也是上帝创世的巅峰之作。[①] 比希莫特在陆地上称雄[②],利维坦则"在骄傲的水族上做王"[③]。

经文中明确地告诉我们,利维坦的元素归属[④]是水,或者说是一种海洋

① 《约伯书》40:15-41:34。当上帝从旋风中出现,宣示自己的创世伟业时,比希莫特与利维坦作为上帝的造物最后出场。

② 《约伯书》40:19。

③ 《约伯书》40:34。

④ 即土、水、气、火四种元素,它们是宇宙和宇宙万物的基本构成质素。参见恩贝多克勒残篇、柏拉图《蒂迈欧》以及亚里士多德《形而上学》等的相关论述。

动物，至于比希莫特的元素归属，却存在着争议，因为经文中似乎也提到过它与水的密切联系[①]。但《约伯书》的作者告诉我们，比希莫特是一种食草动物，和牛一样[②]；还告诉我们，“诸山为它出食物”[③]。因此，我们可以有把握地说，比希莫特是一种陆地性动物，因为，显而易见，再也没有任何标准比食物更能说明某种动物的元素上的归属了。[④] 经文中虽然也提及比希莫特与水的深刻牵系，但这并不说明它和利维坦一样也是水生动物，实际上，它只是在酷暑之时偶尔去水塘或河中洗澡、乘凉，而且在水的面前还表现得似乎颇为傲慢，连涨水的约旦河都不放在眼里，处之泰然。[⑤] 从某种意义上说，这毋宁是对利维坦所占据的水域的骚扰或入侵，从而彰显了比希莫特与利维坦、陆地与海洋之间的紧张关系。[⑥] 事实上，关于两者之间的紧张关系，经文中还有过其他更为强烈的暗示。因为经文上说，比希莫特“在上帝所造的物中为首”，利维坦“在地上没有像它造的那样，无所惧怕”。由此可见，在上帝所创造的世界里，陆地与海洋孰为尊贵、比希莫特与利维坦谁为大并不十分明朗，根据一些犹太圣经外典以及犹太神秘主义的说法，两者之间的永恒敌意和紧张甚至要持续到世界末日，然后在一场最后的争斗中同归于尽，其肉成为犹太人的美食。在威廉·布雷克关于《约伯书》的著名图解[⑦]中，陆地与海洋、比希莫特与利维坦之间的不睦和敌意更是得以淋漓尽致、栩栩如生地呈现，可谓经典。

在《圣经》中，比希莫特与利维坦只共同出现过一次，即《约伯书》的结尾

---

① 《约伯书》40：21-23。

② 《约伯书》40：15。

③ 《约伯书》40：20。

④ 参见亚里士多德：“‘论动物底生殖’与‘动物志’的相关思考”。比较普鲁塔克有趣的短章：“论陆生动物和水生动物哪个更狡猾？”（*Terrestriane an aquatilia sint callidiora*）《道德论丛》（*Moralia*）第十二卷。

⑤ 《约伯书》40：21-40：23。

⑥ 古典作家在谈到海洋时，总是把它比喻为一条巨大的紧紧地缠绕着陆地的海蛇，而把手持三叉戟的海神波赛东称作“陆地的震动者”。《荷马诗史》中有大量的相关描写，包括著名的阿基里斯盾牌。参见赫西俄德：《神谱》（455，930）为海神分配的修饰词。

⑦ 布雷克（William Blake）：《布雷克的约伯：〈约伯书〉图解》，布朗大学出版社 1966 年版。

部分。[①] 在全部《圣经》正典中，这恐怕也是唯一一次提到比希莫特的地方。相比之下，比希莫特的形象相当晦暗不明，而利维坦的形象要清晰得多。在《圣经》中，利维坦还出现过多次，而且都涉及同一个主题：上帝与利维坦或者上帝与海洋的争斗。[②] 在犹太传统中，利维坦以及它所栖身的海洋代表着一种邪恶和混沌无序的力量，上帝在创世时与利维坦进行过激烈的争斗[③]，最终利维坦被击败，上帝的主权得以确立。在不同的版本中，对这些情节的描述尽管各不相同，但它们都涉及这个海洋怪兽试图从耶和华手里夺取权位的问题，或者这个海洋怪兽时刻威胁着上帝所创造的宇宙秩序的问题。在某一些故事的版本中，在耶和华出手之前，一些神灵曾经与这个海洋怪兽进行过斗争，但都失败了。耶和华最后介入，维护了他的宇宙秩序的和谐，从而在这个海洋怪兽面前捍卫了自己的霸权。[④] 在以色列的历史上，这个传统经历了不同的变化。其中的一些形式反映出了这样一种历史化的过程，与海洋、利维坦以及混沌的斗争代表着上帝对于以色列的历史上的压迫者的最终胜利，这尤其适用于埃及[⑤]、巴比伦和罗马[⑥]。最终，某些形式的传统采取了末世论的维度，其中，

---

① 在“第二圣殿”(the Second Temple，即波斯国王大居鲁士下令重建被巴比伦人摧毁的圣殿到罗马将军 Titus 第二次摧毁圣殿的这段时间，大约 500 年)期间的后圣经典籍中，利维坦和比希莫特在三个十分相似的文典中共同出现过三次(*4 Ezra* 6：49-6：52；*2 Apocalypse of Baruch* 29：4；*1 Enoch* 60：7-60：10，60：24)。它们在三个文本中代表了这样一个独特的传统：在最初的创世行动中，上帝将两种怪兽分开，并把它们置于不同的地方，利维坦在水里，比希莫特在干燥的陆地上。而且，它们都有一个末世论的时刻，在那个时刻，两者成为善人们的食物。

② 海尔曼·衮克尔(Hermann Gunkel)：《创世与末世中的创造和混沌》，哥廷根：Vandenhoek und Ruprecht 出版社，1895 年。

③ 如《诗篇》74：12-74：17 和《约伯书》26 提到了在创世背景下与混沌或海洋的争斗。而《以赛亚书》27：1 则是在上帝与代表混沌的利维坦在末世论背景下的最后争斗。甚至《创世记》第一章第二节也暗示了上帝在创世之初与海洋的冲突，比较《以赛亚书》44：24。而在《启示录》12、13、20、21 章中则描写了末世来临时上帝与海洋以及海洋怪兽的最后争斗。

④ 这也是弥尔顿《失乐园》的叙述结构。

⑤ 旧约《出埃及记》中关于逾越红海的描述就是一个例子。在埃及方面，从来没有关于犹太人出埃及以及埃及大军包括法老葬身红海的记载，而且后来的考古和科学研究也都无法证明这是个确凿的历史事件。很有可能，这纯粹又是一个民族神话的杜撰，海洋只具有一种象征意义，它代表着所有上帝的选民的敌对力量，它们对上帝的创世秩序和犹太人的生活秩序构成了致命威胁。在荷马史诗《奥德赛》与维吉尔的《埃涅阿斯记》中，海洋就是被描画为与人世敌对的纯粹的非人或者自然力量。比较赫西俄德《神谱》(233－336)对“不产果实的大海神(Pontos)”的魔怪后代的记述。

⑥ 在基督教的作品中表现得尤为突出，如被罗马帝国权力当局流放至拔摩(Patmos)荒岛之上的约翰写成的《启示录》。在其盼望的末世之后的“新天新地”中，不再有海洋的存在，就是一个例子。

与混沌进行斗争这一意象转变为最后的争斗,在这场争斗中,上帝一举终结了所有的压迫和邪恶,征服了利维坦和比希莫特,并使它们成为上帝的选民们的美食。总之,在犹太传统中,利维坦以及它所栖身的海洋代表着一种邪恶和混沌无序的力量,上帝的主权建立在对于利维坦的征服之上。

在另外一些旧约外典和拉比文献中①,利维坦在上帝的创世秩序中则担当着举足轻重、不可或缺的重任。在它们那里,利维坦被描述为这样一个存在物:它生活在海底深处,用自己的两只鳍托起并担负着整个世界或者说人类居住的世界,从而成为世界的根基。它的运动将引起地震,并导致世界的毁坏。理解它们的关键在于明了这样一种犹太教的象征地理学(symbolic geography):上帝创造的世界由天庭、大地和地狱组成,上帝处于最顶端,在天、地和地狱的结合部,天使负责镇守着一种强大的、威胁性的力量,它来自利维坦,世界建立于其上,它的运动将引起大地的毁坏,地震。这种来自地狱的魔鬼性力量乃是创世的偶然性的本性,其稳定需要依靠上帝对那些破坏性力量的控制,尤其是要借助利维坦的力量。利维坦处在秩序与混沌、光明与黑暗、文明与野蛮的分界线上,它是宇宙秩序的津梁。

在某些深受犹太教影响的诺斯替教派中,利维坦甚至被认为是世界的公共灵魂。最令人惊异的一段描述也许来自奥利根(Origen)的《驳塞尔苏斯》。在这部基督教神学名篇中,奥利根对塞尔苏斯在其"基督徒的学说"中所使用的宇宙论规划进行了解释。奥利根把这种宇宙论规划归于一个名为"奥菲特"(Ophites)的诺斯替教派,而这个教派据信深受犹太教的影响。

---

① 利维坦单独出现在《亚伯拉罕启示录》(*Apocalypse of Abraham*) 10:10 和 21:4 以及《雅各的梯子》(*Ladder of Jacob*) 6:13 。两个文本都描述了利维坦的宇宙论角色。虽然《亚伯拉罕启示录》和《雅各的梯子》在对利维坦的处理上有所不同,但很显然,两者都是统属于一个传统。在那个传统中,利维坦乃是威胁着既定世界秩序,象征着一种破坏性的、混乱秩序的神话意义上的表达方式。他与地震的联系强调了这一不可预测的和强烈的威胁的存在。在两部作品中,只有通过上帝的行动,这种威胁才得以控制。在发生了公元 70 年的事件后(耶路撒冷城及其圣殿被罗马将军 Titus 攻克,犹太民族的百万大军被其麾下区区数万罗马军团全部摧毁),这种末世的渴求就变得越发强烈和迫切了。他们期盼着他们的好运道能够恢复,敌人被消灭,上帝所造的这个世界的秩序得以恢复。在有关秩序和混乱的各种神话传说中,利维坦有着关键的位置和角色。

在这个宇宙规划中，有一个由十层圆环组成的图表，每个圆环与其他圆环相分离，然而却被另外一个名为利维坦的圆环联结在一起，据说这个名叫利维坦的圆环是宇宙的灵魂。犹太经典(或旧约)以谜语的形式谈论利维坦的创造，认为它是上帝所造，是上帝的玩物。在《诗篇》中，我们读道："凭借智慧你创造万物；地球上充满了你的创造。这是海洋，辽阔、宽广。船只从上面经过，还有或大或小的动物，还有造出来作为你的玩物的龙。"在希伯来语中，龙就是利维坦。在那幅渎神的图表中，备受先知们谴责的利维坦，竟然是宇宙的灵魂。我们也发现了里面有比希莫特的名字，它似乎被置于最底层的圆环之下。制造这幅可怕的图表的人将利维坦铭刻在图表的边缘和中心，两次提到这个名字。①

在基督教神学家奥利根的这段引证中，我们可以对犹太教的宇宙论图景有所洞察和了解。尤其是，我们可以从中了解比希莫特与利维坦这对怪兽的宇宙论角色和功能。与几乎所有的宇宙论图景和传统一样，奥利根引证的这个犹太人的宇宙论图景也是由价值等级各不相同的存在等级构成，但令人惊异的是，它们是被利维坦联结在一起并组成一个和谐的宇宙秩序的。正是利维坦在宇宙中所承担的这种公共的和团结的功能，它被视为宇宙的灵魂，处于世界之根基和津梁的地位，宇宙之稳定与和谐系于其一身，或者说上帝的世界帝国秩序也系于其一身。与利维坦相比，比希莫特在宇宙中所处的位置则非常低微，它不仅没有承担利维坦所肩负的世界根基和宇宙灵魂的重任，而且，在宇宙的价值阶梯中处于最底层。我们将会看到，在这个犹太教的宇宙论图景中，由比希莫特盘踞着的、象征着混沌和无序的世界，正是霍布斯后来在描画他心目中的海洋帝国利维坦时试图征服的"自然状态"或者"黑暗王国"，也是美国联邦党人在构建其海洋帝国利维坦时试图克服的与人类世界的技艺与智谋全然敌对的"运气和强力"。

---

① Origen, *Contra Celsum*, Book 6, Chapters 25.

二、霍布斯国家学说中的比希莫特与利维坦

提起"比希莫特"与"利维坦",人们首先想到的也许是霍布斯的两本同名著作,而不是旧约《约伯书》中的这对令人惊惧不安的怪兽。事实上,霍布斯的这两个政治象征正是来自旧约中的《约伯书》。[①] 如果不是霍布斯,无论是"比希莫特"还是"利维坦",恐怕早就在现代以降的启蒙运动中与各种精灵神怪一起被打入现代人的"黑暗王国"之中了。正是借助霍布斯的言辞,这一对囚禁在中古世界的幽暝深处而不见天日的神秘怪兽得以重返人世,[②]成为近代以降最摄人心魄的政治符号和象征。

关于《约伯书》的作者和写作年代,可谓是众说纷纭,从没有定论。霍布斯认为,这篇列入犹太正典的经文并不是一个历史作品,而是对于古代争论极多的一个问题的讨论,那便是:"为什么恶人往往在今世昌盛而好人却受苦?"[③]或者说,这是个神义论问题(theodicy)。据说神义论的辩难史最早追

---

① 霍布斯说:"写到这里为止,我已经说明了人类的天性,他们由于骄傲和其他激情被迫服从了政府;此外又说明了人们的统治者的巨大权力,我把这种统治者比之于利维坦;这比喻是从《约伯书》第41章最后两节取来的,上帝在这儿说明了利维坦的巨大力量以后,把它称为骄傲者之王。上帝说:'在地上没有像它造的那样无所惧怕。凡高大的,它无不藐视,它在骄傲的水族上做王。'"《利维坦》,黎思复、黎廷弼译,商务印书馆1986年版,第二部分,第二十八章,第248—249页。

② 随着犹太人的生存环境逐渐趋于恶化和绝望,它们慢慢成为恶、罪和混沌无序的象征,甚至更为糟糕的是,获得了末世论的维度。由于犹太人日益处于其他民族的敌意和压迫之下,利维坦或者比希莫特逐渐历史化,成为那些压迫性势力的象征和神秘符号。对于这些人和事,犹太人显得无能为力,于是,对于末世的期盼成为他们最后的安慰。在末世来临时,上帝对于它们的最终胜利被描绘为:在天使无法征服利维坦时,上帝出手相助并取得决定性的胜利,它们成为义人们的末世庆典和宴饮的美食。这种描述有三个功能:一、它将犹太人在某个时期里的无能为力置于一种宇宙论的框架中,在其中,犹太人的无能为力被视为一个宏大的斗争的一部分,最后上帝将取得胜利;二、它将犹太人对压迫者的挫折感和敌意转移到上帝肩上,上帝将驱除这些怪兽;三、它向处于危机时刻的犹太人允诺,正义必将实现,义人将收到报偿,邪恶者终将毁灭。这一切都由高高在上、超出于历史之洪流的上帝来完成。在基督教传统中,比希莫特和利维坦则逐渐被妖魔化,诺斯替教的两元论色彩也日益显著,它们逐渐成为敌基督者或者异教徒的象征,代表着骄傲和罪,处于"黑暗王国"之中,与上帝的创世秩序水火不容。

③ 霍布斯:《利维坦》,第三十三章,第300—301页。

溯于伊壁鸠鲁(Epicurus)。伊壁鸠鲁的诘难是:“上帝或者希望消除恶,但是无能为力;或者有能力消除之,但是不愿为之;或者他既不愿意又没有能力为之;或是既愿意为之又有能力为之。如果他愿意但没有能力为之,他是软弱无能的,这与上帝的身份不符;或者他能够为之但不愿为之,他是嫉妒的,这同样与其身份不符;如果他既不愿意又无力为之,那么他既嫉妒又无能力,这非上帝所为,如果他既愿意又有能力,如上帝应有之风仪那样,则恶源自何处?或者他为什么不消除它们?”在这个问题上,霍布斯并不认同以异教徒伊壁鸠鲁为代表的政治虚无主义的,或者说反政治的神义论辩难传统,而是寻求犹太教的神义论传统的支援,尤其是著名的《约伯书》。在他那里,约伯的苦难既不能以传统的因果业报末世论①为评判标准,像约伯的安慰者们那样对受害者的道德妄加论断,使其在遭受物质性的灾变之外,又增添道德的羞愧感;他也不像伊壁鸠鲁那样,怀持一颗非政治甚至是反政治的

① 也叫“陆地上的末世论”(terrestrial eschatology),如“善有善报,恶有恶报,不是不报,时候未到”。表面上看,这种业报观或末世论是一种来自民间的对于自然宇宙的朴素观察和价值判断,如“种瓜得瓜,种豆得豆”。在任何一个文明或人类群体中,此类观念都有多多少少的存在痕迹。但如果仔细深究的话,这种观念恰恰是一种政治虚无主义的表现,它源于一种无政治,甚至是反政治的灵魂激情和思想习惯。在传统社会中,老百姓的生活和社会的运转之所以非常依赖这种观念的自发调节,在很大程度上源于政治主权的长期缺位,人世间的正义无法执行,只能转而信赖一种自然的或者超自然力量的自发调节,甚至寄希望于未来的某个时刻。在那个时刻,人间的所有不公和邪恶能够被一种自然的(异教)或超自然的(犹太教)神秘力量所补偿。国内学界津津乐道的犹太人哈耶克的所谓“自发性秩序”,就是一种政治虚无主义或者无政治、反政治的倾向,这要从其犹太人长期遭受外族压迫,甚至长期亡国的无政治传统中得以审视。在历史上,犹太人曾经是一个朝气蓬勃的政治民族,霍布斯在其《利维坦》中对其学政治、讲政治的伟大传统曾经给予过栩栩如生的描述。在犹太人的黄金时代,其“选民”意识中最为根本的两个要素(创世和约法传统)在近代以降借助社会契约观念(尤其是霍布斯)被英美海洋国家继承,最终在北美建立了一个民主的海洋帝国。但后来随着犹太人在国族竞争中的日益无能和沦落(巴比伦之囚以降),政治严重萎缩直至消亡,其“选民”意识也遭受了重大的扭曲和变形,受苦意识和末世论色彩愈益凸显,成为没落时代的自虐式的“选民”意识的关键要素。这种自虐式的“选民”意识和传统近代以降被欧陆一些具有贵族品位的文人们继承。关于犹太人从摩西建国到公元70年圣殿被第二次摧毁这一时期的政治沉浮史,参见古罗马犹太大史家约瑟夫(Flavius Josephus)的《犹太古史》和《犹太战史》。19世纪最深刻、最大气的犹太古代史大家韦尔豪森(Julius Welhausen,1844—1918)的分析作品也当在参考之列。

灵魂,对主权者妄加评断,甚至举起屠龙的刀剑①;更没有像舍斯托夫那样纵容自己的多愁善感,以泪洗面。② 在他那里,何谓主权、何谓正义这一《约伯书》中唯一深刻的主题得到了严肃的对待和深刻的拓展。

在《圣经》的所有篇章中,《约伯书》恐怕是唯一一篇所有人都能找到强烈共鸣的作品。它虽然很早就牢牢占据犹太经书的正典地位,但迄今为止,谁也弄不清楚这篇作品的作者、年代和时代背景,也不清楚约伯这个人是历史人物,还是诗意的想象,甚至不能肯定约伯本人是否真的就是犹太人。但这一切都不重要,重要的是约伯的传说曾经生活在人们的记忆和想象中,并对人们的生活产生过切实的影响。《约伯书》是写给所有人的,也是写给所有时代的。在《约伯书》的众多伟大的读者和解释者中,我们可以举出教皇大格利高里、麦蒙尼德、阿奎那、加尔文等等令人肃然起敬的名字,但他们对《约伯书》的解释迟早会被人忘记,也应该被人忘记。然而,近代政治思想的鼻祖、英国人霍布斯似乎会是唯一的一个例外。在其所有政治著述中,尤其是在《利维坦》和《比希莫特》中,霍布斯天才地拓展了《约伯书》中唯一深刻且关键的主题,即主权和正义的问题。在霍布斯对现代人所作的政治教育和启蒙中,犹太教的创世论传统和约法传统是他唯一借重和依赖的资源,而这一切都隐藏在《约伯书》这本奇怪的经文中。

《约伯书》的剧情反复辗转于天地与神人之间,共同构成了一个完整、复杂的宇宙。宇宙中有治者和被治者,前者是没有身体、占据灵界(天空)

① 伊壁鸠鲁是政治虚无主义或者说无政治、反政治的文人传统的最大灵感。

② 参见舍斯托夫脍炙人口的神学随笔《在约伯的天平上》。俄罗斯文人传统的悲剧在于,不是去试图改变自己民族的悲惨命运,而是把自己民族的苦难历史"犹太化"、审美化、神圣化,进而沉溺于一种贵族式的审美沉醉和先知式的道德怨恨所编织的貌似高贵的言辞幻觉之中。这就是19世纪俄罗斯文人思想传统的精髓所在,这也是通常我们曾经津津乐道的所谓的"受苦的俄罗斯灵魂"。"俄罗斯灵魂"从"受苦"中诞生,并以"受苦"为崇高归宿,甚至还蒙上了一层救世的神圣光环。正是文人们的这一颗颗犹太化了的受苦的"俄罗斯灵魂",滋养了一大群非政治、无政治,甚至反政治的"死魂灵",他们自成一个貌似高贵的"国中之国",兀自向俄罗斯人民发布着自我感动的预言,试图成为那个由"运气和强力"主宰一切的"黑暗王国"的大祭司。——败坏了的犹太人败坏了无数的非犹太人。

的神明，后者则是具有身体、在大地上经营世俗生活的人类。神与人各司其职，各安其道，和谐有序。身为主权者的上帝，居高临下，勤政爱民，治理有方。就连后世基督徒无比憎恨的上帝的使者撒旦，也在大地上忙忙碌碌，充任上帝治下的检察官，专门督察人事之秩序，从不敢懈怠。后来，由于上帝和撒旦之间的一场赌局，义人约伯不仅无辜遭受了巨大的苦难，还被其安慰者们送上了道德的法庭，遭受了无端的谴责和侮蔑，被逼之下约伯只好把上帝也送上了被告席。然而，值得注意的是，他从来没有质疑主权者上帝的权力（属火），但却质疑了他的正义（属气）。在《约伯书》的结尾部分，也许是应约伯的请求，上帝从旋风（属气）中向约伯及其安慰者们显现，当众宣讲了自己的创世伟业和奇迹，尤其是他最得意的造物比希莫特和利维坦，从而重申了自己的至高无上的主权以及主权的最终来源——强力（属火）。

霍布斯在论证主权者的绝对权力时，并没有忘记对历史上这项最为有名的“约伯问题”进行一番引证和发挥：

> 关于为什么恶人往往得福而好人反倒遭祸的问题，古人讨论得很多。这问题正和我们关于上帝究竟是根据什么权利降祸福于今世的问题相同。这一问题非常困难，不但动摇了一班人对于天意的信仰，而且也动摇了哲人以至圣者的这种信仰……约伯自己虽然守正不阿，但却遭受了许多苦难，他是怎样急切地和上帝争议啊？在约伯的问题上，这一问题是由上帝自己决定的；其理由不是根据约伯的罪，而是根据自己的权力提出的。因为当约伯的朋友把他受苦的理由都归之于他的罪、而他却为自己辩护说他知道自己无罪时，上帝便亲自来答复这一点，并以“我立大地根基的时候你在哪里呢？”①等等的话来解释他根据自己的权力使约伯受苦的理由。②

① 《约伯书》38：4。

② 霍布斯：《利维坦》，第三十一章，第279—280页。在霍布斯的《利维坦》中，这只是为数众多的对《约伯书》的引证之一。

然而,上帝的主权固然来自其创世的奇迹或强力(属火),但真正使约伯同意成为其臣民的,乃是上帝在旋风中的显现(representation)这一形式及其言辞(属气)的说服力。也就是说,因为他看到了主权者的显现,也听到了主权者的话语,①约伯对上帝的主权才表示了真正的同意和服从,主权者与其臣民之间一度遭受毁坏的契约才得以恢复和修补,约伯终于从不受主权者护佑、单纯由强力主宰的自然状态中摆脱出来,重新成为上帝的选民,世界恢复了和谐有序的状态。

在这个意义上,我们可以说,《约伯书》体现了犹太教的选民传统,而这正是霍布斯的利维坦的立法原型。在犹太教中,以色列人之被称为上帝的选民,其真正含义乃是:宇宙固然是作为主权者的上帝凭借强力创造的,但他与以色列人却是处于一种特殊的约法关系之中,凭借言辞来治理,正如上帝在约伯及其安慰者们面前显现并讲话一样,这就是霍布斯所说的按约统治的"特殊的上帝国",他用海洋怪兽利维坦来象征;与此相反,上帝与其他民族则完全处于一种由运气和强力主宰的关系之中,这也就是霍布斯所说的以力统治的"自然的上帝国",他用陆地怪兽比希莫特来象征。②

在霍布斯那里,他用比希莫特象征陆地政体,用利维坦象征海洋政体;利维坦得到了褒扬,比希莫特受到了贬低。霍布斯没有明确告诉我们比希莫特究竟是人的造物还是神的造物,然就其单纯受自然法而非合法主权者的言辞和命令(属气)的统治而言,它似乎是神的作品,还没有打上人的意志和智慧的烙印。这种政体完全笼罩在晦暗不明的神意的主宰下,遭受着"运气和强力"的随意摆布,时刻面临着自然状态即战争状态的威胁。在这个完全受自然法宰制的"自然的上帝国"里,缺乏真正的主权者,既听不到来自主

---

① 即霍布斯所说的主权的代表者有义务让臣民看到谁是他们(主权者)的代表者,还要让他们听到主权者的言辞或命令。

② 霍布斯:《利维坦》,第二部分,第三十一章,第276—289页。

权者的创世命令，也看不到主权者的显现。[①] 其结果是，人与人之间、人群与人群之间始终处于你死我活的战争状态及其威胁中。反观利维坦，霍布斯很明确地告诉我们，它是人模仿上帝创世的属人的创世杰作，[②]或者说是人的“深思熟虑和自由选择”的政治体。它之所以叫“特殊的上帝国”，固然是以力取得的国家，但却是按约治理的政治国家，而不是以力取得、以力统治的国家。

摩西之所以是令人信服的主权代治者，最先固然是建立在主权者上帝自上而下赋予他的强力之上，即体现在出埃及前后他所行的一系列奇迹上，正是这些奇迹使强敌埃及受到重创；但更为最根本的步骤是在西奈山自下而上建立了一个经过大家一致同意的、按约而治的政治体。在西奈山建政之前，犹太人之所以服从摩西，是服从他的自然性人格，因为他拥有不可思议的令人恐惧的能力，而不是服从其作为主权的代治者的公共人格，那是西奈山建政以后才会有的事情。[③] 所有的政治体固然是凭借强力建立起来的，但单纯建立在强力基础之上的政治体却不可能持久，因为它受冥冥之中各种不可捉摸的、变幻莫测的运气因素的左右。运气给予它，也剥夺它。[④] 事实上，在犹太人逾越红海、西奈山建政之前，一俟埃及法老及其军队的威胁成为过去，那群犹太人立刻暴露出单纯建立在恐惧基础之上的乌合之众的本色，内部面临内讧和解体的危险，摩西的统治岌岌可危。因为他的统治

---

① 主权者的权力必须触及臣民的听觉和视觉，比如宫廷的威仪和法令的宣讲。这一政治风习具有古老的渊源：古代希腊诗人赫西俄德在其《神谱》中对“人神之父”宙斯（455）的权力象征的描述中，刻意提到了三件东西：闪电、雷、霹雳（690—691，699—700），闪电触及视觉，雷则触及听觉。值得一提的是，其中的霹雳触及的是身体的触觉，而且霹雳也是三者之中威力最巨者。按照亚里士多德的意见（《形而上学》开篇），在人类的诸种感官中，视觉最高贵，而触觉最低贱，因为前者接近言辞（logos）和哲学，后者则深植于身体与物质。赫西俄德对宙斯三种权力表现方式的刻画暗示了这样一个道理：对于最低贱的势力的驯服必须借助最强力。在这个意义上，我们不难理解，为什么霍布斯的《利维坦》以对身体（body）及其运动（其实就是冲突、战争）的讨论开始——政治技艺的精髓就是安排好人类身体的秩序。

② 参见霍布斯在其《利维坦》中所作的著名的绪言。在霍布斯看来，政治乃是人类“无中生有”（*Creatio ex nihilo*）的创世。

③ 参见《旧约》“出埃及记”。

④ 这也正是深处邦国林立、内讧频仍的文艺复兴时期意大利政治处境中的马基雅维利在其《君主论》中所试图传达的最后的政治教诲。

并非来自他们的授权和同意,对他们来说,他始终是个令人恐惧的外来者,而不是他们的代治者。按霍布斯的说法,只有按约建立的国家,才是政治的国家。[①] 通过诉诸于犹太教的选民传统及其实质性内容——约法传统,霍布斯否弃了奥古斯丁所说的属灵意义上的基督教的"上帝国",从而将犹太历史上那个真正政治意义上的"上帝国"落实到了大地上或者说尘世间。

因此,我们可以有把握地说,霍布斯的利维坦的立法原型来自犹太教的选民传统,[②]具体说来它有两个要素组成:创世(暴力,属火)论传统以及约法(言辞,属气)传统。单就创世论而言,其政治含义乃是:作为主权者的创世者对其创造物(主要是土地以及由土造成的人)拥有绝对的垄断权,能够对任何违反主权者的命令也就是正义秩序的造物施加身体性的或物质性的痛苦或剥夺,其潜在的政治旨趣是反对贵族势力对于最高主权的掣肘。在异教神话或宇宙论中所存在的贵族性的多神论神谱中,宇宙中充斥着各种各样、大大小小的神灵,它们各自瓜分和垄断了宇宙中的某一部分,如天神、海神、山神、河神、地神、湖神、森林神,等等。在这种宇宙中,鬼魅丛生,群魔乱舞,主权荡然无存。更要命的是,由于这些大大小小的封建性的贵族神灵们(ghosts or spirits)是一些没有身体的存在,缺乏感受痛苦的能力,根本无法感受来自主权者的可能的惩罚,因此能够成功地逃脱主权者的权力。[③] 反观以犹太教为代表的古代东方的一神论创世传统,除了主权者上帝,其他造物都是物质性的,它(他、她)们的身体可以被主权者剥夺,也能够感受到

① 霍布斯:《利维坦》,第二部分,第十七章,第 132 页。

② 在《利维坦》中,霍布斯对于以希腊和罗马为代表的政治虚无主义(比希莫特)传统表明了无法抑制的厌恶:"正像亚里士多德一样,西赛罗和其他政治作家的政治理论也是根据被人教导着憎恨君主政体的罗马人的意见而来的,这些教导人最初就是废黜君主、分享罗马主权的那些人,后来则是他们的继承者。人们由于读了这些希腊和拉丁著作家的书,所以从小就在自由的虚伪外表下养成了一种习惯,赞成暴乱,赞成肆无忌惮地控制主权者的行为,然后又再控制这些控制者,结果弄得血流成河,所以我认为可以老实地说一句:任何东西所付出的代价都不像我们西方世界学习希腊和拉丁文著述所付出的代价那样大。"参见《利维坦》,第二部分,第二十一章,第 167—168 页。

③ 关于古代希腊—罗马传统中的"神谱"的贵族性格及其政治上的象征意义,最深刻的两项研究是意大利大哲维柯(Vico)的《扬巴蒂斯塔·维柯论万民共同本性之新科学诸原理——万国自然法权之另一种体系之原理藉此被发现》(通称《新科学》)与法国历史学家库朗热(F. de Coulanges)的《古代城邦——古希腊罗马祭祀、权利和政制研究》,后者在很大程度上是前者的一个精彩脚注。

来自主权力施加的痛苦，或者说能够执行正义，宇宙中不存在任何企图自成一统、法外开恩的精灵和鬼魅。在此意义上，我们可以说，一神论传统是一种最为彻底的无神论或者说唯物主义传统，它本质上是一种反贵族的宇宙论传统，从而是一种有益于民主事业的传统。比如，在犹太教中的一神论传统中，拜偶像是严格禁止的重罪，它最重要的政治旨趣和含义就是反对贵族，维护主权的至高无上性和神圣不可侵犯性。在《约伯书》的结尾部分，面对义人约伯的有力申辩和对于神义的尖锐质疑，也为了驳斥约伯的安慰者们的"无知言语"，更主要的是，为了消除由于人的宗教和道德言辞所造成的内战或"自然状态"，①上帝从旋风中显现，向约伯及其安慰者们宣示了至高无上的主权，并揭示了主权的最终来源和奥秘——创世这一赤裸裸的暴力行为！② 在上帝关于自己的创世权能和业绩的描述中，最令人惊惧和叹服的创世作品既不是陆地、天空和海洋，也不是人，而是比希莫特和利维坦，它们最后出场，似乎是上帝创世的最为得意和完美的造物。至于约伯提出的神义问题，上帝只是反问道：我立大地根基的时候，你在哪里呢？是谁定地的尺度？是谁把准绳拉在其上？地的根基安置在何处？地的角石是谁安

① 霍布斯说："善与恶是表示我们的欲望和嫌恶的名词，欲望与嫌恶在人们不同的气质、习惯和学说中是互不相同的。不同的人非但是在味觉、嗅觉、听觉、触觉和视觉的判断中好恶不同，而且对共同生活的行为是否合理的判断也彼此迥异。甚至同一个人在不同的时候也是前后不一样的。在一个时候贬斥而称之为恶的，在另一个时候就可能赞扬而称之为善。这样就产生了争论和争执，最后会酿成战争。因此，当个人欲望就是善恶的尺度时，人们便处在单纯的自然状态（即战争状态）下。"（参见《利维坦》，第一部分，第十五章，第121页）在此意义上，我们可以断言，在上帝在旋风中显现并发话之前，由于主权者缺位，约伯及其安慰者们陷入了由于宗教和道德争论而引发的自然状态之中。卢梭在《爱弥尔》中的一句话道出了几分真相："身处政治秩序之中而想把自然的激情和欲望保存在首位的那些人，并不懂得他们想要的究竟是什么。他们始终自相矛盾，既不是人也不是公民。"

② "正义的来源虽然在于信约的订立，但当这种畏惧的原因没有消除以前，实际上不可能有不义存在；而当人在自然的战争状态中时，畏惧的原因是无法消除的。这样说来，在正义与不义等名称出现以前，就必须先有某种强制的权力存在，以使人们所受惩罚比破坏信约所能期望的利益更大的恐惧来强制人们对等地履行其信约，并强制人们以对等的方式来维持通过相互约定、作为放弃普遍权利之补偿而获得的所有权。这种共同权利在国家成立以前是不存在的。"参见霍布斯，《利维坦》，第一部分，第十五章，第109页。

放的?①

如果说《约伯书》中的利维坦是上帝最值得骄傲的创世作品,那么霍布斯的《利维坦》则是人的最值得骄傲的创世作品,尽管创世的程序和方向正好相反:神的创世乃是自上而下,人的创世则是自下而上,但都是"无"中生有,即通过主权者的命令和言辞。相比之下,霍布斯所说的比希莫特的原型似乎来自以希腊和拉丁异教传统为代表的政治虚无主义传统,以及深受这一传统熏染的基督教会的"黑暗王国"传统,亦即奥古斯丁的"上帝国"。霍布斯把它们全部打入了"黑暗王国"之中,因为它们都缺乏正确理解的主权和正义的观念。霍布斯认为,阅读希腊和罗马人写的书并不能使青年人受到正确的政治教育,除了培养虚荣的假贵族和叛乱者之外,别无其他收益。亚里士多德所勾勒出的那个按统治者的人数来划分的著名的政体循环表,本质上只是各个贵族集团内部的权力游戏。而所谓的"混合政体",实际上乃是各个贵族集团之间的一种暂时性联盟,一种内部的分赃制,它更像是一种各个派系之间的停火协定。总之,它是一种权宜之计。在那种政治理论与实践传统中,缺乏一种各方共同尊重的至高无上的政治主权观念,对某一个政治体的统治权就像一个奖杯,在各个贵族集团间轮换,有力者得之。如果其他贵族集团想取而代之,不愁师出无名,诬其为"暴君"(一人之治)、"寡头"(少数人之治)或"暴民"(多数人之治)就足以有相当的合法性和蛊惑性。党争和内战是其常态,和平只是各集团间为了各自的利益而作的暂时妥协和忍让。在这种政治传统中,始终缺乏一个能够直达公民个体的最高主权,群体性强力和权能之间的对抗乃是家常便饭。如果在宇宙论层面上缺乏拥有绝对权能的上帝的创世传统,在政治上就先天性地缺乏正确理解的名副其实的主权传统;如果上帝创世时不是"无"中生有地创世,或者说上帝不是凭借言辞或者说没有发话,宇宙秩序就不会有正义性可言,人类将始终在强

① 《约伯书》38:4—38:6。

力和运气的圆圈中打转转，或者说处于霍布斯所说的自然状态之中。① 如果说奥古斯丁在其《上帝城》中不遗余力地贬斥了希腊和罗马神话中枝蔓丛生、混乱不堪、受暴力支配的贵族性神谱，②那么霍布斯在其《利维坦》中则以颇为厌恶的口吻贬斥了亚里士多德的那个曾经俘获了人类数千年的政体循环表，本质上它只是贵族们"乱纷纷你方唱罢我登台"的权力游戏和暴力循环。③ 在这种传统中，至高无上的绝对主权观念始终缺位，统治者的权力无法直达公民个体。

提到霍布斯，人们首先想到的恐怕还是他的那本社会契约论的开山之作《利维坦》。然而，遗憾的是，我们很少关注他的另外一部名为《比希莫特》的对话，这是一本关于英国内战的著作。从霍布斯的上述书名及其主题来看，他似乎在向我们传达这样一个信息：内战乃是陆地政体的固有品性，由比希莫特这一陆地怪兽来代表。④ 当霍布斯谈到曾对他的《利维坦》发起激烈攻击和诋毁的僧侣和文人们时，他以讽刺的口吻说，他的对手们没必要把时间浪费在对其作品的攻击和谩骂上，"但如果他们真的有必要这样

---

① 参见霍布斯《利维坦》的那个著名的绪言，尤其是下面这段话："最后，用来把这个政治团体的各部分最初建立、联合和组织起来的'公约'和'盟约'也就是上帝在创世时所宣布的'命令'，那命令就是'我们要造人'。"

② 奥古斯丁：《上帝城》(第四卷)，第十、十一章等。

③ 霍布斯说："至于专门反对君主政体的叛乱，有一个最常见的原因是读古希腊与罗马人的书籍。青年和所有其他理智不坚强、不能抵抗毒素的人，读了这些书中对于他们统领军队的人的赫赫战功得到一种强烈的心花怒放的印象，同时对于他们所做的其他一切也感到欣喜，心里以为他们那种伟大的繁荣不是由于个别人的竞胜雄心、而是由于其平民政府的形式产生的，他们没有考虑到当时由于政治不完善而经常发生的叛乱与内战。我的意思是说，人们读了这些书之后就从事弑君，因为在希腊和拉丁著作家自己的著作和政治论述中，任何人只要把君王事先称为暴君，他弑君的行为就被当成合法的和值得称道的行为。他们不说弑君是合法的，而说杀暴君是合法的。从同一类书中，生活在君主国中的人又得到一种看法，认为民主国家的人可以享受自由，而他们在君主国中则全都是当奴隶。"参见《利维坦》，第二部分，第二十九章，第 254—255 页。

④ 土元素(earth)本身具有一种相对的稳定性，可以分割和划界，天生就具有一种分裂和离散的倾向，所谓的"物以类聚、人以群分"说的就是陆地上的理——"地理"。另外，如果考虑到在希伯来语中"比希莫特"本身就是复数，其象征意义就更加明确了。在此意义上，土元素乃是政治和政治体存在的根本原因。

做,我倒是可以给他们的书起一个合适的名字,《比希莫特对抗利维坦》”。[①]说这些话时离他写《比希莫特》这本书还有足足十年的光景。由此可见,比希莫特和利维坦在他那里始终是象征着两种截然相反的政治状态,而他心目中的政治理想乃是海洋政体利维坦[②]。在他看来,这才是一种真正的政治国家,它实现了真正的政治联合,主权者的权力可直达公民个体,而不受贵族集团的掣肘。在这个意义上,我们可以说,比希莫特和利维坦在犹太教中的象征意义[③]在霍布斯那里发生了巨大的变形:比希莫特不仅仅用来指代一个地理意义上的与海洋政体相抗衡的陆地政体,而且用来指代任何一个由于不稳固的联合而处于或面临分裂和内战状态的政体;而利维坦则象征着同一个政体由于实现了真正的政治联合(将主权建立在公民个体权利的基础之上)从而消弭了分裂和内战的隐忧的统一的主权状态。因此,我们有理由认为,霍布斯尽管接受了犹太传统关于世界历史的总体观察,即人类历史是陆地政体比希莫特与海洋政体利维坦的冲突史,但在他看来,比希莫特和利维坦之间的分野并非铁板一块,它们之间是可以相互转换的,即比希莫特可以变形为利维坦,利维坦也可以变形为比希莫特。他似乎认为,就其所属的英国而论,尽管在地理位置上为海洋所环绕,但如果不能克服内战这一陆地性的固有疾病,实现稳固的真正意义上的政治统一和联合,其自然疆界和政治疆界将止步于海洋。或者说,英国在地理上虽然是一个潜在

---

① 参见霍尔姆斯(Stephen Holmes)为霍布斯的《比希莫特》(Ferdinand Toennies 编,芝加哥大学出版社,1990)所写的序言,第 ix 页。

② 在《比希莫特》中,借助对话中的一个人物之口,霍布斯将罗马天主教会比作陆地上的渔夫,他们试图用渔网捕捉和杀死英国这只鲸鱼或者说利维坦,但“在亨利八世的时候,我们从他们的渔网中挣脱了出来。”(第 43—44 页)在这本书的结尾部分,霍布斯还明确地说,“英国拥有海洋的霸权”(第 176 页)。精研霍布斯的德国政治思想家卡尔·施密特显然敏锐地发现了霍布斯的这些论述,并在其政论短章《陆地与海洋》中曾对霍布斯的这一思想大加发挥,但没有说明出处。而霍尔姆斯显然也看到了施密特在《陆地与海洋》中的相关论述,在其为《比希莫特》所作的序言中,他甚至把施密特的原话照抄过来而没有说明出处。参见其第 48 个注释:“与欧洲其他国家不同,霍布斯的国家自由地游弋在海洋之中,‘英国拥有海洋的霸权’。英格兰是一个海岛,一个海权,一艘巨船,甚至是一条巨大的鱼——或许是一个利维坦。”

③ 即比希莫特象征着陆地,利维坦象征着海洋,人类的历史是一部陆地与海洋或者比希莫特与利维坦的对抗史。

的海权国家利维坦，但如果在政治上处于或面临分裂和内战状态，那么它本质上仍然是一个望洋兴叹的陆权政体比希莫特；反之，其自然的和政治的疆界将直抵海洋，且可窥伺海外，比希莫特即可变形为利维坦。

霍布斯的利维坦学说尽管毁誉参半，大家各取所需，但在下面一点似乎能够达成共识：霍布斯的利维坦是一种主权学说，他似乎更关注内战，而忽视了国际关系，更遑论帝国问题。霍布斯的文本似乎也支持了这一论断。然而，如果我们考虑到霍布斯是以翻译修昔底德的《伯罗奔尼撒战争史》这一古代的所谓国际法或者说国际关系经典开始其学术生涯的，这至少说明，霍布斯的视野不仅仅局限于内战和内政问题。在某种意义上，内战和内政与外战和国际关系并没有那么严格的区分，有时它们还有可能互相转换，在一个具有帝国视野的观察者那里尤其是如此。关于这一点，我们从比希莫特和利维坦这一传统隐喻在霍布斯那里所发生的微妙却巨大的变形就能一窥端倪。如果我们将视角从霍布斯身上移开，将目光投向美国的联邦党人们，关于霍布斯的种种疑团或许能够迎刃而解。

在笔者看来，霍布斯和美国联邦党人在政治思想上的关联表现在以下三个方面：

其一，共同的立法渊源，即犹太人的选民传统，它有两个实质性要素：一为犹太教的创世论传统，一为犹太教的约法传统。简单地说就是，以色列是上帝所造的特殊作品，上帝不仅用权力造它，而且用契约维系它。以色列之所以是上帝的选民，就在于两者之间所建立的契约。通过契约这一言辞（气元素）的力量，以色列和主权者（上帝）进入一种政治状态，从而得以从自然状态中摆脱出来。

其二，共同的立法技艺，即通过社会契约将政治体建立在公民个体的同意这一基础之上，使得主权直达公民个体，消除国中之国这一陆地性的贵族政治怪胎。此举的根本意图乃是打击贵族势力，消灭其山头主义和小集团的分裂倾向。① 如果说犹太人的上帝嫉妒形形色色的偶像崇拜的话，国家

① 无怪乎那些具有贵族情结和品味的人讽其为“原子式的个体”。

主权也嫉妒大大小小的贵族。

其三,共同的立法宗旨,两者都毫不讳言要建立一个强大的海权政体。作为盎格鲁－撒克逊人,他们分享着同样的地理条件、政治传统,乃至帝国视野。

三、比希莫特抑或利维坦:美国建国者的生死决断

当欧洲殖民者发现美洲大陆时,美洲并非是一块“无主之地”,而是居住着两千万之众的美洲人,或者叫“印第安人”。关于这块大陆以及这块大陆上居住着的居民,欧洲殖民者闻所未闻,而那些美洲人也从来不知道那些欧洲人的历史和存在。两者的相遇最先是意外和好奇,紧接着便是深刻的恐惧和敌意,然后就是战争和杀戮,最后以印第安人的种族灭绝告终。

对于这个种族的悲惨命运,没有人比托克维尔有更好的洞察,也没有人给予过如此公允且情真意切的描述。在他笔下,印第安人乃是古代社会的完美典型,在他们身上我们可以发现那个时代所特有的高尚德性和激情。类似的描述我们还在帝国罗马的执政官兼大史家塔西佗的《日耳曼尼亚志》里看到过,也在卢梭对“高贵善良的野蛮人”的称颂和描述中领略过。在他们的笔下,无论是欧洲的古日耳曼人还是美洲的印第安人,都是古代贵族制社会的纯粹代表。在这个意义上,美国民主制度在北美大陆的确立并非像托克维尔所说的那样没有经过类似法国大革命那样的暴力革命,而恰恰是有赖于一场最为彻底的、前所未有的暴力革命,即英裔美国人对两千万印第安人及其所代表的贵族制度的清洗。

无可否认,这是一场非常特殊的革命,它发生在两个种族之间,一方是古代贵族政制及其风俗习惯的最纯粹的代表,另一方则是现代民主制度的奠基人。他们偶然相逢,在那之前彼此没有任何牵系,只能靠战争了断一切,也只有战争才能了断一切,而用不着文人们费什么口舌,争论所谓的“古今”问题、“东西”问题,正如塔西佗并不真的关注日耳曼森林中那群“高贵的

野蛮人"那样，托克维尔也未必真的会对北美大陆上那群"高贵的野蛮人"有所挂怀。他们关心的只是自己的祖国。在托克维尔精心描绘的美国民主事业中，他对印第安人命运的着力铺陈毋宁是一个并非无关紧要的小序曲。这个小序曲的主题是：古代贵族社会必然逝去，现代民主社会必然来临，这一切都是必然。

在洛克眼里，美洲的发现是一个开天辟地的大事件，甚至是现代人的"创世记"。模仿《圣经》的口吻，他发出了"太初有美洲"的慨叹。① 在《论美国的民主》中，托克维尔开篇不久就谈到了美洲的发现，而且把这一发现与旧约的《创世记》乃至那场担负着第二次创世使命的大洪水联系在了一起。② 但他并不满足于这种笼统的认识，而是进一步对新大陆进行了区分。首先是地理层面，他认为南美和北美存在着巨大的差异。在他看来，南美的地理使人天生地偏向于纵容自己的感官而不问未来，人与大自然似乎融为一体，同荣共枯，经受着永恒的自然性的暴力循环，命运的力量君临一切；而北美的地理则具有一种庄严质朴的特点，天生地使人偏向于运用自己的理智和意志。如果说人们习惯上将地理这一因素划归命运这一神秘且神圣的范畴，那么，十分显然的是，托克维尔赋予了北美而不是南美以某种神意或者说天命色彩。因为，他敏锐地发现，就在美洲发现不久，南美已经重又沦入旧大陆的暴力循环之中，而北美却幸运地保持了和平。地理这种属于命运范畴的因素固然也非常重要，但托克维尔把北美的幸运主要归功于民情和立法，也就是人的理智和意志的因素上。因为，同样是被海洋环抱的南美大陆，却像是个旧大陆的翻版，陷入了四分五裂、彼此互相残杀的可悲局面，成了霍布斯所说的比希莫特。在托克维尔眼里，北美似乎成了人类的唯一希望。

事实上，在美国当年的建国行动中，支配着美国国父们的建国行动的正

---

① 洛克：《政府论》(下篇)，剑桥大学出版社 1988 年版，第 49 段开头第一句，第 301 页。

② "当创世主赐给人们以大地的时候，大地上是人稀而物丰，取之不尽，用之不竭。但是，人们没有能力和知识去利用大地。当人们学会开发大地的宝藏而获得好处时，大地上已经到处是人。不久，人们便不得不为获得在一个地方居住和自由生息的权利而互相厮杀。正在这个时候，北美被发现了。它好像是一直被上帝保藏着，而现在才从洪水中露出水面的。"托克维尔：《论美国的民主》(上卷)，董果良译，商务印书馆 1988 年版，第二部分，第九章。

是某种类似犹太人的“选民”意识的天命感,它以言辞的形式赫然呈现在《联邦党人文集》第一篇的第一段。在那里,美国国父汉密尔顿清晰有力地提出了所谓的美利坚问题,我把它称为“美国例外论”(American Exceptionalism):

> 时常有人指出,似乎有下面的重要问题留待我国人民用他们的行为和范例来求得解决:人类社会是否真正能够通过深思熟虑和自由选择来建立一个良好的政府,还是他们永远注定要靠运气和强力来决定他们的政治组织。如果这句话不无道理,那么我们也许可以理所当然地把我们所面临的紧要关头当作是应该作出这项决定的时刻;由此看来,假使我们选错自己将要扮演的角色,那就应当认为是全人类的不幸。①

汉密尔顿认为,“运气和强力”似乎是历史的常态,而他勾画的蓝图中的美帝国则试图成为一个例外。如果说人们习惯上将“运气和强力”划归神意或命运这一神秘且神圣之域掌管,那么,美国的例外论表达的则是一种不甘神意或命运掌控的去神圣化的努力。在此意义上,这同样是一种政教分离的尝试。它表达的是这样一种建立在常识感基础之上的政治自信:一个民族凭借人自身的“深思熟虑和自由选择”②,可以征服“运气和强力”的近乎神圣的盲目役使和摆布。与其相比,其他形形色色的政治主张和理想无一例外地沉溺于“运气和强力”的盲目役使和摆布之中。正是在这种渎神③的政治命题中,联邦党人的例外论表达了征服命运的政治冲动和自信。在以汉密尔顿为代表的联邦党人看来,上述问题不仅仅是美利坚的问题,而且也是人类和历史的普遍问题。由于在美国之前还从没有任何一个

---

① 汉密尔顿等:《联邦党人文集》,程逢如等译,商务印书馆1997年版,第一篇第一段。

② 即社会契约的观念。美国也是人类历史上第一个明确将自己的政治体建立在社会契约原则上的政治体。

③ 即异教的命运之神,即使是天神宙斯也笼罩在它的阴影之下。

政体能够解决这个问题，所以在美国联邦党人看来，这个问题的解决与否不仅关乎着“一个在许多方面可以说是世界上最引人注意的帝国的命运”①，而且也关乎整个人类的命运。如果他们选错了自己将要扮演的角色，那将是“全人类的不幸”。在美国建国者看来，美国乃是人类世界的最后希望，在世界其他地方都相继陷入混沌无序的自然状态，从而遭受着“运气和强力”的肆虐之时，美国有能力从中挣脱出来而成为一个例外，并且肩负起拯救全人类的天命。因此，我们可以断言，无论从修辞还是实质内容上来看，“美国例外论”都继承了犹太人的“选民”意识和传统。②

正是在这个意义上，我们可以说，汉密尔顿将军的“美国例外论”乃是关于所谓的例外论问题所可能有的最经典、最深刻的唯一表达，它显露出一种无比强烈的普世性的帝国冲动和雄心；与之相比，迄今为止的其他的种种所谓例外论，皆是特殊论（Localism 或 Particularism）的变种，是文人的羸弱病态之象，不思进取之饰，矫情煽惑之辞。他们毫无例外地沉溺于“运气和强力”的神龛和魔咒之中而不愿自拔，而非不能自拔。

然而，美利坚的问题能否解决，美帝国的例外论能否成立，在联邦党人看来，恐怕首先还要对人世间的“运气和强力”③这一普遍的且根本的问题进行一番深刻的检讨。汉密尔顿认为：“总是单纯用法律的力量进行统治的思想（我们听说这是共和政体唯一容许的原则），除了存在于那些自命聪明、不屑汲取经验教训的政治学者的幻想之中以外，是根本不存在的。”④为此，联邦党人尤其是汉密尔顿不得不将《联邦党人文集》第八十五篇中的至少一半篇幅用来回顾和讨论历史上的“运气和强力”问题，尤

① 汉密尔顿等：《联邦党人文集》，第一篇第一段。

② 犹太人的“选民”意识有两种，一种是其处于黄金时代的自强的“选民”意识和传统（创世和约法观念），另外一种是其处于毁灭状态的自虐式的“选民”意识和传统（受苦和末世论）。美国继承了前者。

③ 联邦党人所谓的“运气和强力”就是霍布斯等人所提出的社会契约论中的著名假定“自然状态”。

④ 汉密尔顿等：《联邦党人文集》，第二十八篇。

其是战争问题。因为，毫无疑问，战争是“运气和强力”的最高表达样式，它近乎神圣。

《联邦党人文集》的前半部分向美国公众反复传递了这样一个信息：邦联处于霍布斯式的自然状态的可怕局面和前景中，战争(包括外战和内战)时刻威胁着美国的生存，新大陆随时有可能堕入无政府状态的危险之中。从文集的结构进行分析，关于外战的集中论述(第三篇至第五篇)被置于内战之前，似乎在暗示，外敌之于国家的生存乃是首要的威胁，也是各邦联合的最持久和深刻的驱动力。之所以在对外战争上着墨不多,似乎在暗示，国与国之间永远处于无政府的战争状态，这本身就是个常识,不需作过多解释。因为，从第六篇开始，论述开始转向“另外一些也许更加惊人的威胁，这些威胁多半来自各邦之间的纠纷，来自国内的派别斗争和动乱”。这个颇为直率和露骨的断言似乎是说，如果说外战是邦联面临的长远和永恒的威胁，内战的威胁也许是最迫切的。如果考虑到在邦联的体制下，各个邦乃是独立的主权国家，那么，联邦党人似乎在暗示，如果不将它们置于一个统一的主权政府之下，新大陆迟早会像旧大陆一样，堕入各个主权国家彼此交战的无政府状态之中，内战由此演化为外战。届时，各个邦国之间为防止彼此的侵略，势必纷纷效仿那些陷入军事暴政的欧陆国家，将本来具有统一和联合之地理特征的新大陆①人为地封疆立界，各自建立起庞大的常备军(陆军),陈兵百万于各自的疆界，时刻准备着或进行着侵略和反侵略的战争。

联邦党人认为，对于任何一个问题的讨论和思考，都需要借助常识发现其中的基本真理或首要原理，然后把它作为以后所有推论的根据。在几何学中是这样，在政治学中同样如此。在政治学中,战争这一激情乃是唯

① 参见杰伊的论述:“我常常感到欣慰的是,我认识到独立的美国不是由分散和彼此远隔的领土组成,而是一个连成一片、辽阔肥沃的国家,是西方自由子孙的一部分。上帝特别赐给它各种土壤和物产,并且用无数河流为它灌溉,使它的居民能安居乐业。连接一起的通航河流,围绕边界形成一种链条,就像把这个国家捆绑起来一样。而世上最著名的几条河流,距离适当,为居民们提供友好帮助、互相来往和交换各种商品的便利通道。”见汉密尔顿等:《联邦党人文集》。

一可以指望的原动力。①

在联邦党人看来，美帝国要想通过“深思熟虑和自由选择”建立一个良好的政府，而不受制于“运气和强力”这一神圣力量的支配，首先要考虑的正是战争这种“运气和强力”的最高体现形式。

在此意义上，联邦党人的建国方略表现出了与霍布斯的利维坦构想完全相同的出发点（战争）和行动步骤（建立在同意基础之上的社会契约），以及相同的精神意向，即试图克服自然性的“运气和强力”（亦即霍布斯所谓的“自然状态”）施之于古今各种政体的兴亡循环律，建立一个永恒的海洋帝国。

在《联邦党人文集》第一篇的第一段，在那个著名的“美国问题”提出之前，我们注意到，联邦党人首先对美国的未来进行了定位，即他们要建立一个“帝国”，而且是一个“世界上最引人注意的帝国”。然而，与历史上的那个陆地性的罗马帝国有所不同，他们要建立的这个未来的帝国将建立在海洋的基础上，这不仅源于他们母国的政治传统，更是他们的地理条件使然。然而，为了充分利用大自然所赐的有利条件，真正能够向海洋挺进，海岛国家必须要解决的一个前提就是克服陆地上所固有的分裂和内战的掣肘，也就是霍布斯所谓的比希莫特，实现真正意义上的稳固的政治统一和联合，将自己的自然疆界和政治疆界直抵海洋。否则，如果受制于无休无止的内部纷争甚至战争（即我们所说的“窝里斗”），各种资源和政治能量就只能消耗和局限在四分五裂、彼此封闭之陆地上，其自然疆界和政治疆界将无法抵达海洋并向外扩张。在《联邦党人文集》的第五篇，杰伊这样写道：

> 大不列颠的历史，一般说来是我们最熟悉的一部历史，它给予我们许多有益的教训。我们可以通过他们的经验得到教益，而不必付出他

① “从人类历史来判断，我们将被迫得出结论说：战争的愤怒和破坏性情感在人的心目中所占的支配地位远远超过和平的温和而善良的情感；而根据对永久和平的假定来建立我们的政治制度，就是指望人性的比较软弱的原动力。”参见汉密尔顿等：《联邦党人文集》。

们所付的代价。这样一个岛国的人民应该是一个国家,虽然这对常识说来似乎是显而易见的事情,然而我们发现,他们长久以来分为三个国家,而且这三个国家几乎经常发生争吵和战争……假如美国人民分为三四个国家,难道不会发生同样的事情吗?难道同样的嫉妒不会发生,不会以同样方式存在吗?代替它们"友好联合"和"利益"一致的是,猜忌和嫉妒很快会使信任和友爱销声匿迹。它们的政策和所追求的唯一目的,将是每个邦联的局部利益,而不是整个美国的整体利益。因此,和其他大多数互相接壤的国家一样,它们不是经常卷入领土争夺和战争,就是经常生活于惟恐发生领土争夺和战争的状态之中。

联邦党人认为,仅靠诸如地理、血缘、语言和习俗等等这些隶属于"运气"范畴的自然性因素或纽带并不能把这个国家的人民永远稳固地捆绑在一块,上帝赋予他们的井然有序的高山和大川有朝一日甚至也许会是某种潜在的分裂力量。由于没有进行真正的政治联合,猜忌和嫉妒就会代替那种由于共同的地理、血缘、语言、习俗和历史而生发的所谓的信任和友爱的本能情感,和大多数其他在陆地上相互接壤的国家一样,各邦不是经常卷入领土的争夺和战争,就是经常生活于惟恐发生领土争夺和战争的状态之中。① 关于海岛国家的这种特殊地理位置之于军事建制和民政制度的特殊优越性,以及这种国家的特殊问题,麦迪逊讲得更为清楚和直白:

美国若是联合起来,只要少数军队,甚至不需一兵一卒,对于外国野心来说,要比美国分裂而拥有十万名准备作战的精兵更能显示出一种令人生畏的姿态。前面曾经指出,缺乏这个口实曾经拯救了一个欧洲国家的自由。大不列颠由于其岛国的位置以及邻国军队难于攻破的海上力量,它的统治者从未利用真实的或虚构的危险来欺骗公众,扩大和平建制。合众国与世界上列强的距离,给它带来了同样幸运的安全。

① 参见杰伊的有关论述,汉密尔顿等:《联邦党人文集》,第二篇。

> 只要各州人民继续联合在一起，危险的建制永远不可能是必要的或者是合理的。但是片刻也不能忘记，只有联邦才能使它们得到这种好处。联邦解体之日，就是新秩序开始之时。弱小诸州的恐惧，或者强大诸州或邦联的野心，将在新世界里树立的榜样和查理七世在旧世界里树立的榜样是同样的。在这里仿效这个榜样的动机，和在那里造成普遍效法的动机一样。如果不根据我们的地位得到大不列颠根据它的地位得到的那种宝贵利益，美国的形势将只是欧洲大陆形势的翻版。那就会出现常备军和不断征税会使自由到处遭到破坏的景象。分裂的美国，其命运甚至比欧洲那些国家的命运更加不幸。[①]

因此，在联邦党人看来，美国必须要进行真正意义上的统一和联合，消除内战的隐忧，使得海洋成为自己的天然疆界。反观旧大陆，由于对自由和独立原则的过于执著，它被分裂为很多政治体，彼此之间的敌意、嫉妒、仇恨和战争一直持续不断，成了地地道道的霍布斯所说的比希莫特[②]。在这种对于旧大陆的警惕和唾弃中，联邦党人显露出缔造新世界的强烈意愿。联邦党人似乎在暗示这样一个悲观的结论，与海权国家利维坦相比，四分五裂的陆权国家比希莫特注定是不幸的，它们要更多地遭受战争这一来自神圣之域的“运气与强力”的随意裁决，人的“深思熟虑和自由选择”很难有施展的余地。但与此同时，联邦党人也似乎暗示了从陆权国家转变为海权国家的唯一途径：必须要进行以公民个体权利为基础的政治上的统一和联合，瓦解和松懈陆地上各种类群之间的板结而封闭的权力垄断格局，从而消除陆地上特有的以种族、肤色、阶级等的分野为基础的类群之间无休无止的“窝里斗”，使自己的自然疆界和政治疆界直抵海洋，并向外扩张。

如果说联邦党人借助海洋的视野批判了旧大陆的“窝里斗”这一陆地性的痼疾，那么他们是借助帝国的视野贬低了古代的弹丸之地城邦及其古典

---

① 参见汉密尔顿等：《联邦党人文集》，第四十一篇。

② 在希伯来语中，“比希莫特”是复数。

共和国的小国寡民理想。他们的现实政治意图乃是否弃他们的政治对手(反联邦党人)对"古人、惯例或名声的盲目崇拜",及其封闭、狭隘、不思进取的陆地意识和小共和国的政治理想,从而将个体从对于贵族性的小集团的效忠中解放出来,转而效忠于最高主权。比如,当谈到希腊世界的那场伯罗奔尼撒战争时,汉密尔顿一针见血地评论道:

> 如果希腊人的智慧能与他们的勇敢比拟的话,他们就会从必须更紧密地联合起来的经验中得到教训,并且会利用战胜波斯军队以后的和平进行这样的改革。代替这种明显政策的是,雅典和斯巴达由于他们获得的胜利和荣誉而扬扬得意,起初成了竞争者,后来又变成仇敌并且互相危害对方,其危害情况远比他们从【波斯王】薛西斯那里受到的危害严重。他们相互嫉妒、相互恐惧、相互仇恨、相互危害,结果进行了著名的伯罗奔尼撒战争;这场战争结果是挑起战争的雅典人的崩溃和被奴役。①

关于伯罗奔尼撒战争,现代的国际法和国际关系学者一般将其视为研究古代国际法和国际关系的重要事件,而且也是现代国际法的重要灵感所在。在这个意义上,他们对于修昔底德的《伯罗奔尼撒战争史》自然是非常倚重。然而,在联邦党人那里,我们可以发现,他们并没有将那个事件作为一个外交或国际关系事件来观察和处理,而是作为内政来处理,而且是把它放在希腊诸邦的衰败和罗马帝国的崛起这个大视野下来考察的。关于希腊诸邦的命运和希腊留给后世的教训,汉密尔顿是这样总结的:

---

① 汉密尔顿等:《联邦党人文集》,第十八篇。然而,如果考虑到希腊世界是由许许多多的岛屿和半岛组成,而不是一个相对自成一体的大陆,那么,我们可以有把握地说,希腊世界并不具备组建一个帝国的地理基础。这种破碎且离散型的地理特征注定了其对世界的贡献只能是诸如自由、独立、自治等属于小共和国政制模式的原则和实践。在此意义上,联邦党人对于希腊的苛责可能过于严厉了,因为就帝国的标准衡量,希腊本身就是不合神法的,或者说不受神的眷顾的。由于同样的理由,日本的帝国追求也是不合神法的。

如果希腊是由一个比较严密的邦联联合起来，并且坚持团结，那么它就不至于到马其顿的束缚；并且可能成为罗马推行大规模计划的障碍。①

在这句简洁的评论中，英裔美国人的帝国视野和帝国冲动昭然若揭！因此，我们完全有理由推断，关于古代希腊世界的那场旷日持久、时断时续的战争，霍布斯未尝没有相同的视野和冲动。的确，他只是翻译了修昔底德的《伯罗奔尼撒战争史》，我们还不能确切地了解那场战争在其后来的最成熟的著作《利维坦》中到底占据一个什么位置。然而，我们有理由认为，在他的那个著名的基本假设“自然状态”(state of nature)背后，未尝没有那群固守各自的弹丸之地而没有充分联合，最终陷入战争状态的希腊诸邦的影子。但与罗马将帝国建立在纯粹的(对外)军事征服和(对内)阶级斗争这种陆地性原则之上不同，他心目中的利维坦是个海权性的帝国。其最本质的区别在于，霍布斯的海洋帝国利维坦建立在平等的个体基础之上，而不是建立在不平等的群体(阶级)基础之上，其根本意图在于打击贵族，瓦解其以土地为基础的对于人、财、物的垄断和封闭，使他(它)们能够自由流动，并置于一个统一的中央权威之下。本质上，这是一个贵族制变成民主制的过程，也是一个比希莫特变形为利维坦的过程。而且，也只有这样才能将国家的自然疆界和政治疆界扩及海洋，最终成为一个具有扩张性的强大的海权帝国利维坦，而不是仅仅怯懦地匍匐在陆地上“窝里斗”的陆权政体比希莫特。在这个意义上，海洋实在是对陆地的一种拯救和治疗。

因此，在联邦党人看来，美国要想成为一个海权政体利维坦，实现更加紧密的真正意义上的政治联合，必须要纠正邦联制在结构和原则上存在着的一个致命缺陷，那就是“立法原则是以各州或各州政府的共同的或集体的权能为单位，而不是以它们所包含的各个个人为单位”。在他们看来，邦联中的各邦与古代封建社会中的贵族相类似。这些贵族在自己的地盘中

① 汉密尔顿等：《联邦党人文集》，第十八篇。

拥有君主般的权力，他们各自垄断一块土地，并对依附于土地的大小封臣和臣民具有绝对的支配力，并借此经常与君主进行旷日持久的战争。这种国中之国、主权中的主权的政治怪胎最终不是堕入纯粹的军事暴政，就是陷于无政府的战争状态，不是毁于内乱，就是被外敌征服，"运气和强力"始终占据上风。此即所谓的分久必合，合久必分。为此，汉密尔顿逐一回顾和检省了希腊世界的安菲替温尼和亚该亚同盟(第十八篇)，以及后来的日耳曼联盟(第十九篇)、瑞士联盟(第十九篇)和尼德兰联盟(第二十篇)。在他看来，所有的这些联盟之所以遭致内忧和外患的双重袭击而趋于崩溃，是因为这些联盟和美国的邦联一样，都是将中央权威建立在不可靠的盟约这一集体性权能基础上，而没能直抵政府的唯一真正对象——"公民个体"。联邦党人认为，美国如果不实现建立在公民个体基础之上的真正联合，从而更紧密地成为一个真正统一的国家，那么，加盟邦联的各邦迟早会把由于共同的外敌(英国)而曾结成的脆弱的联盟抛于一边，各自为战，最终成为欧洲旧大陆在美洲的翻版——盟国比敌人更危险，这是古代城邦给美国建国者的教训。①

汉密尔顿通过人类及社会发展的长期观察，得出了这样一个政治上的

① "对盟国的怀疑乃是美国长久以来的一个基调。在1781年杰伊反对国会的指示，即美国的和平专员要遵从法国部长们(他们'带有某种并非共和主义者的自鸣得意')的建议，而且他后来拒绝遵守这些指示(杰伊致国会议长信，1781年9月20日，《杰伊的通信和公共论文集》，第2卷，第71页)。甚至在更早的时候，约翰·阿丹姆斯在他就1776年3月4日的国会辩论所记的笔记中写道，只有在'与法国毫无政治联系，不屈服于她的任何权威，不接受她所派出的任何统治者或者官员'，而且甚至'与她没有任何军事联系，不接受由她派出的任何军队'，美国才能安全地组建国家(《大陆会议日志》，第六卷，Worthington Chauncey Ford 编，Washington，D. C.：U. S. Government Printing Office，第1074页)。'[与他国]的政治联系'也是《独立宣言》最终要消解的，也正是华盛顿在告别演说中所建议的，尽可能少地和外国发生关系。有一条非常容易被越过的界线将独立各州之间的联盟或者同盟与缺乏主权而陷入殖民状态区别开来。假使在联盟和政治联系之间存在那条精微的界线，《联邦党人文集》对联盟的批判也就是对邦联以及对任何一种仅仅依靠良好信用维持的传统联邦体制的批判('联邦'从词源上就是来自于此)。《邦联条例》的第三条宣布邦联是'一个坚定的友谊同盟'。阻止美国人民依靠各种联盟(独立的美国各州之间的联盟、各邦联之间的联盟、与外国的联盟)的原因也引导他们摈弃邦联或者任何以其无效的原则(比如友谊——引按)为标志的制度而接受联邦宪法。"纳坦·塔科夫："《联邦党人文集》中的战争与和平"，《法意》(第一辑)，商务印书馆2007年版。

原理："周围或邻近的国家是天然的敌人。"他还借助另外一位"聪明的作者"之口表达了联邦党人的这一共识："邻国自然而然地彼此为敌，除非它们的共同弱点迫使它们组成一个联邦共和国，它们的宪法防止友邻之间发生分歧，消除那种使各国以牺牲邻国来抬高自己的隐藏的嫉妒之心。"联邦党人认为，这一段话在指出了祸患的同时，也提出了补救办法。

比希莫特抑或是利维坦，曾经是美国国父们的生死问题。

（作者系西南政法大学法学研究所教授）

反联邦党人成败论

刘晨光

引论

反联邦党人是失败者，这一点是我们一切论断的起点。支持这一最初论断的最强有力根据是历史：历史的公正与不公正都在于其以成败论英雄，但公正与否属于人为的价值判断，历史无情地展示的成败事实却是如秃子头上的虱子一样明摆着。当然，这里所说的历史主要指由人物及其言辞与行动组成的事件构成的历史，而非在"一切历史都是思想史"意义上说的具有更复杂含义的历史。历史固然通过自身的惊人容量来展示受观念影响和引导的人物生发的事件，但根本而言，历史深处汹涌着一股股偶然而任性的盲动力量。说到底，历史只负责展示，而非预测。真正具有远见的不是历史，而是看透历史的人。

反联邦党人失败的基本事实，显示在1787年制宪会议①这一历史事件上：最终制定的1787年美国宪法，更多地服从的是联邦党人的意见——历史后来又展示，这些意见还是颇具远见性的。在这些意见当中，毫无疑问，

① 1787年制宪会议于5月25日到9月17日在费城独立厅召开，经过了116天激烈的辩论。经与会代表表决，当时的会议记录由会议主席华盛顿保存，不向外界公布。1796年，华盛顿总统卸任后，记录又归国务院保存。直到门罗总统上任，在向人民保密30年后，1819年，小亚当斯编成的会议记录出版。20世纪初，已出现了10名代表留下的笔记，1911年耶鲁大学出版了法伦德(Max Farrand)整理的三卷本《1787年联邦制宪会议记录汇编》。麦迪逊的会议记录已被翻译为中文，参见麦迪逊：《辩论：美国制宪会议记录》，尹宣译，辽宁教育出版社2003年版。法伦德也有作品已被翻译为中文，参见马克斯·法伦德：《设计宪法》，董成美译，上海三联书店2006年版。

最为重要的一条就是:美国是一个国家,是一个具有唯一最高主权的国家。在这个意义上,所谓的“建国之父”这一称谓,名副其实地属于联邦党人。我们不是说反联邦党人的失败是绝对的:就立宪而论,他们在大原则上只能屈服和跟随于自己的对手,但他们在其他不少具体问题上的看法并非丝毫未被宪法采用,而且历史后来的履痕也向我们说明,倘若反联邦党人及其看法从此绝迹,美国的社会政治发展将完全是另外一副模样,很可能变得非常不幸。反联邦党人的“有所成”即是就此而言,历史同样客观地展示了他们留存的烙印及施加的影响。但我们必须谨记,如果反联邦党人在立宪事件上是真正的成功者,那么美国将没有机会是另外一副模样,因为国将不国,作为统一美国的政治体根本不会存在。

托克维尔有一个评论虽然像是绕口的妙语、精致的废话,但准确把握住了历史女神除了冷酷无情的一面还有风情谐趣的一面,大意是说:法国大革命成功了,却又失败了;失败了,却又成功了。简单地把这一评语的模式套用在反联邦党人身上并不合适,这并非因为法国大革命归根到底是成功了,而反联邦党人归根到底是失败了,而是因为反联邦党人的失败比法国大革命的成功蕴藏着更多的意味:它触及了更深层的政治生活本质,具有更丰富的政治哲学寓意,可引发我们不仅对于现代政治,而且对于政治本身,进行如历史女神风格一样的思考。

反联邦党人缘何失败?

历史以成败论英雄,并非仅仅出于对优胜者的势利,更是因为使结果出现的各种因素已经内在于历史之中,成也败也自有其业缘。这就是历史中合理的一面。历史中不合理的一面,不是来自任何先验性观念尤其是形而上学的伦理道德观的评判,而是出于人力不能控制或人智不能知晓的外在因素以及人自身中尚未明晰或难以探究的非理性因素。简单说来,所谓的合理或不合理只是就人类的理性探究能力而言:可以探究的或者说找得到因果相关性的就是合理的,根本不可探究的或暂时未能探究清楚的就是不合理的。所谓的历史智慧,即是从历史中合理的一面获得的,而之所以常把它等同于政治智慧或者把它认为是政治智慧的源泉,是因为根据过往历史中存在的因果关系,可以指导当下应该如何行动,以及预测已经做出的举措将来可能产生何种结果。反联邦党人失败的原因,正是内在于美国建国史和世界政治史中的此类合理性因素。

反联邦党人之所以失败,最明显也最根本的一个原因在于他们的"保守"。

《独立宣言》、《邦联条款》和《联邦宪法》是美国开国历史中最重要的三个文件,但前两者与后者在原则上并非全然一致。反联邦党人与联邦党人争论的关键问题是:《独立宣言》宣布独立的13个州,是13个各自拥有主权的国家呢,还是一个联合为一体的国家?① 是继续维持按照《邦联条款》结成的邦联呢,还是按照麦迪逊等另外拟定的《联邦条款》建立一个全国最高政府?② 制宪会议辩论的全部内容,就是如何用最后形成的《联邦宪法》取代《邦联条款》。作为美国的第二部圣经、世俗圣经的《联邦宪法》,实际要解决"建国"和"立宪"两个问题:第一,把革命和战争时团结起来,胜利后却分

---

① 1776年7月2日,第二届大陆会议在讨论杰斐逊起草的《独立宣言》时修改了最后一段,引起后来1787年制宪会议的争议。"... That these United lolonies are and of Right to be *Free and Independent seates*; that they are absolved from all Allegiance to the British Crown, and that all political *connection* between them and *the State of Great-Britain* is and ought to be totally dissolved; and that as *Free and dependent States*, they have full Power to levy war, conclude Peace, contract alliamles, establish cmmerce, and to do all other Acts and Things which *Independent States* May of right do."经过大陆会议修改的这一段在提到"大不列颠国家"、一般的"独立国家"、由殖民地变成的名正言顺的"自由独立国家",都同样用大写的State,说到后者还使用复数,显然指13个"国家"同时独立和取得自由。

② 《邦联条款》在制宪会议上受争议最大的是"第二条",原文如下:"*Each state* retains its sovereignty, freedom, and independence, and every power, jurisdiction, and right, which is not by this *confederation* expressly delegated to *the United States*, in Congress assembled."1776年7月2日大陆会议讨论是否公布《独立宣言》时,《邦联条款》起草委员会主席约翰·迪金森投了反对票。9天以后,他向大陆会议提交了《邦联条款》。大陆会议从次日开始讨论,但拖了1年零4个月才予以批准,主要原因之一是各州领袖不愿交出《独立宣言》赋予各州的主权。最后的解决办法,是采取结成同盟的方式,实行主权分割:通过《邦联条款》中各项条款明确授予联邦的各项主权,归联邦;未明确授予联邦的其余主权,各州自己保留。这就使《独立宣言》宣布的13个拥有全部主权的州,变成拥有部分主权、自由和独立的"准国家"。

道扬镳、各自愈益伸张主权和独立的13个州联合起来，组成一个国家，建立一个全国最高政府；第二，把这个政府设计得尽量合理，让组成政府的人们，如麦迪逊所言，各以自己的野心(ambition)去制约他人的野心，达到一种接近平衡的状态，把政府难以避免的恶，抑制在一定限度之内，建立一个共和国，永远埋葬君主制。①"立宪"的本质在于限制政府权力，但须以承认一个全国最高的联邦政府的存在并赋予其相当充分的权力为前提，因此"建国"无论在事实层面还是在逻辑层面都必须先于"立宪"。

但反联邦党人主张"州权优先"。他们维护法律的权威，号召人民对法律的热爱，而所谓的法律主要指《邦联条款》：它体现了美国革命所依据的那些原则，即平等的自由和安全，它建立了由享有独立主权的州构成的联盟。他们打着政治稳定的旗帜，试图维护现行的邦联体制，不愿意推行变革。在他们眼中，"值得珍惜的宪法架构"的主要特征就是州权优先，各州平等，州拥有主要的政治权力。②这种"州权优先"的主张隐含着对于"小共和国"的偏爱，更根本地说，乃是共同体本位的政体设计，这跟联邦党人一再宣称的"公民个体为本，统一宪政立国"③的意味判然有别。

① 尹宣："联邦制宪会议记录的解密和成书"，载麦迪逊：《辩论：美国制宪会议记录》，尹宣译，辽宁教育出版社2003年版。

② 赫伯特·J.斯托林：《反联邦党人赞成什么——宪法反对者的政治思想》，汪庆华译，北京大学出版社2006年版，第10—13页。

③ 汉密尔顿等：《联邦党人文集》，程逢如等译，商务印书馆1995年版，第十五—二十篇。其中第十五—十七篇讲道理的部分为汉密尔顿所撰，第十八—二十篇引证古希腊、日耳曼、波兰、瑞士、尼德兰等事例的部分为汉密尔顿、麦迪逊合撰。甘阳在"公民个体为本，统一宪政立国"(《二十一世纪》1996年8月号)一文中，对美国立宪原则总结说："政治社会的基础或基本单位只能是作为个人的公民个体，而不能是地方共同体。中央权力的正当性基础必须来自于公民们的直接授权，而不能由诸地方权力间接授权。这两条原则事实上是一体之两面，即我所谓'公民个体为本，统一宪政立国'。"甘阳在"走向'政治民族'"(《读书》2003年4月号)一文中对此进一步阐发说："联邦党人的基本政治主张则是：现代'国家'的主权必须直接受自于作为个人的每一公民个体，而非来自于任何其他地方共同体，不管是省、市、乡、村。这一政治原则集中体现为美国联邦宪法的著名首句：We the People of the United States…其根本重要性即在于，美国联邦作为一国政治社会，不再是由各地方共同体权威当局所组成，而是直接由作为个人的每一公民个体所组成。也因此，联邦中央政府乃是每一公民个人的直接代表，而非地方共同体当局们的仆人。总之，以公民个体为政治社会之本，

有关反联邦党人的政治取向,论者尤其是美国20世纪初的进步主义历史学家曾从经济视角给予分析。他们认为反联邦党人多是小农、地主和南方蓄奴的种植园主,代表着不动产持有者集团的利益,联邦党人则代表着拥有贷放货币、公债、商品、工厂、士兵票券和航业的动产持有者集团的利益。因此,1787年宪法是利益集团而非广大美国人民的宪法,他们因为没有财产或只有很少财产而被剥夺了公民权。①但更有意义的该是指出,1787年宪法标志着动产利益集团对于不动产利益集团的胜利,或者在一定程度上可以说,是资产阶级新贵族对于封建社会旧贵族的胜利。反联邦党人像是资本主义到来之前的古代社会中的土地贵族,他们不仅存在于古希腊、古罗马,更是在漫长的中世纪普遍存在,占有作为主要财产形态的土地,享受经济和政治上的广泛特权,经常高高在上地凌驾于人民头顶,形成少数人垄断主权并压迫多数人的等级社会。但就像长期以来英国和法国的国王

以统一宪法为民族国家之纲,就是联邦党人为美国民主筑下的基石。"这就是所谓的"现代政治社会的基础问题"。林国基在富有创造性地以"海—陆"视角解读美国政治的"地理之于美国民主的利与弊"(刘小枫、陈少明主编:《经典与解释》第11辑,华夏出版社2006年版)一文中说:"肇始于博丹的国家主权学说固然是陆地性的,但在霍布斯那里却发生了巨大的变形。确定国家主权的地理属性(即属于陆地性还是海洋性)的唯一检验标准,是看它是以个体为本,还是以群体为本;前者属于海洋,后者属于陆地;前者实现了真正的政治和解和稳固的政治联合,而后者则充斥着各种各样的集团之间的'窝里斗'。""霍布斯的海洋帝国利维坦建立在平等的个体基础之上,而不是建立在不平等的群体(阶级)基础之上,其根本意图在于打击贵族,瓦解其以土地为基础的对于人财物的垄断和封闭,使他(它)们能够自由流动,并置于一个统一的中央权威之下。""如果说联邦党人借助海洋的视野批判了旧大陆的'窝里斗'这一陆地性的疾病,那么他们是借助帝国的视野贬低了古代的弹丸之地城邦及其古典共和国的小国寡民理想。""……邦联中的各邦与古代封建社会中的封建贵族相类似。这些贵族在自己的地盘中拥有君主般的权力,他们各自垄断一块土地,并对依附于土地的大小封臣和臣民具有绝对的支配力,并借此经常与君主进行旷日持久的战争。这种国中之国、主权中的主权的政治怪胎最终不是堕入纯粹的军事暴政,就是陷于无政府的战争状态,不是毁于内战,就是被外敌征服,'运气和强力'始终占据上风。"这些论说痛快淋漓、一针见血地点出了联邦党人和反联邦党人各自尊奉的原则所具有的更深层的政治哲学内涵。

① 查尔斯·奥·比尔德:《美国宪法的经济观》,商务印书馆1984年版。有关此书的评价,可参见钱满素:《美国自由主义的历史变迁》,三联书店2006年版,第25—31页。这类从纯粹的经济利益角度出发作出的历史评判,基本属于不绝如缕的"扒粪"之作。此类作者看不出"建国之父"们可能具有的崇高信念,而且按照历史的后见来苛责前人,显然犯了时空错乱症。需要知道,联邦党人要解决的关键问题是建国立宪,而非到20世纪才热潮四起的以女权运动、民权运动、学生运动等为形式的"现代民主"。对于政治现象的经济分析,最经典的、难以被超越的作家当然还是卡尔·马克思,特别参看他关于法国历史的相关分析。

和人民联合起来针对贵族的斗争表明的，尤其是法国大革命的成功将要表明的，封建土地贵族在现代社会到来之际已经是明日黄花，迟早要被扫入历史的垃圾堆中。因此，反联邦党人的“保守”迎来的必然是同样的败落命运。

一般认为，美国非常幸运地未经历一个魅影重重的封建社会，没有沉重的历史包袱幽魂般地纠缠着，但这并不意味着美国根本不存在任何封建性因素。封建性因素普遍存在于任何一个传统社会，它们是经济的，更是政治的。就经济而言，“现代”意味着资本主义对封建主义的胜利；就政治而言，“现代”意味着人民主权对贵族特权的胜利。因此，从封建社会向现代社会的转变，一个国家一般都会经过绝对主义和重商主义的过渡阶段，清理掉陈旧的因素，布置好新生的因素，经过新陈代谢完成自身的现代再造。由此可见，反联邦党人的“保守”不仅在于最表面的对于“州权优先”的维护，也不仅在于隐藏在其下的对于土地利益和特权地位的自私，最主要的是在于他们没有看到历史发展的大势和不可阻挡的世界潮流。简单说来，反联邦党人还停留在亚里士多德等古典政治哲学家所构建的城邦式小共和国的旧梦之中，对于现代国家的形态和现代政治的目标缺少清晰的理解。他们焉能是以马基雅维利、洛克和孟德斯鸠等为师的联邦党人的敌手？

反联邦党人的对手联邦党人实在太厉害，这是他们失败的又一原因。

像孟德斯鸠一样，联邦党人看到了商业精神将在现代世界迎来巨大的胜利。当经济生活在现代取得压倒性的地位时，难以遏制的“激情”将让位于切实可求的“利益”。对无比高尚以致竟有些浪漫缥缈的事物的追求，将让位于对更加稳固的事物的追求，它们虽然可能显得卑俗鄙陋，但更贴近大多数人的性情。① 这意味着商业资本社会的到来，它将摧毁一切

---

① 汉密尔顿说：“那些利用消除社会上各种缺点、弱点和邪恶事件的诺言，使我们得到宽慰的毫无根据的谬论和夸张之词，我们不是已经见得够多了吗？现在难道不是应该从黄金时代的欺人迷梦中醒来的时候吗？我们和地球上其他居民一样，离开具有完善的智慧和道德的幸福王国还很遥远，把这一前提当作指导我们政治行为的实际准则，难道还不是时候吗？”参见《联邦党人文集》，第六篇。有关现代政治中“激情”被“利益”的取代，当然霍布斯的工作无比重要。简单说来，“激情”原则为“利益”原则所取代，“荣誉”原则为“生存”原则所取代，也就是贵族的生命原则被平民的生命原则所取代。相关论述，可参见艾伯特·奥·赫尔曼：《欲望与利益：资本主义走向胜利前的政治争论》，李新华等译，上海文艺出版社 2003 年版。此书原名 *The Passions and the Interests*，且根据作者所论，译为《情欲与利益》似更妥。

传统的温情脉脉的事物,尤其是反联邦党人非常珍惜的共处一个地方、一块乡土的人们因为直接往来和相互熟悉而彼此怀有的朴素、真挚、令人心动的情感。

在政治上,联邦党人对普通民众并没有像在经济上那般信任,绝不认为普通民众在革命后的日常政治生活中能够像反联邦党人想的那样仍会葆有革命年代的特殊情势激发出的卓越的政治自由精神。基于公民自治的直接民主,首先需要以成熟的公民为主体,其次它可能更适合于一个小国寡民的古典共和国,而非美国这样一个广土众民的大国。因此,联邦党人为美国铸造了崭新的现代共和政体,以代议制民主实现了在一个大国建立共和政体的可能。① 联邦党人的现代共和主义与反联邦党人的古典共和主义的不同,还在于它不是像后者那样奉行静态均衡的政体原则,而是像马基雅维里一样认为一个共和国只有在运动之中才能常葆青春活力。② 所谓的静态均衡,还是建立在少数人和多数人对于权力的分割后实力的相持基础之上,而

① 有关代议制政府,可参见约翰·S.密尔:《代议制政府》,汪瑄译,商务印书馆1982年版。在密尔的这本最为重要的政治哲学著作中,他认为,好政府的检验标准,是民众的德性和智慧被促进的程度,以及政府对民众的良好品质加以利用的程度。政府的目的就是造就更好的民众,而手段就是教育民众和利用民众所达到的最高品质。但需要注意,穆勒所谓的"进步",无论是政治自由,还是公民自治,都是有一定历史哲学意蕴的:在前文明状态也就是野蛮状态,服从是最初的课程,其次是劳动,最后一步才是自治。这显示穆勒的自由理论远不是适用一切时代和一切民族的普遍学说:只有在社会比国家更重要的时代,托克维尔式的自由论题,才具有实质意义;穆勒所谈的"个人"不是任何地方的任何个人,而是成熟的公民主体。联邦党人眼中的"代议制政府"主要还是一种政府组织形式,被其多少忽略的公民德行的培养,恰恰为反联邦党人的"有所成"留下余地。

② 有关美国的"建国之父"的现代共和主义与古典共和主义的区别,可参见 Thomos Pangle, *The Spirit of Modern Republicanism*, The University of Chicago Press, 1988, esp. pp. 28—39。潘高准确看到了以波考克、斯金纳为代表的"大西洋共和主义学派"(the "Atlantic republican" school)试图把马基雅维里等纳入发端在亚里士多德的古典共和主义传统中的努力,恰恰是一种误解。在潘高看来,美国的"建国之父"主张的是继承马基雅维里、洛克、孟德斯鸠等人的新共和主义或者说现代共和主义,但他淡化了反联邦党人与联邦党人的区别,忽视了反联邦党人的思想中无疑有更多的古典共和主义成分。马基雅维里为现代共和主义赋予的崭新内涵,最为明显地体现在他对于"党争"的看法全然不同于所有古典作家。参见尼科洛·马基雅维里:《论李维》(第一卷),冯克利译,上海人民出版社2005年版,第4章。哈林顿在《大洋国》中对马基雅维里表示无限崇奉的同时不断大发微词,主要就是针对这一点。再考虑到哈林顿在"绪言"中阐述政府原理时主要以霍布斯(哈林顿以"利维坦"来称呼他)为批判的靶子,就可以明白,哈林顿的"大洋国"更接近于亚里士多德式的古典共和国。参见詹姆士·哈林顿:《大洋国》,何新译,商务印书馆1996年版。

主权是绝对不能分割的。况且它往往更容易失去平衡，不是沦为寡头式的就是沦为暴民式的专制，最后都只好以僭政收场。而联邦党人首先确立了人民主权，然后再以三权分立的架构使各部门的权力互相约束和限制，使行政权力既能够强大有效，又不至于有变质为君主制的危险，人民将因此享受最大的幸福。① 此外，联邦党人正视人们心中的野心，认为共和国内允许派系的存在可以让野心通过互相斗争和消耗而给共和国减少被倾覆的危险。只要控制在一定范围内，党争非但不是有害的，反而是有利的。② 再者，在政治上既然把美国塑造为一个独一无二、享有最高主权的国家，尤其不再有内部分裂的危险后，美国便可以制定更为积极的外交和军事政策，追求国家的伟大，甚至是实现一个帝国的光荣与梦想。③ 总之，联邦党人看到了历史女神的秘密，看到了美国政治的未来。

这些都说明了联邦党人的政治洞识和远见远非反联邦党人可比。除此之外，联邦党人在政治实践，尤其是在与反联邦党人的斗争策略和方法上表现的政治智慧也更胜一筹。"联邦党人"的称谓本来更应该是属于反联邦党人的，因为"联邦主义"正是主张以"州权优先"为基础构建一个联盟即"邦联"，但主张"国家主义"的联邦党人把这一称谓拿来为己所用，使自己成为

---

① 现代共和政体的"混合"主要指三权分立，虽然政府常被认为具有君主制成分，上议院（参议院）和最高法院常被认为具有贵族制成分，下议院（众议院）常被认为具有民主制成分，但它主要还是以不同的政治部门和职司而非不同的人群为单位。古典共和政体所谓的"混合"则主要指不同的阶级或阶层的混合，尤其是作为少数人的贵族和作为多数人的民众的混合。

② 汉密尔顿等：《联邦党人文集》，程逢如等译，商务印书馆 1995 年版，第十篇（麦迪逊撰写）。事实上，即便就"建国之父"们内部而论，革命和战争时候的亲密战友，在取得政权与和平后也成了权力斗争中的对手。第一任国务卿杰斐逊和第一任财政部长汉密尔顿，因政见不同失和，政府内很快出现党派之争。1792 年，杰斐逊担任国务卿不到四年就辞职，开始组建民主共和党。当年与汉密尔顿联手合作撰写《联邦党人文集》、争取宪法获得批准的麦迪逊，成了杰斐逊的得力助手和汉密尔顿的政敌。美国建国后的早期历史就是一部党争史，充满联邦党人与反联邦党人、联邦党与民主共和党、国家共和党（辉格党）与民主党、共和党和民主党的分歧，其演变过程实在是政治研究的绝佳素材。共和党与民主党两党相争的局面稳定后，一直持续至今。

③ 在此方面主张最强有力的"建国之父"是汉密尔顿，他在《联邦党人文集》第一篇开首就大谈"一个在许多方面可以说是世界上最引人注意的帝国的命运"，"在爱国心的动机之外又增加关怀人类的动机"。另参见 John Harper，*American Machiavelli: Alexander Hamilton and the Origins of U. S. Foreign Policy*，Cambridge University Press，2004。

独立战争和民族革命的遗产继承人,并紧接着为其赋予新的更为符合自己本意的内涵。[①] 这就首先堵住了反联邦党人用以自称和拿《独立宣言》和《邦联条款》来反对统一立宪的嘴巴,然后又使其不得不在接受既定称谓的条件下不知不觉地认同联邦党人的看法。这就使联邦党人不仅遮掩了自己隐秘的国家主义乃至帝国主义面目,还使美国在建国和立宪上前后相继,使美国历史具有了内在的统一性。

相形之下,反联邦党人的失败竟显得无辜。这一方面源于他们自以为是的道德上的优越感,另一方面源于他们毫无知觉的智识上的狭隘性,而二者结合产生的,就是他们对自己所扮演角色的迷惘。这也是他们失败的原因。

当联邦党人把论争引向立宪的具体事务时,反联邦党人已经在不知不觉中分享了一些基本原则。对此,斯托林指出:"反联邦党人既忠诚于伟大的各州联合,又忠诚于小型的、自治的共同体;既忠诚于商业,又忠诚于公民德性;既忠诚于私人利益,又忠诚于公共善好。"[②]即便联邦党人内部也不是拥有完全一致的见解[③],可他们毕竟因为对于立宪看法的一致而暂时维持在一个统一阵营内。但反联邦党人思想中的自相矛盾,必然导致他们在论争中理论的不彻底和立场的不坚定,这在任何需要作出坚定决断的政治争

---

① 即便在制宪会议期间,代表们也随意换用"邦联"(confederacy,a league or alliance or association)、"联邦"(federation,the United States)这样的词语,交替使用形容词 federal 同时指代"邦联"或"联邦";有的代表发言时,一会儿说自己的州(state)是一个国家(country),一会儿又用 country 指"邦联"或"联邦"。代表们用相同的词语,表示各人心中不同的意念;用不同的词语,指代相同的内涵。有些代表固然因自身的思想混乱而导致语言混乱,但也不排除有些发言者故意混淆概念的可能性。毫无疑问,复杂的政治现实状况正是考验政治智慧以及演说艺术的时候,这是任何纯粹理论上的政治哲学探究都难以把握的。

② 赫伯特·J.斯托林:《反联邦党人赞成什么——宪法反对者的政治思想》,汪庆华译,北京大学出版社 2006 年版,第 7—8 页。斯托林关于反联邦党人的研究,如同法伦德关于制宪会议的研究,可谓是里程碑式的。

③ 麦迪逊与汉密尔顿虽然是《联邦党人文集》的共同作者,但他们之间的分歧是深刻的。后来麦迪逊转向杰斐逊组建的民主共和党阵营,与昔日的友伴汉密尔顿代表的联邦党人阵营反目为敌,是有其渊源的。美国的"建国之父"们是各自拥有政治信念的政治家,固然为了权力而斗争,但他们在政治思想上的分歧同样不容忽视。在此方面,汉密尔顿和杰斐逊是最值得考察与深究的两个对象。

纷中都是不利的，而犹疑和徘徊对于讨论建国立宪这样的大事来说更是大忌。它一方面使反联邦党人愈益陷入混乱的泥潭，另一方面却决不能使人民生发对于政治目标的信心、希望和热爱。与明智锐猛的联邦党人相比，单凭这一点，他们就配不上做那场伟大戏剧的主角。

希望通过反联邦党人自己的内在视角来理解他们的斯托林，最终认为"反联邦党人对小共和国的偏爱以及他们对公民美德教育的关心实际上等于把严酷的事实搁在一边"，他们对有能力的政府和有私欲的个人过于敌视，而对人民及其代表的善好和可信任性过于相信。① 之所以如此，主要是因为他们混淆了非常时期和日常时期，把美国人民在革命中表现出的美德当做了永久性的，仿佛不会为现代商业社会发展必然带来的奢侈、不平等、邪恶和放纵破坏似的。相形之下，汉密尔顿拥有截然不同的看法。他认识到"民主精神出奇的暴烈和强横"，说："民众一旦追求建立政府的伟大目标，这个目标就抓住了他们的激情，像野火一样燃烧蔓延，变得无可抗拒。"这用于评价 1776 年《独立宣言》称颂的人民可谓非常合适。但在 1787 年制宪会议上汉密尔顿同时还说："人们曾经认为，邦联议会的权力已经绰绰有余，足以实现设立这个机构的目标。现在，尽人皆知，这是一个错误……当年抓住共和主义紧紧不放的人，如今也和大家一样，大声挞伐民主的罪孽。"②这充分显示了真正的联邦党人与反联邦党人的不同。

---

① 赫伯特·J.斯托林：《反联邦党人赞成什么——宪法反对者的政治思想》，汪庆华译，北京大学出版社 2006 年版，第 132－133 页。

② 麦迪逊：《辩论：美国制宪会议记录》（上卷），尹宣译，第 145－146 页，辽宁教育出版社 2003 年版。汉密尔顿在 6 月 18 日这一天的会议上独自发言 5 小时，既反对《新泽西方案》，也不赞同《弗吉尼亚方案》，最后宣读了他自己的制宪草案。制宪会议上总共亮相四种制宪方案，其中，麦迪逊拟定的《弗吉尼亚方案》，想要建立一个全国最高政府，废止或至少大幅削弱各邦政府，力图把权力尽量集中到全国最高政府手中；《平克尼制宪方案》含有一些不同的意向；佩特森提出的《新泽西方案》，与《弗吉尼亚方案》针锋相对，要求继续"邦联体制"，坚持保留各州的主权；《汉密尔顿制宪方案》，既反对《新泽西方案》，又不赞同《弗吉尼亚方案》，提出一种类似君主立宪的体制。

反联邦党人的"有所成"

建国行动虽然并非像卢梭所说的"一瞬间"[①]那么短暂,但在整个国家历史中的确只能算是片刻。在某种意义上,"建国"的时刻就是马基雅维里所说的政治体的起源。如果承认了这一点,那么联邦党人大抵相当于美国建国史上的"新君主",正是他们为美国赋予了一个"起源"。而且,与清教徒最初迁徙到美洲时签订的"五月花号公约"[②]的起源相比,《联邦宪法》是一个新起源;而且,与卢梭的"一瞬间"相比,制宪会议是一个虽然充满一定神秘色彩却并不玄虚无稽的起源。就此而言,美国是幸运的,她在建国之初就获得了一个珍贵而实用的制度架构。即便"建国之父"不久便退出历史舞台,它依然在美国的政治生活中长久发挥不老的效力。但按照马基雅维里的说法,建立一个国家需要"新君主",而维持一个国家特别是维持一个共和国,则最为需要具有共和精神尤其是爱自由的人民。告别"建国"的伟大时刻,共和国是在普通而绵长的常态政治生活中生长的,此时需要的不再是伟大的"新君主",而是众多平凡却令人尊敬的公民。这就是反联邦党人"有所成"的主要原因之所在。

反联邦党人的"有所成",首先是指他们的主张并未随其在建国立宪事件中的失败而全然湮没无闻或对后世毫无影响。

要理解这一点,需要体会历史所具有的更复杂内涵,也就是不仅把历史看做一场由人物言行构成的情节剧,还要看到情节背后的人物总是受一定思想和情感的主宰,"一切历史都是思想史"[③]。斯托林力图发掘的"反联邦

---

① 关于卢梭著名的"一瞬间",参见让·雅克·卢梭:《社会契约论》,何兆武译,商务印书馆 2002 年版,第 24—26 页。

② 关于"五月花号公约",可参见布莱福特:《"五月花号公约"签订始末》,王军伟译,林国基序,华东师范大学出版社 2006 年版。

③ "一切历史都是思想史"是英国历史学家柯林武德提出的,是对于意大利历史学家克罗齐的"一切历史都是当代史"这一说法的进一步表达。这种历史观,有着黑格尔《历史哲学》的痕迹。众所周知,黑格尔虽然以哲学来强暴历史,但他还是富于深刻的历史洞见的。如何把观念史与政治史统一起来,既为历史赋予灵魂,又不被观念腰斩而失去其本真的活泼面相,正是一切历史书写都要面对的难题。

党人赞成什么”,即是为了通过“一种全面的批判性的然而同情的理解”,更为真切地再现“宪法反对者的政治思想”。[①] 虽然在根本性的大原则上,反联邦党人是失败的,但在不少具体问题上,他们的看法还是被吸收和融合进建国思想中,更不用说他们提出的对宪法具有补充作用的《权利法案》即宪法的前十条修正案了。[②] 正是在这个意义上,反联邦党人也可进入“建国之父”的行列,哪怕是辅助性的,但已足以分享美国建国者的身份与荣誉。而且,倘若没有反联邦党人的反对以及双方的辩论,美国宪法肯定不如现成的样子完善。美国宪法虽然具有明确的原则性,但也是妥协的产物,正是因为兼顾了各方的利益和意见,它才没有短命,而是经受住了二百多年变动不居的政治生活的剧烈考验。[③] 正是联邦党人和反联邦党人的差异,历史深处的思想张力间的“相反相成”,构筑了美国政治生活的丰富与壮观,并为其发展提供不竭的源泉。因此,斯托林看似为反联邦党人翻案,最终却是为历史中的美国国家建构行为提供正当性的辩护,提供一个和谐统一的美利坚合众国形象——“美国起于共识而存于争议”[④]。

---

① 赫伯特·J. 斯托林:《反联邦党人赞成什么》,汪庆华译,北京大学出版社 2006 年版,第 4—5 页。

② 弗吉尼亚代表乔治·梅森对于公民权利条款贡献良多。梅森的宪法观是:评断一部宪法的好坏,人民的权利得到多少保障,是第一标准。联邦制宪会议不是一个得到人民授权的会议,其着重点,按麦迪逊最初的设想,是没收各邦政府的权力,集中于全国最高政府。在众多州权主义者的抵制下,会议变成主张增加联邦政府权力和主张保留各州政府权力的两派之间的分权谈判,联邦宪法就是这种分权谈判的折中协议。正因为双方分寸必争,一字一句不让,许多权和利的关系划分得相当明确,后来的争吵、变化就少一些。可是对于普通百姓,在制宪会议对民主的一片挞伐声中,就很少顾及,甚至排斥。梅森坚持民主是政府的基础。当年,梅森是弗吉尼亚宪法中民权宣言的起草人。在制宪会议后期,梅森提出设立委员会,制定人民权利条款,被会议否定。梅森的回答是:首先指责宪法最后定稿授予总统权力太多太重,有君主制的倾向;给予人民的权利太少,不像共和制的宪法,拒绝签名。其次,会后,向全社会公布自己的不同意见,在弗吉尼亚讨论批准联邦宪法的大会上,以增加民权条款为批准前提,不少州起而效法。联邦宪法由此而增加前十条修正案,梅森可以说是公民权利条款之父。参见尹宣:“联邦制宪会议记录的解密和成书”,载麦迪逊:《辩论:美国制宪会议记录》,尹宣译,辽宁教育出版社 2003 年版。

③ 富兰克林在制宪会议上如是说:“我进一步相信,这一次有可能治理得好若干年,但最后还是会以专制收场,就像过去其他的(共和)政府形式一样,等人们腐化到需要专制政府时,就没有能力建立别样的政府。”参见麦迪逊 9 月 17 日的笔记。麦迪逊:《辩论:美国制宪会议记录》,尹宣译,辽宁教育出版社 2003 年版,第 775 页。华盛顿总统预想宪法能维持 20 年就不错了。

④ 赫伯特·J. 斯托林:《反联邦党人赞成什么》,汪庆华译,北京大学出版社 2006 年版,第 6 页。

也许可以说,杰斐逊与汉密尔顿的决裂并不是偶然的。汉密尔顿的思想性格和精神气质显得非常特别,似乎与托克维尔笔下典型的美国人完全不同,他更近似于生活在古老贵族制下的欧洲人,倔强、顽固、好斗,相信有些人天生适于统治,有些人则适于被统治;[①]杰斐逊则拥有典型的民主性格,亲切、温和、开朗,更容易受到普通美国人的认同。杰斐逊与联邦党人的不同,使我们不禁思考美国后来的民主党与反联邦党人在主张地方自治上或许有颇为微妙的亲缘关系,这正如共和党在处理国际问题上可能更多地继承了联邦党人比较强硬的"国家主义"遗产。但这种类比显然不是在严格意义上说的,尤其在道德和宗教事务上,绝对是共和党而非民主党、是保守派而非自由派、更近似于反联邦党人的看法。[②] 这反映了美国政党在历史中的变迁,民主党和共和党都分别混杂了联邦党人和反联邦党人的成分。就此而言,联邦党人与反联邦党人关于建国立宪问题的争论,的确是奠基性

① 制宪会议代表之一威廉·皮尔斯在"对制宪会议代表的性格描述"一文中对汉密尔顿的描述值得在此全文摘录:"汉密尔顿将军的才能受到器重,可谓当之无愧。他是一名开业律师,享有学识渊博的名声。他把想象的光华和清澈有力的判断熔于一炉。他的能干,善于说服,侃侃而谈,心脑并用,令人心悦诚服。不过,他的声音微弱,抵不上他的言语激流;依我之见,与其说他是喜欢说服的演讲者,不如说他是以言词的光彩摄人心魄。汉密尔顿将军需要时间思索,他的发言烛照主题的方方面面,寻求其中哲理,当他起而立言时,对各种有趣的事物已经成竹在胸,从不在主题上撒什么花里胡哨的浇头,直接深入底层,探求基础何在。他的语言并不总是同样精彩,有时发人深省,如博林布鲁克,余则轻描淡写如斯特恩。他的讲话不搞这种调和,绝非插科打诨,但也是适可而止,引起重视即可。他大约33岁,身材瘦小。他的风度是倔犟有劲,有时讲究虚荣,这点很不受赞同。"见麦迪逊:《辩论:美国制宪会议记录》,尹宣译,辽宁教育出版社2003年版,第832—833页,译文略有改动。不过,对汉密尔顿的性格展现最鲜明而深刻的,就是把他与拿破仑相比。事实上,杰斐逊和亚当斯及其门徒的确把汉密尔顿视为"我们的波拿巴",一个爱管闲事的人,一个军事冒险家,一个美国革命价值的威胁者。参见 John Harper, *American Machiavelli: Alexander Hamilton and the Origins of U.S. Foreign Policy*, Cambridge University Press, 2004, p.3。

② 民主党与反联邦党人的亲缘关系,最主要地体现在对于美国的自治民主精神的继承和推崇,这是"美国民主"或许也是人类政治中最可贵、最令人心动的政治因素之一。但在经济上,民主党对于政府权力的重视,尤其是20世纪为解决社会转型带来的经济危机而实施的"新政",颇有联邦党人的"强国家"风范,倒是共和党要"保守"原教旨的"自由资本主义"。但在政治上,却是民主党更倾向于自由派,更多的是理想主义者、世界主义者,真心相信《联邦党人文集》开篇所说的"关怀人类的动机"以及美国民主的普世价值。这仿佛既突破了反联邦党人的地方主义,又突破了联邦党人的现实主义;反过来说,也是混合了反联邦党人的民主主义和联邦党人的世界主义。共和党的国际战略则更具有帝国主义倾向,像联邦党人一样强调美国的"国家利益"。在道德上,民主党的自由派作风自然显得"伤风败俗",而共和党却对民众美德尤其是宗教美德强调有加,更接近于反联邦党人。这种稍嫌简单化的分说略可表明美国政治史中的复杂变迁,对此,也可通过考察几位非常关键的总统的性格与政策来加以认识。

的。他们对于政治、经济和道德等广泛问题的看法，已经从根本上规定了美国国家生长所遵循的轨迹，后人只是根据具体的历史情境对其思想加以不同的组合与应用罢了。在这一点上，反联邦党人的深远影响不容忽视。

反联邦党人的"有所成"，扎根于美国传统之中。对于"传统"的一味保守，导致他们在立宪问题上的失败，但创建新起源的时刻之后，久远的传统依然具有生命力。

美国的政治传统有一个鲜明特征，即对于政府权力的不信任和对于自治民主精神的崇奉，这可以直接追溯到清教徒开辟殖民地时期。联邦党人的"国家主义"之所以遭到反联邦党人的激烈反对，以及立宪会议的记录迟迟不向民众公布，皆与此美国精神和美国价值有关。联邦党人的伟大，多少跟他们敢于违逆流行的公共意见而选择做出长远而言对美国更为有益的举措有关。但由于在《美国宪法》这一新起源之前已经有了"五月花号公约"这一更早的起源，联邦党人只能利用传统的力量，而绝不能忽视它。联邦党人和反联邦党人都是信仰公民拥有自然权利的，他们的区别只在于一方认为公民直接与"联邦"这一国家共同体相关，另一方认为公民分别属于自己所在的"州"这一地方共同体。"立宪"之所以成为一个命运性的时刻，是因为美国在独立战争后已经不再是 13 个分散的英属殖民地，而是要成为具有唯一最高主权的国家。当然这一时刻也再次显示了美国的幸运，因为在建立统一国家的过程中，美国原初的传统得以保存，联邦党人并没有对其产生致命的危害。之所以如此，关键固然在于美国民众的精神，但也离不开反联邦党人对于强大政府和君主制的一再警惕和强烈反对。这种情形在立宪之后得到更清晰的呈现：联邦党人在 19 世纪 20 年代后即退出历史舞台，而美国的自治民主便在其创建的宪政框架内继续成长。①

---

① 关于美国自治民主的成长，可参见罗伯特·H. 威布：《自治：美国民主的文化史》，李振广译，商务印书馆 2006 年版。建立于自我选择和管理基础之上的具有兄弟般情谊的团体自治，建立在差异性基础上的一致性，建立在多样性基础上的整体性，是美国民主的原初精神。这一精神的形成，一方面可以追溯到联邦党人奠定的公民个体本位的国家设计上，但即便如此，他们仍被视为等级制度的坚持者，以致"独立宣言、联邦主义、美国宪法"这些具有国家意涵的事物在 19 世纪初还不被认为是政治。政治更多地被认为是地方性的，反联邦党人倡导的共同体原则为独立个体提供了形塑一致性和整体性的力量。也许美国民主的真正动力，藏匿在立国之初就注定的美国政治自身的冲突和紧张之中。

需要注意,美国的清教起源本身就具有双重性格,混杂了传统与现代两种成分。一方面,它具有自由主义的基因,比如对于契约观念、政治自治、个人意识、个人责任和资本主义工作伦理的强调,孕育着美国民主的自由性格;但另一方面,清教徒决不相信也不提倡人类的平等,他们认为只有自己才是上帝的选民。清教徒因此也不是宽容的,他们的使命只是为了荣耀上帝,而容忍异端就是对上帝不恭。关键在于,清教徒强调个人,只是当初反对教会垄断信仰权而主张信徒与上帝的直接沟通使然,他们决不是个人主义的。相反,他们要建立的是一个群体、联合体和共同体,而且是一个政教合一的共同体。[①] 反联邦党人的矛盾和迷惘,跟这种出身的混乱有关,他们也具有传统的双重性。不过,他们更多地继承了对于地方共同体和宗教道德的强调,这一方面为美国民主提供了地方自治的活力之源,另一方面也将催生美国政治中经久不衰的保守势力。不管我们认为它是利还是弊,是好还是坏,这就是美国政治的实情。无论如何,"反联邦党人"作为一种合理性因素,内在于具有双重性格的美国历史中。[②] 就此而言,他们的"有所成"将伴随美国传统生灭的始终。

反联邦党人的"有所成",是人类政治生活的性格使然。政治生活的目标,一如人非神非兽,既不是很高,也不是很低。简单地说,政治生活的日常状态需要反联邦党人的意见,尤其是他们对于公民德性的强调,是共和国不偏离自身原则所必需的。

政治生活中总是随时可能出现严峻的时刻,虽然这样的时刻很少,但它们一旦出现,就仿佛是命运性的,最尖锐不过地向我们展现政治问题高于一切的紧迫性。当然,就对此时刻无从选择的人类而言,这一时刻还是强制性

---

① 关于清教思想对于美国政治传统的影响,参见钱满素:《美国自由主义的历史变迁》,生活·读书·新知三联书店2006年版,第4—14页。

② 有关美国国家的双重性格,尤其在外交政策上的"两面派"(常被形象地称为"鹰与鸽"),可参见林国荣"回归'战国时代'?"一文中精彩的评论,载林国荣:《帕那萨斯山来信》,华东师范大学出版社、上海三联书店2006年版。清教徒的双重性格,反联邦党人的双重性格,都对美国的双重性格具有影响,但联邦党人与反联邦党人的争论以及双方在建国立宪问题上留下的痕迹,无疑是最为重要的原因。

的，只有在服从它的前提下才可能获取自由。是联邦党人而非反联邦党人把握住了美国建国立宪这一非同寻常的“尖峰时刻”。但由于政治生活，尤其是民主政治要处理的主要是人世间众多凡夫俗子的事务，在此之后，政治生活必然回归它的日常性。一旦基本的立法任务已经完成，目标就成了如何避免重启有关基本政治问题的讨论，因为在任何其他时间对这些问题都不可能有更好的回答了。因此，真正具有立法者性格的联邦党人必将退出历史舞台，使美国进入日常政治的平稳状态。严格说来，起源是一次性的，不可模仿，也不能模仿，否则很可能对政治体造成无以挽回的伤害。正是因此，立法者才放射出可遇不可求、无与伦比的绚烂光彩；也正是因此，真正自由的民族总是经常“忘恩负义”，将自己民族的伟大人物迅速遗忘，直到国家出现危难时刻才再次发自内心地对其表示缅怀与悼念，并祈求他们的在天之灵保卫国家社稷的安稳太平。

1820年代之后，美国进入平稳发展阶段，但南方种植园的奴隶制问题一直是美国联邦的巩固必须解决而尚未解决的隐患。拖到不能再拖，拖到南方的州权主义者再起而威胁到联邦的统一，在立宪七十多年后，一场立宪时得以避免而终究难以避免的内战爆发，才最终解决国家统一问题，使美利坚合众国真正稳固下来。在此危难时刻，美国人民拥有了扶助国家安渡难关的林肯总统。也正是在林肯身上，仿佛极其偶然地完成了汉密尔顿与杰斐逊的综合。斯托林意味深远地评说道：“亚伯拉罕·林肯在七十年之后所应付危机时需要同时综合联邦党人的解决之道和反联邦党人的保留。当然这是一种简单化的说法，但却不是误导性的简单化。如果说上述综合中的主要因素是联邦党人的，那么该当反联邦党人说，是他们，而不是宪法的辩护者预见了这种需要。”①公平地说，虽然反联邦党人在谈论政治问题时很难做到使其与良心问题分开——这就是他们失败的根源，但他们却也因此有所成就。如果仅仅像种植园主那样诉诸利益，很难确保人们的生活和思

① 赫伯特·J.斯托林：《反联邦党人赞成什么》，汪庆华译，北京大学出版社2006年版，第140页。

想不与共和国的原则逐渐分离。奴隶制问题即便是在《独立宣言》和《联邦宪法》中也只字未提[①],毫无疑问,它是与二者所尊崇的“不证自明的”自然权利观念相悖的。大可指责甚至连杰斐逊也包括在内的种植园主,一面榨取黑奴的血汗,一面大谈自由人权是伪善的,但国家自身确实有理由在特定情况下掩饰自己的罪恶,否则就可能自丧根基。但如果说具有实践智慧的权宜之计是可以原谅的,那么当罪恶已经积累到将把良心压垮的时候,继续无动于衷就是不可原谅的。这主要是因为国家的生存将因此受影响,而且,当一种道德观念占据人心,它就不再仅仅是抽象的、虚幻的,而是具有现实力量、国家必须予以正视和吸收的。[②] 就此而言,反联邦党人诉诸的道德观念是有生命力的,其生命力如此之强,以致可以被用来打倒他们自己。

把政治问题过多地与道德问题牵连起来,其弊在于不利于决断与行动,但这并非意味着政治生活可以无视道德,相反,政治生活最紧密地与道德相关。认识不到这一点,任何政治体都难以长久地保持巩固的一体感。尤其在建国立宪这样的非常时刻之后,常态的政治生活更是呼唤公民德性。仅仅让时间来完成培育对制度予以尊重的任务是不够的,时间的流逝不但不能克服,反而可能放大保持美国建国创立的政体这一困难。于此,反联邦党人的看法并非毫无价值。斯托林指出:“反联邦党人,尽管有时是隐约地,看到了纯粹由利益构成的共同体的不充分性。他们认为,如果美国政体有所成就,那它必须是一种道德共同体,而且人们认为,那个共同体之所在应该是美国人民的心灵。”[③]毕竟,不管是古典共和国还是现代共和国,不管是旧的还是新的,只要还是一个共和国,共和精神的核心就是对于自由和公益的

① 杰斐逊在《独立宣言》初稿中写下的批判黑奴制度的一段被会议表决全段删除,而它是亚当斯和杰斐逊本人认为写得最好的一段。有关《独立宣言》的起草经过、文本的语言特色及其蕴涵的政治哲学意义,参看卡尔·贝克尔的《论〈独立宣言〉》,特别是第四章、第五章,载卡尔·贝克尔:《18世纪哲学家的天城》,何兆武等译,生活·读书·新知三联书店2001年版,第252—309页。《联邦宪法》也隐去了“奴隶”字眼。

② 在此方面,最好的例证就是罗马帝国对待基督教的态度的历史变迁。

③ 赫伯特·J.斯托林:《反联邦党人赞成什么》,第140页。

热爱。美国政治的力量之根源,固然在于建国时候创立的体制,但说到底,主要还是在于“美国人民的心灵”,因为政体的性格只有与人民的性格相一致才能产生最大的效力。这就是“共和国永恒的关键问题”,它不是任何政治行动可以一次性解决的,而是时时刻刻永远都需要关注的。对此,不妨拿斯托林引用过的已经过岁月冲刷的话来说明:“从原来在其人民中占主导位置的财富的平等,也许可以温和地主张,美国的大多数人太骄傲了,因此不宜于君主制,美国的大多数人又太贫穷了,因此不宜于贵族制;于是人们又担心,他们是否太自私和贪婪了,因此也不宜于有德行的共和制。”①

结　语

时间长河中的一切都将不断地遭受腐蚀,共和国当然也不例外。或许正是因此,联邦党人才想尽量把国家建立在虽然不那么浪漫却比较稳固的基础之上——权力制约权力,利益制约利益。虽然美国宪法以“我们美国人民”开头,但《联邦党人文集》开篇提到的“深思熟虑和自由选择”却是由他们做出,而且,他们甚至连不可靠的机遇也都拥有了。托克维尔和韦伯等一再对美国的幸运表示赞叹和羡慕,也许美国得天独厚的条件很多,以致我们无法一一罗列,但“建国之父”们能够牢牢把握住建国立宪这一时刻,并为美国人民留下国家必须统一而非分裂的信念,以及一部在理念上肯定不是最完美但在政治生活中比较实用的宪法,绝对是其他民族很少遇到的幸运。这一幸运是否来自神秘天意的青睐,我们不得而知,但我们必须明白,联邦党人对于人类理性能解决自身问题的看法发挥了至关重要的作用。他们的自信来自他们的清醒。

① 转引自赫伯特·J.斯托林:《反联邦党人赞成什么》,第141页。

反联邦党人的失败,很大程度上只是来自于他们自身的不清醒。他们代表着人类政治生活中的某一类角色:他们永远不缺乏道德上的优越感以及充满感伤或愤怒色彩的批判精神,但在对政治事件和历史情势的判断上却显得较为低下。因此,他们不能意识到建国立宪这一伟大时刻对于美国的意义,更不能抓住它来更加积极地施展一番作为。当然,这跟他们的"保守"有关。事实上,他们的道德批判并非意味着他们对于现实不满,反而是因为他们不愿意看到任何变革。他们的脑中徘徊着来自遥远国度的梦幻般的影子,仿佛过去的都是美好的,而未来的总是充满邪恶。就根本而言,这是因为他们自己的心灵被他们的既得利益给狭隘化了。反联邦党人诘问联邦党人有什么资格代言人民①,但他们只要稍稍反问一下自己就该清楚,对人民的赞美不是挂在嘴边的,而是要使他们获得具体切实的福利。他们总是不断地召唤公民德性和共和精神,但他们不知道,当一个公民不是一个独立的个体,而是在身份上臣属于某一个团体或阶级时,根本说不上是公民,更谈不上自由。因此,他们在本性上接近封建成分,人为地在政治体中切割远远超过自己应得的利益。他们使人民与国家分开,并逐渐产生隔膜,仿佛是他们既代表了国家,又代表了人民。直到有一天被国家和人民双双抛弃,他们很可能还停留在睡不醒的迷梦中。因此,与他们的"有所成"相比,他们失败的教训更值得牢记。事实上,由于他们的头脑和心灵都不如联邦党人的清醒,他们甚至连自己何以"有所成"都不大明了。历史中有些因素的存在是合理的,只是因为它们不可能被消除,属于内在于人类政治生活中的永恒成分,反联邦党人的"有所成"基本上得力于此。因此,

---

① 帕特里克·亨利的声音如此响亮:"他们有什么权利说,我们,人民?我对公共利益的热切渴望,还有我的政治疑惑都让我不得不问一句,谁授权他们用我们人民的名义,而不是我们各州的名义来说话呢?各州是邦联主义的特征与灵魂。如果各州不是他们订立契约所成邦联的一部分,他们就只能是由所有州人民构成的单一制政府的构成部分。"他看不到"各州是邦联主义的特征与灵魂"恰恰是问题所在。对此,汉密尔顿可如此回答:"我们所经历的祸患并非来自局部的或细小的缺点,而是来自这个建筑物结构上的根本缺陷,除了改变建筑物的首要原则和更换栋梁以外,是无法修理的。"转引自赫伯特·J.斯托林:《反联邦党人赞成什么》,汪庆华译,北京大学出版社2006年版,第20页。并参见《联邦党人文集》第十五篇。

他们绝不会获得更多的荣誉，更不会使联邦党人作为成功者的身份受到任何影响。

（作者系复旦大学国际关系与公共事务学院政治学理论专业2004级硕士研究生）

联邦党人和反联邦党人论对外事务

〔美〕纳坦·塔科夫

苏婉儿　译

是对外政策首要，还是国内政策首要，在政治中或许没有比这一问题更具决定性了。我们应该致力于在国内获得并且维持可能的最好制度，然后才去考虑如何抵御外来危险、捍卫这种国内制度；还是必须从一开始就聚焦于外来危险，并选择最善于抵御外部威胁、实现自我保存的那种内部社会？这一问题把柏拉图和亚里士多德的古代“理想主义”与马基雅维里及其后继者的“现实主义”区别开来，前者关注最好的社会，而后者关注防御的必要性。同样的问题把今天孤立主义的鸽派与干涉主义的鹰派区别开来。我相信，这一问题也是区别联邦党人与反联邦党人的决定性因素。在反联邦党人的理论假设和审慎判断中，他们都认为合众国不必专注于外来危险就能安全地保持他们所认为的那类最好政体，即一个由许多小型的主权共和国所组成并在其中实行地方分权的联邦，这种联邦既缺乏招募和维持一支常备军的能力，也缺乏一个强有力的行政机关。与此相对照，在联邦党人的理论假设和审慎判断中，他们则认为合众国应该认真对待外来危险，而且应该建立一个更为稳固的欧陆式的国民政府，拥有不受限制的防御与财政权力和一个力量充盈的行政机关。为了使这种政府同样有益于国内意图，联邦党人逐步形成了一套理论以及制度性安排，但是我们不应该忘记与此相关的问题总是对外来危险和对外政策的优先考虑。

一个容易受到袭击的国家

合众国曾是一个小型的、贫穷而羸弱的国家,极易受到欧洲列强的威胁和操纵,在某些方面类似于今天许多欠发达国家的状况。而且,国家受到《邦联条例》的约束,因此不能要求各州或者其他国家遵守业经接受的条约。比如,《巴黎和约》有的条款旨在取消那些为大不列颠债权人收回债务所设置的所有合法障碍,但国家却不能够强迫各州遵守该条款;它也不能强制执行归还亲英分子已被没收的财产并停止迫害亲英分子的条款。这些失败不仅败坏了国家的名誉,使其恶名昭著并涉嫌不公正,而且给大不列颠违反合约,甚至可能在王室方便的时候,极具危险性地与合众国重新开战提供了口实。根据《条例》,政府不能强迫大不列颠人按照《巴黎和约》的规定,为其武力夺走奴隶的行为而补偿奴隶主;也不能强迫大不列颠人照此规定自尚普兰湖或苏必利尔湖地区的要塞和贸易站中撤离。合众国无力这样做,部分原因在于根据《条例》合众国缺少军事力量。在边界的武装营地里有六七千托利党人。在西北部,有一支由莫霍克族人(Mohawks)领导并受到大不列颠人支持的印第安人联盟,在西南部,另有一支由希腊人领导并受到西班牙人支持的印第安人联盟;这两个团体中可能有两万土著勇士。当时合众国拥有一支至多七百人的军队。国会按照《条例》一度投票表决将该军队增员到两千人,但是无法获得增员的资金。有些士兵没有靴子,也没有弹药(这一说明要归功于马尔克斯 1973 年的一部著作[①],那是仅有的就对外事务在美国宪法形成过程中的作用所作的重要说明,也是一本极其有用的书)。

正是由于根据《条例》政府无法强制执行它所缔结的条约,所以它无法达成附加条约以确保美洲的利益。特别是大不列颠人并没有与合众国缔结

---

① 弗里德里克·W.马尔克斯Ⅲ(Frederick W. Marks Ⅲ):《尝试中的独立:对外事务与宪法的形成》,巴顿鲁治:路易斯安那州立大学出版社 1973 年版,参考文献 3。

商业条约的动机,因为合众国既不具备威胁大不列颠人的军事能力,也没有宪法性权力能够强制各州遵守这种条约或者强制各州在没有这种条约的情况下对大不列颠人发起商业报复。由于没有海军(战争结束时解散了整个海军)或者收入欠丰,合众国政府无法阻止巴巴里海盗①劫掠美洲船只、俘虏和奴役船员,政府穷困得无力充分纳贡,甚至羸弱到无力报复(我必须补充这一点:假如在世界的那片土地上有时候我们在此方面似乎并没有做得更好,我相信这不是现行美国宪法的过错,相反,这曾是《邦联条例》的过错)。

根据《条例》,政府也不能排除国外的影响,甚至不能排除国外对我们大部分领土的支配。大不列颠人占领了包括尼亚加拉河、底特律在内的沿湖地区的贸易站,他们通过对印第安人的影响而保持了对西北许多地区的控制;同时,西班牙人持续占领了纳齐兹(Natchez)的一个要塞,并通过一些印第安人和一些业已效忠西班牙的美洲殖民者,对阿拉巴马、密西西比、田纳西的许多地区甚至肯塔基的部分地区施加影响,以至于合众国将近一半的主权领土受制于国外的支配。佛蒙特处于半独立状态,并正在考虑着与大不列颠重新联合。所谓的弗兰克林州、田纳西与肯塔基境内的坎伯兰这一准实体已考虑转而效忠西班牙。中央政府的国会成员们受到外国政府的贿赂。在许多方面,合众国类似于今天在强国支配下的第三世界国家。

在某种意义上,合众国与欧洲远隔大西洋,地理上的阻隔使得合众国免受欧洲列强的干扰。但是在另一意义上,不列颠在西北部、西班牙在西南部,包围甚至部分占领了合众国。汉密尔顿在《联邦党人文集》第二十四篇中评说道:

> 虽然合众国与欧洲远隔重洋,但是有种种考虑要求我们不要有过

① 巴巴里海盗(the Barbary pirates),17世纪到19世纪初活跃于北非海岸的摩尔人武装海盗。18世纪北非海岸的国家包括摩洛哥、突尼斯、阿尔及尔、的黎波里被称为巴巴里国,都是靠抢掠商船为生的小型的海盗帝国。当时包括大不列颠在内的许多欧洲强国都与巴巴里国有纳贡协议,并向其定期交纳贡金以确保商船安全。独立战争后,美国商船不再受到不列颠与巴巴里国纳贡协议的保护,美国面临独自处理与海盗国之间的安全与经济问题。

> 于信任或过于安全之感。在我们这一边是属于大不列颠管辖的日益扩大的殖民地,它一直远远地伸展到我们的后面。另一边与大不列颠殖民地接壤的是属于西班牙管辖的殖民地和产业。这个情况以及靠近属于这两个强国的西印度群岛,使他们在美洲领地问题上以及和我们的关系上形成一种共同的利益。我们西部边境的野蛮部族,应该认为是我们的天然敌人,是他们的天然盟友,因为野蛮部族最怕我们,对他们则满怀希望。航海技术的进步,就交通便利而言,使相距遥远的国家在很大程度上变成近邻……这些情况综合起来告诫我们,在考虑自己时,不要过于自信毫无危险的威胁。①

因此,建国者们认识到倘若技术进步以及最基本的国家利益,诸如领土完整、安全和主权,受到了外来危险的威胁,那么与其说大洋把我们阻隔开来,不如说大洋把我们连接起来。最重要的是,联邦党人发现这种状况令人不堪忍受,他们意欲通过采纳宪法来校正这种状况。我们不应忘记美国宪法最初旨在给我们一个强大的国家政府,有能力在对外事务上采取有效行动,能够为了合众国的利益议定和执行条约,能够使用武力维护美洲的权利并保护国家利益、领土和主权。

对对外政策的两种相反评价

联邦党人和反联邦党人对当时的对外政策的评价是不同的。联邦党人的立场在《联邦党人文集》第十五篇开头稍后一点的一段描述中得到了最好的体现(也可以参看《联邦党人文集》第二十二篇论《条例》之不足)。仍是汉密尔顿,他写道:

---

① 中译引自汉密尔顿等:《联邦党人文集》,程逢如、在汉、舒逊译,商务印书馆 2004 年版,第121页。

现在几乎达到国家蒙受耻辱的最后阶段了。凡是能伤害一个独立国家的尊严或降低其品格的事情,我们差不多都经历过了。在人们中间难道还存在由于我们受到各种约束而必须履行的高尚保证吗?这些保证经常遭到恬不知耻的破坏。在保持我们的政治存在的危急存亡之际,我们不是向外国人和本国公民借过债吗?对于偿清这些债务依然未作任何适当的或令人满意的准备。某个国家不是占领着我们宝贵的领土和重要的要塞,而这些按照明确的规定不是早就应该交出了么?这些地方依旧被保留,既有损于我们的利益,同样有损于我们的主权。我们能够表示愤慨或者打退这种侵略吗?我们既无军队,又无钱财,也无政府。我们能够庄严地提出抗议吗?首先必须洗刷同一条约使我们的信用蒙受的污损。根据自然条件和条约我们有资格参加密西西比河的自由航行吗?西班牙把我们排除在这种航行之外。在发生公共危险的时候,公共的荣誉不是不可缺少的应变能力么?我们似乎认为它的动因无望和不可挽回而放弃了。商业对国家财富难道不重要吗?我们的商业已衰败到了极点。外国列强心目中的威望,不是能够防备外国的侵略吗?我们的政府低能,甚至禁止他们同我们进行谈判。我们的驻外大使,只是模拟的主权的装饰品。①

这里,重点落在了这种状况出了什么问题,而不是那一时期的历史学家通常所强调的内部经济事务(纸币等)出了什么问题,尽管在我引用的这一长段后面有两三句提到了这些事务。作为详细叙述的基本论题,汉密尔顿强调的是国际问题和国家安全的外来威胁。

反联邦党人关于对外政策状况的评价也同样随处可见。联邦农夫②干脆说:“我们正处于完美的和平状态中,不存在被入侵的危险。”类似地,帕特

① 中译引自汉密尔顿等:《联邦党人文集》,第71—72页。

② 在费城制宪会议后两个多月,反联邦党人(具体写作者不详,有人认为是弗吉尼亚的Richard Henry Lee,也有人认为是纽约的Melancton Smith)很快以“联邦农夫”(the Federal Farmer)为笔名写了五封致共和主义者的书信,表达对新宪法的反对。

里克·亨利[①]声称:“有些心灵被国外的恐吓所煽动。幸福伴随我们,并没有真正来自欧洲的危险。”(斯托林[②],1985,34、301;也可参看第148—149页)

但是,我的观点是,联邦党人和反联邦党人的决定性分歧不仅仅是关于当前国际形势的审慎判断上的不同,一方在这种国际形势中看到了危险而另一方没有看到。它是一个原则性问题,即:在为当前形势以及为后代们设计政体的时候,是外来危险与对外政策还是国内危险与国内政策应该享有根本性的优先权。

这种关于根本性优先权的分歧在制宪会议早期就已浮现出来。六月二十五日[③],南卡罗莱纳查尔斯·平克尼[④]说:

> 我所面对的我们的真实状况应该是——一个新兴的、广阔的国家,其中包含了形成一个政府的人力和物力,这个政府有能力为其公民带来一切公民自由与宗教自由的福祉——也即有能力使他们居家幸福。这是建立共和政体的伟大目的。如果我们希望或者祝福政府能使我们在海外受人尊重,那我们就搞错了政府的目标。征服或者强于其他强国并不是或者永远也不应该是共和制度的目标。如果他们能足够积极而热忱地把我们从耻辱中解救出来进而保护我们国内的幸福和安全,

---

① 帕特里克·亨利(Patrick Henry,1736—1799),弗吉尼亚人,美国的自由斗士,革命领袖,曾任弗吉尼亚州州长,协助起草弗吉尼亚州宪法,反对合众国宪法,担心联邦政府滥用权力及独裁倾向,主张限制联邦政府权力。

② 赫尔伯特·J.斯托林(Herbert J. Storing,1928—1977),列奥·施特劳斯的学生,芝加哥大学知名教授,联邦主义尤其是反联邦主义文献专家,主要研究领域为宪政历史与法律,去世前完成了七卷本辉煌巨著《反联邦党人大全》,极大地彰显了反联邦党人在美国宪法形成过程中的重要作用。他在序言中指出:“如果说美国政体的建立是基于联邦党人的设计,那么反联邦党人保守的声音则一直回荡在美国历史中;正是在对话中,而不仅仅在联邦党人的胜利中,才发现了这个国家的原则。”

③ 指1787年。

④ 查尔斯·平克尼(Charles Pinckney,1757—1824),弗吉尼亚人,独立战争时期任陆军中尉,美国建国期间的重要政治家。

这就是我们所能够期待他们的全部——这比几乎所有其他政府向其公民所承诺的还要多。(麦迪逊,1966,第185页)

六月二十九日,汉密尔顿回应道:

据说,我们所致力追求的受人尊重,在其他国家的眼中并不构成其目标;共和政府正确的目标应该是国内的宁静和幸福。这是一个理想的区分。如果政府没有足够的稳定和力量以确保我们在海外受人尊重,没有什么政府能够给我们居家的宁静和幸福。(麦迪逊,1966,216)

因此,这种分歧不仅仅在于如何审慎评价当前的危险。关于一般意义上的政府以及特殊意义上的共和政府,联邦党人与反联邦党人对这二者的正当目的有不同看法——对于平克尼来说是国内幸福,而对于汉密尔顿来说则是赢得海外尊重所必需的稳定和力量。更准确地说,这两方关于政府正当目的的分歧还不算太大,其分歧更多地在于怎样着手去考虑政府目的,人们能否像反联邦党人所热衷的那样直接就去考虑国内的幸福理想,考虑那种自在的最好社会,还是说人们不得不从力量、稳定和国际尊重这些真实的前提出发才能开始思考这些问题。

关于对外政策与国内政策的优先性问题的根本分歧清楚地表现在这两个人的争论中,他们二位在制宪会议期间很快成为联邦党人,也同样清楚地表现在联邦党人与反联邦党人之间的争论中。没有比《联邦党人文集》的全书结构更能清楚地揭示联邦党人对这一优先性问题的看法了。在两篇介绍性的文章之后有六篇文章,第三篇到第八篇,讨论外来危险、对外政策以及战争的危险。这些是《联邦党人文集》首要的实质性论争。这种字面上的或者文学上的优先考虑在紧接着的讨论中得到了加强:第十一篇探讨对外商业和海军;第十五篇到第二十二篇说明邦联不足以维持联邦,这是我前面引用的那部分内容的主旨;第二十三篇到第三十六篇讨论宪法授予联邦不受限制的防御和财政权力，正如我将要表明的，这也是由优先考虑外来危险和对外政策所决定的。因此，《联邦党人文集》的前半部分完全由讨论外来危险和对外政策与防御所主导，与其说《联邦党人文集》的主题在于后面逐一论述制度的那半部分，毋宁说就在于这前半部分（也可参见马尔克斯，1973，第169—170页）。

与此相对照，让我们再次转向帕特里克·亨利："那些寻求伟大、强大和宏大的国家也已付出了牺牲，它们因自身的愚蠢而受害：尽管它们得到了这些幻想中的福祉，但是却失去了它们的自由。"与此类似，他宣称："在寻求一个卓越的政府——一个强悍而积极的政府——的过程中……美洲精神……已经消逝。"他还辛辣地说道：

> 假如我们认可这种联合政府，那是因为我们喜欢一个伟大而卓越的政府。我们必须设法成为一个雄伟强大的帝国；我们必须拥有一支军队、一支海军以及许多事物。当美洲精神处于它的青年时期，美洲的语言与众不同。先生，那时，自由才是基本的目标……一个伟大的联合帝国……不符合共和主义的精神……但是，先生，我们并不惧怕外国人：我们没有使其他国家感到恐惧。难道，先生，这就构成了幸福或者这就赢得了自由？（斯托林，1985年，300、305）

因此，亨利看到了联邦党人所欲求的是一个强悍而积极的联邦政府，它能够有效地处理外来危险，就像这些危险本身就是国内危险一样，这是一种君主制的或者贵族制的政府，它所渴望的是宏伟、庞大和征服，而这些正与真正的共和主义相左。对这位反联邦党人来说，要成为共和主义者就要首先关心国内危险和国内自由，而不是外来危险和防范外来危险的力量。然而，联邦党人强调外来危险和面对外来危险所需要的力量和能力，他们并不是出于热爱贵族的荣誉或者对征服的渴望，而是清醒地认识到，对于任何国家，包括共和国，对外政策和防御的优先性关系到它在一个危机四伏的世界中的独立自存。他们断言“防御外来威胁是文明社会的主要目标之一”①(也可参看第八篇:“不受外来威胁是治国最有力的指导者”②)。

防御和财政权力

然而,关于对外政策与国内政策之间的优先性问题的根本分歧,最为清楚地体现在联邦党人与反联邦党人就政府适当权力所进行的争论中。主要的问题在于是否应该授予联邦政府无限的防御和财政权力,对此,联邦党人坚决支持而反联邦党人强力反对。也即,是否“要授予普遍政府极其广泛的权力——如果不是彻底完整而无限的,也是近乎完整而无限的控制金钱和武力的权力”,这是联邦农夫对此问题的表述;普遍政府是否应该“拥有无限权威以控制联邦的全部财富和全部军事力量”,这是布鲁图③的表述(斯托林,1985,41,151)。

对于反联邦党人来说,如此表述该论题并不是歇斯底里式的或者富于煽动的夸张。联邦党人十分明确地主张赋予联邦政府无限的财政和防御权力,这是政府最基本的权力。我们经常说——也许是过于经常了——建国者们建立了一个有限政府——并且它确实在其目标和某些权力上受到了限制——但是我们不应该因此遮蔽一个联邦党人坚决主张的、反联邦党人集中关注的基本真理,即:这个有限政府要拥有对税收和军队的无限控制权。政府可以按照它希望的数量筹集金钱,招募军队。汉密尔顿在《联邦党人文集》第二十三篇中清楚明确地指出:

> 共同防御的必要权力是:建立陆军;建立和装备舰队;制定管理海陆军的规则;指挥海陆军作战;为海陆军提供给养。这些权力应该不受

---

① 中译引自《联邦党人文集》,第206页。

② 同上书,第36页。

③ 布鲁图(Brutus),反联邦党人发表观点时所借用的笔名之一。

限制，因为不可能预测或规定国家发生紧急情况的范围和变化，以及符合需要的方法的相应范围和变化。威胁国家安全的情况很多，因此对保卫安全的权力从宪法上加以束缚，都是不明智的。这种权力必须同这些情况的一切可能结合同样久远，而且应由主持共同防务的同一会议来管理。①

由于从大体上看，外来危险是"无限的"，所以防御权力必须是"不受限制的"。反联邦党人经常呼吁宪法应该禁止在和平时期招募和维持常备军，就如汉密尔顿在《联邦党人文集》第二十五篇中所描述的："凡是国家用以预测遥远的危险、应付即将来临的暴风雨的一切政策，都必须避而不用，因为它违反一个自由政府的真正准则。"②对此，汉密尔顿尤其反对。联邦党人坚信自由国家为了维护它们的自由，必须像其他一切国家那样，在和平时期为战争作好准备，以此来维护和平或者在战争中取得胜利。

汉密尔顿尤为鲜明地为联邦政府无限制的税收权力作辩护，其理由也是外来危险的范围以及防御的范围大体上是无限的。在《联邦党人文集》第二十五篇中他说：

由于主管国防和维护公众安全防止国内外的暴力行为的责任包括对不可能规定范围的灾难和危险的准备，所以作此准备的权力除了国家的迫切需要和社会对策以外，不应有其他限制。③

也就是说，唯一能够安全地给予政府征税数额的限制就是让政府尽其可能地多征税。事实上，汉密尔顿也许作出了所有政治家就这一主题曾作出的最为坦率的说明："在事情的正常发展中，一个国家在其存在的每个阶

① 中译引自汉密尔顿等:《联邦党人文集》，第114页。
② 同上书，第125页。
③ 同上书，第151页。

段的需要,至少与其财源不相上下。"[①](《联邦党人文集》,第三十篇)也许你要重读一遍以确保你没有误解这句话。不,他并不是说一个国家的财源总是至少与其需要不相上下。他实际上是说一个国家的需要总是至少与其财源不相上下,也即一个国家有多少钱,往往政府就必须至少花掉多少钱。汉密尔顿尤其强调计算未来联邦收入需求与州收入需求之比率必须以战争可能性为基础。在《联邦党人文集》第三十四篇中他问道:

> 每个政府支出的主要起因是什么?是什么东西使得几个欧洲国家债台高筑?回答很清楚,是战争和叛乱,是维持了国家为防范这两种致命的社会病症所必需的那些机构。同国家的纯粹内部治安有关的那些机构的开支,同维持国家的立法、行政和司法部门及其附属机关有关的那些机构的开支,以及同促进工农业有关的那些机构(它几乎包括国家支出的全部对象)的开支,同国防有关的开支比较起来,是微不足道的。[②]

根据外来危险的无限性而主张无限制的财政和防御权力,这一主张不仅受到强大政府的提倡者、黩武主义者汉密尔顿的支持,而且受到有限政府的提倡者、和平主义者麦迪逊的支持。在《联邦党人文集》第四十一篇中,麦迪逊认为:

> 但是否需要给予征募军队的和设置舰队的无限权力呢?和平时期是否和战争时期一样,也维持这两种权力呢?……
>
> 那些不能限制进攻力量的人,用什么适当口实来限制防御所需要的力量呢?如果联邦宪法能够束缚所有其他国家的野心或者限制它们为此而作的努力,它就一定能够慎重地束缚其本国政府的行动,并且限

① 中译引自汉密尔顿等:《联邦党人文集》,第147页。

② 同上书,第164页。

> 制为本国的安全而作的那种努力。
>
> 除非我们以同样方式禁止每个敌对国家进行准备和编制军队，怎能在和平时期安全地禁止备战工作呢？防御手段只能根据进攻手段和进攻的威胁而定。事实上，这种手段将永远决定于这些规则而不是其他规则。反对用宪法阻碍自卫的冲动是徒劳的。①

换句话说，一个国家必须能够做抵御外来危险所必须的一切事情；没有宪法条款可以阻止。（顺便说，霍尔德曼和埃尔利希曼②的律师在为他的两位当事人擅闯丹尼尔·艾尔斯伯格③的精神病医师诊所实施盗窃进行辩解时也利用了这一主张。我认为这并不是麦迪逊的本意。）

正如联邦党人以对外政策的优先性为根据主张联邦政府的防御和财政权力不受限制，相反，反联邦党人甚至更为明确地从国内政策的优先性中得出限制这些权力的必要性。布鲁图在他第六封书信中极力反对汉密尔顿在《联邦党人文集》第二十三篇中关于无限制财政权力的主张，他写道：

> 普遍政府要为保卫共同体、抵御外国进攻等作好准备……各州政府负有在公民中执法和管理其他内部事务的职责……维护国内安全和秩序、正确地执行法律，应该是每一个政府的首要职责。——一个民族的幸福完全有赖于此，而并不是依赖于国家通过最辉煌的军事成就所获得的荣誉和尊严……保卫国家、抵御外敌……不是它们职责的最为重要的、更不是唯一的目标。

---

① 中译引自汉密尔顿等：《联邦党人文集》，第 207 页。

② 霍尔德曼(Haldeman，1969－1993)，尼克松任内的白宫办公厅主任，因涉入水门事件而出名。

埃尔利希曼(Ehrlichman，1925－1999)，尼克松的总统顾问，“反泄密管子工小组”的领导人，水门事件的核心人物。

③ 丹尼尔·艾尔斯伯格(Daniel Ellsberg，1931－　)，1967 年肇始的“五角大楼文件”事件的当事人，时任国防问题研究“智库”兰德公司的战略分析员、美国国防部特别助理。

> 几乎所有欧洲政府都是以武力和战争为目标建立并运作的,这种目标是它们的主要荣誉之所在;它们搞错了政府的目的——政府旨在保护而不是摧毁人们的生命。我们应该向世界提供一个伟大民族的榜样,在他们的公民制度中,这一伟大民族的首要目标是在我们自己之间实现美德和幸福。让欧洲的君主们在彼此之间去分享屠杀自己无辜臣民、灭绝国家人口的荣誉吧……那么,政府最重要的目的就是正确地指导国内政策和经济;这是州政府的职责范围。(斯托林,1985,146—147)

到此,我们看到了联邦党人与反联邦党人在对外政策或国内政策的优先性问题上的分歧,以及这一分歧如何决定了二者关于是否应该限制联邦政府主要权力这一问题的立场。

另一种考察联邦党人与反联邦党人这一根本分歧的途径是考量他们如何回答这一问题,像合众国这样的共和国的建立者们应当借助于战争还是应当借助于和平来确定自己的立场。正如最后两段布鲁图的引文所表明的,反联邦党人把和平作为立国方向。在关于禁止常备军的第九封书信中,布鲁图说:"倘若发现在一般情况下或大多数情况下,某一权力的行使对共同体造成了伤害,就应该限制立法机关行使该权力"(斯多林,1985,153)。有鉴于联邦党人借助于未来可能出现巨大的外来危险来确定自己的立场,而危险发生时需要一支常备军来应付这种极端情况,反联邦党人则更乐于借助于和平的正常情况来确定自己的立场,而让那些极端情况任其自然。反联邦党人借助于和平来确定自己的立场是因为他们相信共和国曾经是和平的而且能够安全地保持和平。帕特里克·亨利声称:"共和国比君主国占有优势,共和国的战争通常拥有更为正义的理由。一个共和国永远不会介入战争,除非那是一场自然的战争——除非那是一场整个共同体赞同或者欲求的战争…… 请举出这样的实例:某个共和国曾经参与一场民众所不希望的战争。"(斯多林,1985,324—325)相反,汉密尔顿在《联邦党人文集》第六篇中问道:

在实践中，共和国是否比君主国更不爱好战争呢？……厌恶、偏爱、竞争，以及获取不义之物的愿望，不是对国家和对皇帝同样发生影响吗？人民议会不是常常受到愤怒、怨恨、嫉妒、贪婪和其他不正当的强烈倾向的驱使吗？……

斯巴达、雅典、罗马、迦太基都是共和国……然而它们进行战争的次数，不论是进攻战或防御战，都不亚于它们同时代的邻近君主国。……

如果我可以这样说，那么民间战争和皇家战争几乎是同样的频繁。①

当然，汉密尔顿假定“战争和危险时期”与“和平与安定时期”相比“可能只占一小部分”②（《联邦党人文集》，第四十五篇）。后来，麦迪逊采取了更为清晰的立场，在他论述“普遍和平”和“政治观察”的文章中（麦迪逊，1981，191－194，219－221），他反对汉密尔顿，而着重强调共和国以及共和主义者对和平的偏好。

建国历程——联邦主义的与反联邦主义的，汉密尔顿主义的和麦迪逊主义的——留给我们双重遗产：一方面是高贵的渴望，像合众国这样的共和国应该努力成为比其他类型的国家更为和平的国家，并且应该渴望一个更加和平的世界；另一方面是清醒的认识：这种共和国不可能不同于其他国家生存于其中的那个危险世界，也不可能远离这个危险世界而仅仅生活在它自己的和平世界里。

联邦党人的对外政策

至此，我已经讨论了联邦党人与反联邦党人之间关于对外政策根本地

① 中译引自汉密尔顿等：《联邦党人文集》，第26－27页。

② 同上书，第238－239页。

位的分歧。现在我将简要考察对外政策的实质。我将主要关注联邦党人,而不再过多涉及联邦党人与反联邦党人之间的分歧。比起反联邦党人,对外政策对于联邦党人更为重要,所以关于对外政策,联邦党人们自然会有更多话要说。

让我们考察一些联邦党人(以及某些反联邦党人)如何看待他们这个新兴国家在世界上的职责。首先,它有着与其他任何国家一样的职责——维护自身独立、保持领土完整、防御外来进攻——因为如果它无法做到这些,它就无法做任何事情,无论是对外还是对内。其次,就如《联邦党人文集》第十一篇所表明的,它的职责是管理商业,这需要保卫它中立的权利(《联邦党人文集》第十一篇中所主张的),进而需要一支强大的海军。国家的第三个职责涉及到要成为一个典范的共和国。这就意味着不仅要成为一个共和国,而且要成为一个成功的共和国、一个良好的共和国,要成为那种正当类型的共和国(the right kind of republic)。这里值得重温一下联邦党人与反联邦党人之间的分歧。双方都同意成为世界上典范的共和国对于合众国来说至关重要,但是就成为一种什么类型的共和国,双方是有分歧的。反联邦党人倾向于一个没有国内腐败、没有军事独裁的共和国,而追求荣誉和征服曾经使得其他共和国陷入国内腐败和军事独裁,进而自我毁灭。联邦党人认为,与其他大多数共和国不同,合众国应该有能力自我保护、抵御外国征服或影响,并且应该主持一种稳健而积极的对外政策,既不要挑起非正义的或不必要的战争,也不会导致国家对正义的或必要的战争毫无准备。《联邦党人文集》第十一篇中还提到了合众国在世界上的第四个职责,即汉密尔顿所说的作为欧洲在美洲的仲裁者,协调制衡欧洲列强在西半球的利益。《联邦党人文集》第十一篇中还提出了最后一个职责:力争取得在美洲也即西半球的优势;汉密尔顿指出这不是帝国主义的优势,而是一种反帝国主义的优势。他建议:

> 我们的地位要求我们,我们的利益也促使我们要在美国事务的制度上力争上游……欧洲借助于自己的军队和谈判,借助于武力和欺骗,

> 已在不同程度上对……非洲、亚洲和美洲(施展)统治……欧洲长期保持的优势,诱使它想自诩为全世界的主人,而且认为其余的人类都是为它的利益而创造的……维护人类的荣誉,教育那个傲慢的弟兄谦虚一点,就是我们的事情了。①

较为一般地说,这里所建议的职责意味着反对帝国主义、保卫国家独立和人类平等,也为门罗主义到杜鲁门主义的一切理论奠定了基础。普布利乌斯并不满足于仅仅是消极地渴望着校正早先我曾强调的危急时期出现的那些问题。事实上,他依然为合众国提供了一种关乎宏伟、高贵或荣誉的理想,尽管这种理想并不是君主政体的而是共和主义的版本。

建国者们对对外政策的理解从根本上围绕着正义和强力(justice and power)问题展开,《联邦党人文集》中杰伊所著的第三、第四篇中有十分鲜明的表现。研究美国对外政策的历史学家们通常会二分理想主义与现实主义(参见塔科夫 1984,第 45－60 页),但是我发现这种二分毫无助益。《联邦党人文集》既不支持"正义就是至关紧要的一切"这种理想主义的观念,也不支持"强力就是至关紧要的一切"这种现实主义的观念。

第三篇是《联邦党人文集》中第一篇实质性的论文,该篇引人惊异。开头略显谄媚地夸耀美国人如何聪明而见多识广,不过这是《联邦党人文集》中的一贯做法——可能是所有政治家的一贯做法,这与一切政客的做法相反——只有作为批判的先导,才会欲抑先扬地奉承民众。第三篇是关于什么的呢?杰伊说战争有两个理由:正义的理由和虚构的理由。有时候,你行不义便给了另一个国家对你发动战争的正当理由,有时候他们对你发动战争仅仅基于一个虚构的理由,尽管你没有做过任何不义的事情。杰伊以一种令人惊异的方式投入了第三篇整篇篇幅来论说第一种理由。他为卓越的美国民众如何能较少地行不义提供了一些建议,因为他们不可能逃避由近

---

① 中译引自汉密尔顿等:《联邦党人文集》,第 57 页。原文引用时的省略影响中文句意,为理顺句意括号为译者所加。

来的行为而带来的惩罚。他是在向美国大众演讲,他们没有履行与不列颠人的条约,他们没有偿还债务,他们违反了与印第安人的条约。杰伊说,这是非常可怕的。为美国宪法辩护的一个关键论点就是相比州政府根据《邦联条例》的所作所为,联邦政府不大可能会对外国人行不义。

人们应该敬佩《联邦党人文集》向美国民众发表演说的勇气,也应该敬佩在听取针对自己的不正义问题所提出的良好建议时美国民众的文雅。但是,人们首先应该注意到的是,正义至关紧要。然而,正义并非至关紧要的一切。第三篇的结尾指出:"此外,大家知道,一个团结的强国提出的道歉、解释和赔偿,往往被认为满意而接受,如果是由一个无足轻重或弱小的州或邦联提出的话,就会被认为不满意而加以拒绝。"①换句话说,你应该较少地行不义,但是当你行了一些不义(按照你的意志),假如你强大而团结,你就能更容易地逃避惩罚。这并非意味着正义无关紧要。按照杰伊的看法,美国民众应该更好地行为,但是既然不能期待他们的行为无比正义,拥有强力以避免相应惩罚就十分重要了。

但是强力也是重要的,这一点在《联邦党人文集》第四篇中显而易见。在第四篇中杰伊认为,即使你无比正义,你依然会招致麻烦。其他国家还是要攻击你,你必须变得强大,通过他所说的"尽可能好的防御状态"②来制止进攻或者抵御进攻并取得胜利。

关于《联邦党人文集》中出现的同盟(alliance)和国际组织问题,关键是要理解对老派联邦主义——这是反联邦党人较为赞同的一种纯粹的联邦主义——的批判就是一种对同盟的批判。《联邦党人文集》在欧洲政治中得出了一种给予人类的"有益而苦恼的教训:那些除了诚意的义务以外别无其他制裁手段、而且使和平与正义的一般考虑与任何直接利益或情感冲动相对立的盟约是多么的不可靠啊"③(《联邦党人文集》第十五篇,也可参看第五篇),并把这种教训适用于美洲政治。《邦联条例》第三条所解释的、旧有意

① 中译引自《联邦党人文集》,第 14 页。
② 同上书,第 17 页。
③ 同上书,第 74 页。

义上的联邦主义就是一个联盟(league)、一个同盟(源自拉丁文,指不得不需要信仰(faith)的事物,所以同盟或者联盟依赖的是信任(faith) 而不是制度或者强制)。仅仅依靠对各州的善良信任而建立起来的组织是不可能获得人的信赖的,因此,这种对联邦主义的批判,最终也是在批判对同盟的信赖。正是由于我们不得不从邦联转向宪法,前者是一种依靠成员善良信任而建立的联邦体制,后者则是一种真正的政府体制,所以我们不能依靠同盟。这里,在对联邦主义的批判中,人们看到了两种美国传统的根源,即美国人在传统上就怀疑同盟,同时在传统上又渴望国际组织、渴望一个美国宪法在国际上的对等物。

对外政策与权力分立

最后,考虑对外政策还应该涉及权力分立。对外政策当然是在立法权力与行政权力之间划分的。正如我们在《联邦党人文集》第六十三篇和第六十四篇中所看到的论争,参议院特别重视稳定性,关心海外的声誉,并且注意对外政策的体系化。而总统的分权对于保守机密和迅速反应是十分必要的。保守机密尤其重要,杰伊指出:

> 在有些情况下,如能使掌握情报的人不必顾虑会被暴露,往往由此可以取得极其有用的情报。不论提供情报是由于有利可图还是出于友善动机,这种顾虑总会存在;无疑,其中许多人只肯信赖总统为之保密,却不肯信赖参议院,更不肯信任人数庞大的众议院。① (《联邦党人文集》,第六十四篇)

对外政策中行政机关和立法机关的双重权力与我所提到的另一个双重

① 中译引自汉密尔顿等:《联邦党人文集》,第 328 页。

性有关,尽管不是一个简单的、一一对应的关系,那个双重性涉及对外政策能否具有与众不同的共和主义特征,还是不得不更加类似于其他国家的对外政策。我们的对外政策是具有与众不同的共和主义特征的——这是反联邦党人着意追求的——因为其中一份权力被授予立法机关。立法机关制定对外政策时尽其可能地遵守法律规则,受制于缓慢的商议过程以及公开性的要求。我们的对外政策不得不类似于其他国家——包括君主国——的对外政策,就这一点而言,其中的一份权力被授予行政机关,以确保对外政策在某种程度上具有自由裁量、快速反应、严守机密的性质,而这些性质在传统上都是君主国行动时所具有的特色。这种划分永远不可能获得巧妙的解决。联邦党人借助危险时期来确定他们的立场,而在危险时期,行政机关总是享有更多的权力份额。反联邦党人更乐于借助和平时期来确定他们的立场,在和平时期,则立法机关总是享有更多的权力份额。

联邦党人与反联邦党人之间的争论为我们贡献了美国宪法,对这一争论的研究通常都忽视了对外政策,这不仅反映了18世纪而且反映了20世纪智识的历史。大量对国内问题(纸币、契约、债务等)的过分强调部分来源于比尔德[①]的经济学阐释以及其他人设法对该阐释的驳斥。对于联邦党人来说,这些尤其不是最为重要的论题。最为重要的论题是他们把什么直接视做关乎国家安全的最重大问题,说到底,就是原则上必须首要地优先考虑国家安全。

参考文献

The Federalist, edited by Edward Mead Earle, New York: Modern Library.

① 查理斯·比尔德(Charles Beard, 1874—1948),美国最有影响的历史学家之一,他的著作《美国宪法的经济学阐释》(1913)主张美国宪法的起草者们的行为更多的是基于经济动机而不是为了抽象理念。

Madison, James, 1966, *Notes of Debates in the Federal Convention of 1787*, edited by Adrienne Koch, New York: Norton.

Marks, Frederick W., Ⅲ, 1973, *Independence on Trial: Foreign Affairs and the Making of the Constitution*, Baton Rouge: Louisiana State University Press.

Meyers, Marvin, ed., 1981, *The Mind of the Founder*, Hanover, N. H., and London: University Press of New England.

Storing, Herbert J., ed.,〔1981〕1985, *The Anti-Federalist* (Abridged by Murray Dry from *The Complete Anti-Federalist*, 1981), Chicago and London: University of Chicago Press.

Tarcov, Nathan, 1984, "Principle and prudence in foreign policy: The founders' perspective", *Public Interest* 76(Summer): 45—60.

(本文作者 Nathan Tarcov 系芝加哥大学政治哲学与对外政策专家,曾供职美国五角大楼,现为芝加哥大学社会思想委员会教授;译者为西南政法大学法学理论专业博士研究生)

孟德斯鸠《法意》中文版
百年纪念

关于研读《论法的精神》之手稿致函法兰西学院孟德斯鸠院长和M. Saurin先生

〔法〕爱尔维修
王赞锋　译

告　示

此告示和以下信件出自《爱尔维修全集》(*Ouvres Complètes*, Paris: Didot, 1795)的第五卷,由 Abbe Lefebvre de la Roche 编译。

据一些主流媒体的报道,就在《论法的精神》获得极大声望之时,爱尔维修却向其密友表达了对此情势的惊讶之感——那些事实,正像他自己叙述的,如下所示:

作为孟德斯鸠院长的朋友,在任总包税官这一职务时,爱尔维修经常光顾位于 Brede 的孟德斯鸠宅邸。在他们的哲学谈话过程中,院长向爱尔维修提到自己的著作《论法的精神》,然后将手稿赠与爱尔维修雅正。在他的作品行将付梓之际,爱尔维修就像热爱真理一样热爱着他的朋友,在细读了手稿之后,警告作者其声誉有被损害的危险。

他多次亲自或通过信件表达反对之声:那些他认为最危险的观点,因为是在一部由法国最一流的作家用天才笔法书写且灌输了许多至关重要之真理的书里,所以注定将成为政治格言。他那天生的谦虚,和对《波斯人信札》

作者的敬仰,基于对他的判断的抗争,他请求获得孟德斯鸠院长的允许将其手稿传给他们的共同友人——悲剧《斯巴达克斯》(*Spartacus*)的作者Saurin(1706—1781——译者注)先生:他是他们公认的最可信赖的一位学识渊博又有极深洞见的公正法官。

Saurin的观点与爱尔维修相一致,当这部作品问世时,他们见证了它巨大的成就,但是他们并没有改变自己的观点而只是保持了沉默:一则以示对众意的尊重,一则以维护他们朋友的荣誉。或许,故作沉默是很容易的,只要孟德斯鸠院长的谬见还被限制在理论的范围内;但现在那些谬见已经成为强大偏见的依据,并且民众的私己激情正在将其转变为公共实践的原则,因此揭穿谬见并将孟德斯鸠院长的朋友向其表达的意见公诸于众就显得刻不容缓了。

对伟人的崇拜将在其去世之后存续很久,这就会妨碍对谬误的封杀;而如果伟人们注意到谬误传播所伴随的危险,他们自己是会将其抛弃的。

因此,可以确信的是,通过出版一些寄给孟德斯鸠院长的致函,爱尔维修的意旨并没有被滥用。当人类的思想被唤醒后,它们将会对流传长久之谬误所导致的严重后果产生正面的作用。

信件一[①]
爱尔维修致法兰西学院孟德斯鸠院长

亲爱的院长,我已经将您寄来的手稿逐字逐句地拜读了三遍。当我还在Brede时,您就令我对这部大作产生了极大的兴趣。我认为世上没有任何东西能与之相媲美:甚至我怀疑我们法国人的头脑是否足够发达而能得其门入其内,以见其宗庙之美。对我而言,它令我一阵感到狂喜:我钦佩作

---

① 这两封信从英文本翻译,英译文选自Antoine Louis Claude Destutt de Tracy的《关于孟德斯鸠〈论法的精神〉的注释和评论》附录部分,Trans. by Thomas Jefferson,1811,Philadelphia; William Duane。

者非凡的天赋和已然达到的不言而喻的研究深度，而且从我孤陋寡闻野蛮人的法律中为全人类之教育和福祉抽取、收集了如此之多的知识。感谢您，我们现在能准确地知道雅典人、罗马人、汪达尔人和西哥特人的法律之精义；我们现在通晓了仁人志士为了解放那些受世俗僭主和宗教暴君双重压迫的不幸者是如何艰难困苦，玉汝于成的。

您教诲我们观察世界，它是怎样被治理的和如何仍被统治的，但您总是由于理性和智慧而将事实上是属于自己的名誉赋予了世界，而世界对于这些荣誉注定会大吃一惊的。然而，您与偏见妥协了，正如一位初涉人世的小伙子追求某些女性时，尽管几度春秋之后，他仍然有些自负，并希望借此而被认为是有教养的。

难道您不曾对之恭维之极吗？

当然，这种方式或许可以和教会和解，并且能免去教会的那群守门狗(cerberus)的迫害——考虑到您信仰的缘故，他们将无话可说；至于剩下的，是他们的能力所无法企及的。

我们的法律人将既无法读懂您，又无法理解您。至于贵族们和各等级无聊的专制官员，如果真的读懂您了，他们是不会对您大加赞赏的，而这恰恰是我根据您著作中的原则所发现的瑕疵。

您也许能回想起我们在 Brede 的讨论，我承认它们将有可能适合事物的现状。然而我断定一位急切地想为人类服务的思想家，应当是宁可为事物已然变好的秩序准备正义的原则，也不愿在偏见正竭力地维持人类的无知和顺从之时而去承受那些危险的压力和后果。用哲学来赋予它们重大意义，势必导致人类精神的倒退，并且维持关涉其中的滥用和谬论，必将因为太容易以至于不能得到认同。

可以实现完美的理念在使我们同时代的人欢愉之时，却得罪了伪善者和有权者。但它教育了我们的年青一代，并且亦是子孙后代的一盏明灯。假设我们的后人具有常识，我怀疑他们是适用我们的政治原则，还是适用他们自己的宪政——毫无疑问将胜过我们，您的复杂的权力制衡机制。甚至国王们自己如果明白他们的真实利益(为什么他们不考虑这些呢?)将通过废除那些有害的权力而更安全地确立起他们自己的快乐与国民的福利。

与此相反,在欧洲,这个地球上最少受压迫的 1/4,在公共税收的所有来源都是通过封建制度的成千上万途径时,哪里有一个王侯愿意将它们用在公共事业上呢?国家中的一部分人将自己的富有建立在其他人贫穷的基础之上,贵族阶层——傲慢的一小撮人所阿谀奉承的国王自己却被无知所压迫。众所周知,历史是永恒的教训。国王创设了中间等级,他们很快成为他的主人和人民的暴君。那么他们是如何维持专制的呢?他们出于自身考虑肯定抱有无政府的倾向,除了自己与被压迫人民的自然权利相龃龉的特权之外,他们不在乎任何东西。

我亲爱的朋友,我已经向您说过,现在重申一下,您的相互制衡权力配合之说只能导致个体利益分崩离析和混乱不堪,而不是所谓的协调统一。英国的政治模式迷惑了您,而我却不能认同那样的政体是完美的,在这点上我有许多话要说。

让我们耐心地等待,正如洛克对威廉国王所说的那样,要直到一些大灾确定无疑地从那政体的缺陷中产生出来为止,才能使我们知悉它的危险;直到腐败堕落已经成为不可或缺,并且胜过他们上议院冷漠的力量之时,才会被下院的部长们所证实;直到他们将不再对此感到羞愧,才能使我们正视这种为了加速或延缓如此复杂的国家机构之运转,而很可能被永久打破的均衡的危险。

总之,难道我们不曾在自己的时代看见,税收之于立法机构的腐化是必需的,而这将导致赋予国王拥有从人民身上征税的权利。英国人所享有的那种自由,真的是产生于政治的原则,而不是产生于与政体没有隶属关系的良法之中吗?法国人或许拥有那种自由,并且或许是独一无二地将回报他们好政府的人。

迄今为止,我们仍无权要求享有它。我们的牧师太狂热,我们的贵族太无知,以至于都不能成为公民,或不能领悟形构和塑造一个国家的种种优越性。他们中的每个人只知道自己是个奴隶,整个地生活在将来某一天轮到自己变为一个卑劣的暴君的奢望之中。一个国王也不过是他的情人、亲信和大臣们的奴隶而已。倘若他雷霆大怒，他的臣仆们所收到的将是被开除，而这就将他置于最粗鄙的地位上，我认为这就是中间等级在政体中的唯一作用。在一个靠专制君主的幻想来统治的国家里，环绕在他周围的中等阶级正忙着轮番欺骗他，并且竭力阻挡人民对他们通过滥用权力而获利的控诉传到他的耳朵。那些控诉的民众会有危险吗？不！恰恰是那些没有听到控诉的人危险了！在这样的环境里，一国之中唯一害怕的就是那些阻挠别人获知的人。当罪恶猖獗之时，尽管充斥着中间等级的阿谀奉承，主权者却被迫让民众的舆论支持甚至倾向于自己，如果补救不及时的话，帝国的毁灭就为时不远了。而人民也许要很迟才能弄清原来国王被他的亲信们给欺骗了。

您知道，那些中间阶级，我的意思是贵族和神父的上层阶级中的成员，他们篡夺了几乎所有的权力运行并随意将其扩大的住在凡尔赛宫的主人，并不是以权利、才能和功勋，而是仅仅以血统为根据，并且通过依靠最高权力而维持统治，以便当符合他们的利益之时可以更换部长。

我亲爱的朋友，行文即将结束了，坦白地说，鉴于政治的诸多形态，尽管如此连续地反复再三，我对微妙的分权仍然难以把握。我只知道有两种叙事：善与恶。所谓善，是还须塑造的；而所谓恶，它的最大秘密就是通过一系列手段将被统治者的钱搜刮到统治者的腰包里。

古代政治是战争需要的产物，我们现代政治则更多的是财政使然，这就是在使之变幻多样之意义上的唯一不同之处。尽管如此，我相信，在一个人民的自由和财产得到尊重的好政府可能的意义上，人们也许就能见到必然出现的普遍良好，而不是您的制衡或者特殊利益。这会是一个整齐有序的精简机构，它将砍掉多余的作为制衡之用的附属部门——对于那些经常参与政事的笨拙的民众而言是很难维持秩序的。

这些民众任何事情都想做，他们视我们如行尸走肉，完全凭他们自己的嗜好行事，丝毫不考虑我们的意愿和正当利益。因此他们一旦行事，立刻就会将自己的傲慢和无知暴露无遗。

然而，所有这些之后，他们似乎很吃惊，他们无节制的滥用势必激发改革的意愿,并导致民众将(不满)归诸于一切事物而非仅仅是他们的管理不当,而知识的传播和民众的运动则将给予事件以一根导火索。

我敢断言,我们将要进入一个全新的纪元。

爱尔维修拜上!

信件二
爱尔维修致 A. M. Saurin

亲爱的 Saurin,正如你我所达成的一致,基于手稿给予你我震撼的缘故,我已经致函院长了。同时我已经坦诚地解释了我的观点,并且用饱含友爱和妙趣横生的语言将之传达出来了。

您无须为此感到不安,因为我们的言辞并没有伤害到他;他是很乐意倾听朋友坦诚的,因为这样可以使他有别于芸芸众生,他直率地推动讨论,用妙趣横生的话语进行答复,且从不轻易改变自己的观点。我从来不敢奢望我们的观点能使他的观点转变,但我们也不能够说:

> ... cur ego amicum offendam in nugis? Hae nugae seria ducent in mala derisum semel, exceptum que sinistre. ①

无论如何,他都会与自己的朋友们肝胆相照。当真理之光照耀八荒并且消弭了同类之间的惺惺相惜之后,他将发现他们是不会因为不像公众那样满怀激情地拥护而受到责备的。

由于阁下不能到乡下来相聚,我把他的答复寄给您,它将会证实我的预见。您将感知到他需要整合自己的理念的方法,并且不愿意失去他的所思、

① 此句诗行大意是:"我为何因为琐事而冒犯朋友?当琐事成为众人嘲弄的对象,或者被不怀好意地利用,那么它们就将酿成大祸。"语出古罗马诗人荷拉斯《诗艺》(*Ars Poetica*),第450—452行。——译者注

所写、所想，由于他的年轻，依据他对自身性情多元倾向的把握，他秉持了与所接受的观点之间存在最少冲突之观点。

在与山区不同的那类精神中，他坚持法律人和贵族们的偏见……这就是他全部失误之渊薮。他那杰出的天才和《波斯人信札》的问世令他少年成名，如今几年光阴逝去了，他好像后悔对阻挠自己目标实现的借口曾有过的妒忌。他更热切地坚持被公认的理念，而不是去教育他人标新立异和追求有用。他的笔法花眼，而真理与偏见的如此这般混淆肯定是需要天才的巨大能量倾力。

我们哲学家的大多数也许会将它赞誉为一部名著。这些事物对于所有人来说很新颖，而对于他著作的反对者和可靠评定越少，我就越担心他将会使我们长时期偏离正道。但是他将通过自己关于封建体制的专著来让我们理解什么呢？难道这是一件需要一个开明的人士去阐明它的事情吗？从那些仅靠暴力和无知来维持敬畏感的，并将永远与事物之和谐秩序相抵触的野蛮人的法律的混沌之中，我们能归结出什么立法呢？如果没有那摧毁一切的征服者，我们的状态和所有这些形式各异的政体将会怎样呢？难道我们要继承自有人类以来所累积的所有谬误吗？它们将仍然支配着我们，并且已然成为最强大的抑或最卑贱的财产，这就需要一次矫枉过正似的补救，以此来把我们自己从它们中解放出来。不过，倘若智识阶层和权势阶层成为利益共同体，合力将不合理的财产侵占合法化那就还有一救。

那些被少数人占有的、将危害全体甚至财产所有人自身并且通过傲慢与虚荣滋生腐化的是怎样的财产呢？事实上，倘若人唯有在道德的实践中和拥有能坚定原则的智力才会幸福，我们能从一个仅凭出生就可以在社会中占用所有东西并且妄自尊大的秩序中期望有什么德行和天才呢？社会的产业除了为他们服务之外，别无他用；所有级别的荣誉和利益都被他们鲸吞了；他们通过君主统治从臣民中为自己搜刮民脂民膏。这不就完全颠覆了一切情理和正义的理念吗？因此，这是扼杀许多才华横溢之士并整个地腐蚀了公私道德原则的可恶秩序。

集体主义精神（L'Esprit de corps）在已有秩序的名义之下从四面八方

向我们攻击：它是建立在社会大众基础之上的权力，而我们就是被那些世袭的篡权统治的。在国家的名义之下，只有私人团体的存在，而没有任何市民是配受那个头衔的。哲学家们甚至希望成立一个法人团体，然而如果他们以牺牲公众福利的代价来中饱私囊，我断言他们的统治是不会长久的。因为他们所主张的知识迟早会把自己想隐瞒的偏见黑幕揭掉。

孟德斯鸠——我们的朋友，如果去掉智者和立法者的头衔，将仅仅是一位律师、贵族和杰出的天才；故而我为他与整个人类感到担忧。

爱尔维修拜上！

（译者系西南政法大学法学理论 2006 级硕士研究生）

论柏拉图的《米诺斯篇》[①]

〔美〕列奥·施特劳斯
王凌云 译

在《米诺斯篇》中，苏格拉底提出问题：何谓法律？并尝试性地回答：法律即发现实在(being)。——历史生成层面(genetic)的法律辖区与理念层面(eiditic)的哲学王国因此息息相关。《法意》编辑部认为，与其说法律意在“发现”理念世界的实在，不如说法律意在以不甚完美的文字“摹写”那个完美的实在(《希伯来书》10.1)。自古以来，人类把那个摹写者尊为“立法者”，并相信，立法者的意图赋予法律以精神，此即“法意”，而立法者有什么样的意图，则取决于他如何观看、探查和评价那个几近于神明的理念王国的治理情况。已故政治哲学家列奥·施特劳斯(Leo Strauss)在其优秀短章“论柏拉图的《米诺斯篇》”中为自已树立的任务就是对立法者的观看、探察和评价。鉴于此，《法意》编辑部认为，这篇短章的中译文将是对严译孟德斯鸠《法意》中文版问世百年的最佳纪念。

——《法意》编辑部谨识

《米诺斯篇》已被我们归结为刚好先于《法律篇》的柏拉图作品。《法律篇》始于《米诺斯篇》终结之处：后者以对克里特国王、作为宙斯的儿子

① 本文为施特劳斯文集《自由主义：古代与现代》(*Liberalism: Ancient and Modern*, Cornell University Press, 1968)的第四篇。《米诺斯篇》是流传下来的柏拉图对话录中的一篇，对其是否柏拉图作品仍存在争议。——译注

和学生的米诺斯所立之法律的颂赞结束,而《法律篇》则始于对那些法律的审验。《米诺斯篇》因而显得是《法律篇》的导言。《法律篇》比其他任何一篇柏拉图对话都更需要一篇导言,因为它是唯一一篇苏格拉底未被提及且发生在远离雅典的克里特岛上的柏拉图对话。《米诺斯篇》因而也显得完全是预备性的。然而它是柏拉图作品中唯一一篇除了"什么是法"(What is law)①及其回答之外别无其他主题的作品。这一点可能会显得奇怪,而且应该显得奇怪,因为这个问题——也许是柏拉图作品的所有问题中最为严肃的一个问题——仅仅是一篇预备性作品的单独主题。但我们必须记住,在色诺芬关于苏格拉底的作品中,苏格拉底从未提出"什么是法"的问题;按色诺芬,提问者是苏格拉底的暧昧伙伴亚尔西巴德(Alcibiades),他在一次苏格拉底缺席的、同伯里克利的交谈中提出了这个苏格拉底式问题。这一奇异之处被柏拉图的苏格拉底提出他关于法的问题时,不是按通常那样在恰当准备之后提出,而是唐突地提出所增强;他似乎是带着这个赤裸裸的问题欣然接纳了一位深信不疑的同伴。他因而使得没有任何偶然或特殊的东西——就像苏格拉底在《克力同篇》中对法的自我服从的问题那样——将我们的注意力,从这个在其所有严肃性之中的普遍性问题上分散。我们甚至不知道他这位同伴的名字;这位同伴存在着,却没有名字和面孔;我们只能看到他所说的。既然没有其他人在这次交谈中在场,作品就不能像柏拉图的大多数对话录那样,以苏格拉底对话中的参与者或倾听者之一的名字来命名:它的篇名所采用的是对话中提到的一位远古人物的名字。

然而,这一苏格拉底以之开始此次交谈的问题是唐突的,它并非没有暧昧性。他是在问他的同伴"什么是我们所认为的法",还是在问"什么是我们(我们雅典人?)受其支配的法",这一点并不清楚。前一个问题可称为普遍

---

① 在本文中,施特劳斯对英文中单数的 law 和复数的 laws 进行了区分,这一区分对于理解本文非常关键,读者可在后文中仔细体味。我将前者译为"法",将后者译为"法律"。另外,古希腊文中"法"(礼法)的拉丁文转写为 *nomos*,这个词在古希腊语境中的含义及流变历史可以参考刘小枫译注的《会饮》,华夏出版社 2003 年版,第 29—31 页下,注 115。——译注

的或理论性的，而后一个问题则可称为实践性的或特殊的。而实践性的问题再次显出其暧昧；它可以是指一种整体性的合法秩序，也可以指任何特定的法律。然而，很显然，理论性的与实践性的问题彼此不可分割。一个人不可能知道自己被法支配，倘若他没有对这种法的某些知识的话，尽管这种知识暧昧且黯淡；一个人也不可能知道这种法是什么，倘若他从未有过对那支配着他的法的至少是直接的朝向。这时，苏格拉底通过把谈话限制在理论问题之内，使他最初的问题变得清晰了。但实践性的问题只是被置于对话底部：对话以对最值得尊重的法不是雅典人的而是克里特人的法的暗示结束。

苏格拉底首先通过“什么是黄金”的问题，接着通过“什么是石头”的问题进行对“什么是法”的论述。黄金是最有价值的，而石头可能是完全无价值的。“黄金”不能被用作复数，而石头可以；一个人不能像说“一个石头”那样说“一个黄金”：存在某类整体，其每一部分自身构成一个整体或完整物；还存在另一类整体，其每一部分都不完整。我们因而被导向这个疑问：正确理解的法更类似于黄金还是更类似于石头。但是，与每一特殊的法律甚或每一特殊的符号能被说成是一个整体不同，苏格拉底的问题提向这一整体——这一包含一切法律的整体。就像黄金不能与它是黄金(just as gold does not differ from gold in respect of being gold)、石头不能与它是石头相分离那样，法也不能与它是法相分离。这是否意味着坏法律和好法律都同样是法？

同伴对苏格拉底这一综合性问题的第一个解答的大意是，法乃是其自身所掌握和建立的一切事物的整体构成(the whole consisting)。苏格拉底通过一个恰当的类比迫使他承认，正如在别的场合被我们称为人类灵魂之行为的事物不同于由这些行为所导致的事物一样，法作为灵魂之行为也不同于由这一行为所导致的东西。法因此根本不同于那些无生命的东西(诸如黄金或石头)，既然它是灵魂的一种行为：那么它究竟是一种显示(manifestation)或科学，还是一种发现(finding)(发明，invention)或技艺？同伴在其解答——第二个也是中间一个对于苏格拉底问题的解答——中并没有切中这一问题。他说法乃是城邦的决定(the decision of the city)。他的意思是法并非灵魂的一种行为,而是由灵魂的一些行为所导致的某种东西。然而对他而言,现在清楚的是,法乃是灵魂的某种行为的结果,而他的第一个解答大概已经与这一看法达成一致:法是无人知其来源或就像有人可能会说的,不是"被造成"(made)而是已经"长成"(grown)之物的习惯。苏格拉底以如下方式改述了第二个解答,使之成为对此前向同伴提出的特殊问题的解答:构成法的灵魂之行为所具有的特征既不属于科学也不属于技艺,而属于意见;它是城邦做出的关于城邦事务的意见。

一个简单的考虑就足以表明这一解答是不充分的。想一下在法与正义之间存在着的某种关联。或许一个人可以守法而并不正义,但一个违法者肯定不正义①。从某种意义上说,法和正义似乎是可互换的;因此法就会是某种高的东西。而一个城邦的意见却可能是低的。于是,我们就面临一个矛盾,它发生于两个最流行的意见之间,它们如此流行,因为它们都是城邦里的意见:认为法乃是城邦的意见的意见,以及认为法乃是某种高的东西的意见。苏格拉底在此没有任何犹疑,也没有给出任何理由,就选择了第二个意见,并因而不由分说地拒绝了认为法乃是城邦的意见的意见。既然城邦的诸意见是自相矛盾的,那么即使是最好的公民也不能简单地屈从于它们。按照苏格拉底,法的确是一种意见;但是他仍然没有说它是谁的意见;到这时,他只是说法是一种高的意见,因而是一种真意见,并且因此是对"是什么"的一种揭示(the finding out of what is)。作为"揭示"(finding out),法呈现为处于"发现"或技艺这一面和"显示"或科学这一面之间。

只需再多走一步,我们就到达了第三个也是最后一个对法的定义,这也是唯一一个由苏格拉底建议采用的定义:法(the law)意图成为(wishes to be)对"是什么"的揭示。这最后一步乃是一次回步。苏格拉底据此对法是

① 古希腊语的"不正义"(adikein)一词在雅典法律中用来表示违反法律,参见罗斯:《亚里士多德》,王路译,商务印书馆1997年版,第230页。另外,关于正义与法的可互换性的解说,可参见亚里士多德:《尼各马可伦理学》,1129b以下。——译注

对“是什么”的揭示这一表面的结论作出了限制。他并没有给出这一限制的理由，但这一强制性的理由随后就立即显明了：如果法是对“是什么”的揭示（或已揭示），而“是什么”（没有混合非存在的“是什么”）又总是相同的（the same），法就将完全是不可变的，因此所有或绝大多数被我们称之为法律（laws）的、随着时间和地点的变化而不同的事物，就将根本不成其为法律（laws）。但如果法（law）仅仅是意图或趋向于成为对“是什么”的揭示，如果法并不必然地是对“是什么”的揭示，那么就会存在无限多样的法律，所有这些法律从它们的终极（end）之中获得自身的合法性，这一终极乃是：真理。同伴未能抓住这一限定；他相信苏格拉底仍然停留于认为法乃是对“是什么”的揭示。他论证道，假定这一事实，亦即我们总是能够揭示作为事物本身所是（诸如太阳、月亮、星星、人、狗之类的东西）的相同之物，那么所有的人就应该总是使用相同的法律，但他们显然并不如此。苏格拉底回答道，问题中包含的法律的多样性应归因于人类存在的缺陷，但它不会影响到法本身。在不可变的法和可变的人类存在之间暗含的区分向我们暗示，法的确是灵魂的一种行为，但或许并不必然是人类灵魂的行为。此外，苏格拉底还把这视为一个开放性的问题，亦即人类是否真的随着地点和时间的不同而使用不同的法律。他因此迫使同伴去证明法律发生变化的事实。但当他完成这一证明时，苏格拉底似乎又把它当成不相关的“冗言”而拒绝掉了。简而言之，苏格拉底极力对法律的多样性保持沉默，而这种多样性使得他声言法意图是——也就是说，并不必然是——对“是什么”的揭示。

同伴通过举出与献祭和葬礼有关的法律的例子来证明法律的多样性，而这些例子涉及神圣的事物。它们在某种程度上确证了苏格拉底对法的定义；它们表明无论如何，那些最可敬畏的法律都或多或少地建基于对最高意义，即诸神与灵魂和由此而来的诸神对人的要求与死亡的意味的成功揭示之上。这些例子表明了在雅典人现在的行动和先前最早时候，亦即科罗诺斯时代的行动之间的巨大差异。它们似乎表明，起初人们都是未开化的，而在现在的雅典，他们却是文明的；因此，现在的雅典的法律就比最古老的希腊人或野蛮人的法律优越。这一发现显然预设了法律随着时间和地点的变化而变化。或许,苏格拉底如此小心翼翼地对待法的可变性是因为它是刚才提及的这一发现的前提——而这又是一个为他所不满的发现。

苏格拉底现在试图通过一些简短的交谈或简短的问答来使自己与同伴发生精神的相遇。这位同伴喜欢回答苏格拉底的问题,却不愿质疑苏格拉底。他赞同苏格拉底,人们在每时每刻都能把握正义之物是正义的,高贵之物是高贵的,而不正义之物是不正义的,低劣之物是低劣的——正如所有人都能领会重量大的东西重,重量小的东西轻这一点,不管他们在举行祭礼时是守法度还是不虔诚。这一推理的最终结论确证了那个未受限制的法的定义,既然法并不只是意图成为对"是什么"的揭示,那么它就是对"是什么"的揭示。这位同伴由于自身的错误而被迫作出简短的或毋宁说是匆忙的回应,并且无法像我们这样阅读和再读苏格拉底的问题,所以不能揭穿苏格拉底牵引我们的注意力时所作的诡辩:在正义或高贵之物与不正义或低劣之物相对立这一点上达成的普遍一致并不能建立起关于"正义和高贵"的内容的普遍一致。尽管如此,同伴仍是全然犹疑不定的,因为苏格拉底的结论明显与他每天用他自己的眼睛在雅典观察到的事实,亦即"我们"(也就是说,我们雅典人)不断地改变法律相矛盾。

据称苏格拉底对其法的定义的第二个证明并不只是对第一个证明的重复。在第二个证明中,苏格拉底机智地将"正义之物"同"更重之物"相对比;他于是将我们的注意力引向两个问题:(1)正义是否像重量那样,是一种程度性的东西?(2)与重量相关的不一致是否和与正义相关的不一致一样广泛而深刻?此外,第一个证明仍然与法是城邦的意见这一意见相关联;而这一意见在第二个证明中已经不再出场。这些为我们提出法是精神性的行为,这一行为不属于城邦(也就是说,公民的集合)或公民,而属于一个不同种类的人们准备了条件。

继续往下读,我们可以看到,我们所说的苏格拉底对其法的定义的第二个证明事实上是他对这一法的定义的三次捍卫中的第一项;这三次捍卫构成了整篇对话的第二个部分,亦即中间部分。在这一中间部分的中间一项的开头,苏格拉底突然转向讨论拥有一门技艺者所写的书籍(writings)。我们可以辨别出主题的这一明显改变的原因。苏格拉底先前提出过法是一门科学还是一种技艺的问题。他现在假定法(law)是一种技艺。接下来他似乎是在证明这一假定。法律(laws)是说明性的书;而技艺,作为一种对一切人都相同的、完美的、最终的和固定的知识,必然会在说明性的书中找到其适当的表达;因此法律属于和技艺相同的种。这一论证有一个明显的缺陷:无论对技艺还是对法律来说,把自身呈现在书中都不是必然的。比如,农场主,也就是说,农艺方面的专家,并不需要汇集,更不需要阅读农艺方面的书。

如果法律属于和技艺相同的种,并因此是由某个特定类别的专家,亦即国王(或政治家)写成的说明性的书籍,那么法律就没有任何理由是城邦或希腊人的作品:无论是公民还是希腊人都不是这一王者之术(the kingly art)方面的专家。通常被称为"法律"的规定可以是各地有别的;但对于人们拥有其知识的事物,正如苏格拉底所断言的,所有的知晓者(knowers)都能达成一致,无论他们在哪,也无论他们是希腊人还是野蛮人。当同伴强烈地响应这一断言时,苏格拉底第一次赞扬了他。进一步说,通常被称为"法律"的规定可以是各时有别的,但哪里有知识,哪里就没有思想的变动;或者反过来说,哪里有思想的变动,哪里就没有知识;雅典因之而声名狼藉的"法律"的频繁改变因而是一项清楚的证据,它表明雅典的立法机构非常无知,因此其裁决或决定根本不配称为法律或作为法律被人尊重;事实上那些"法律"肯定是特别坏的。这位同伴没有对这一不言而喻的结论提出异议;换句话说,他现在开始确信苏格拉底的法的定义的真理性,或者更准确地说,确信法是一种技艺这一事实。看起来似乎苏格拉底成功地从诉诸同伴的前雅典(pro-Athenian)的偏见转向了诉诸其反民主偏见。我们在此可以知道,对理论性问题"什么是法"的解答至少提供了对实践性问题"什么是我们受其支配的法"的一种反面解答。尽管达成了一致,在苏格拉底和其同伴间仍然至少存在着一项差异——这一差异就出现在对话的中间部分:这位同伴比苏格拉底更加肯定烹调术是一门技艺;而在整个《米诺斯篇》中,苏格拉底对烹调术地位的犹疑只有他对占卜术地位的犹疑能与之相比,后者乃是人们据以声称能知道诸神的精神活动的一种技艺。这位同伴同时还确信,知晓者随时随地达成一致胜于由专家们达成一致;或许他预先就知道,好的立法依赖于对法所调整的主要事情的知识,但怀疑这一知识是否必须是专门性的知识:对好的立法来说,对相关(pertinent)事实的知识(不同于对这些事实的原因的知识)或许就足够了。

在对话中间部分的最后一节中,通过假定技艺在于把某个整体的诸部分正确地分配到另一整体的诸部分之中——以前用于一个牧群,苏格拉底证明了法是一种技艺。在某些情况下,分配者把用来分配的整体中的相同分量彼此无差别地分发给牧群中的每一位成员。然而在另一些技艺中,分配者必须考虑到整个牧群是由在质上有区别的部分组成这一事实,或者考虑到不同的事物适宜于不同的部分或不同的个体。人类称为法律的东西因此是一种分配,也就是说,是对城邦成员的惩罚或奖赏的分配,或者在最佳情况下,是由国王来进行的将适当的食物和辛劳分派给人类灵魂的分配。这位国王给每个人分派了对其而言最好的工作,换句话说,最有助于使其成为一个好人的工作:国王并不把他所统治的人们对待为一个牧群的诸部分。但是,如果成为一个好人与成为一个好公民或好的城邦成员是一回事,那么同样可以说,这位国王把每个人分派到了最合适的位置或工作中。在这一节,书不再被提及:把对每一灵魂而言的好东西分发给它,这只有以口头的方式才能很好地进行,亦即只能由国王当场做出。或许人们会说这样一种分配不能由任何法律很好地完成。苏格拉底则宁可说它只能由最好的法律来圆满完成,那就是国王的法律。他由此暗示法律应当是无限可变的。然而按照先前的讨论,法作为技艺使得它无论何时何地都必须是相同的,因而至少几乎一切所谓的法律(laws)都不配被称为法律;而按照现在的讨论,法作为技艺使得它必须与诸个体以及他们的个别情境一样是可变的,因而没有所谓的法(law)能被称为法。在另一方面,通过现在谈及最好的法律,苏格拉底恢复了普通的观点,据此无知者(ignoramuses)或无知者集团的某些决定同样可以被认为是法,并作为法而受到尊重。然而,最好的法律证明是某种类型的不成文法(unwritten laws)——它的确不是那种无论何时何地都言说相同事物的不成文法,而是一个智慧灵魂的某些行为。

苏格拉底先前已经以存在着关于正义和高贵事物的普遍一致的想法开启了对话的中间部分。这一意见按其自身可被认为是指向那种不成文法，它无论何时何地都被承认为法律，并因此不可能是人类立法者的作品(色诺芬，《回忆录》第四章，4.19)。但是《米诺斯篇》对如此理解的不成文法表示了沉默。一个人可能会说，在这篇对话中，苏格拉底先是从有着未知起源的不成文法转向了成文法，然后又转向了已知起源的不成文法，亦即由国王作出的、给予每个人的灵魂以适当的食物和辛劳的分配。

《米诺斯篇》的第三部分，也是最后一部分，处理了米诺斯的法律。这一转换并未得到解释，因此显得突然。我们被设想为已经领会了什么是法以及什么使法成为好法；接下来我们必须寻求最好的法律。我们已经领会的东西可能会使我们怀疑最好的法律是否可能起源于人。对话的最后一部分所传达的主题可被暂时归结为：最好的法律是米诺斯的法律，因为它是米诺斯从最高的神、他的父亲宙斯那里接受而来的。肯定会使我们惊讶的是，宙斯的法律并非由给每个人的灵魂以最适合于它的食物和辛劳这种分配所构成，此外，宙斯也并没有向所有人传达他的法律：他仅仅向一个单独的、有特权的人，亦即米诺斯这个同时被他任命为死亡的最高审判官的人(柏拉图《高尔吉亚》，523e—524a)传达法律。或许宙斯并不希望直接进行统治，因此，人只要在留给其自身的特定限度内活着，就要被迫进行选择或被赋予选择的能力。进一步说，如果宙斯把他的法直接地传达给人类，人类就必定能知道宙斯的思想，也就是说，占卜术必定成为一项真实的技艺；但占卜术没有必要存在，如果在宙斯和人之间有一位中介者，就像米诺斯那样，作为神性的分有者不需要能获知其父思想的人类技艺，同时作为人性的分有者能够向人们传达其父的思想，正如人类的立法者们向人们传达他们的法律那样。

通过首先不是简单地谈论最好的法律，而是谈论既善好(good)又古老(ancient)的关于吹笛术①(flute playing)的法律(说明性的和分配性的行

① *Nomos* 在古希腊除了指法或习俗外，直到公元8世纪，它也指称乐曲的确定形式(音律)。参见刘小枫译注的《会饮》，华夏出版社2003年版，注115。——译注

为),苏格拉底把我们引向宙斯的法律。正如我们已经从同伴的长篇发言中了解到的,善好与古老完全不同:某些古老的法律要求向当时最高的神奉献人牲祭品。但是一种到现在仍然有效的古老法律则近乎具有似乎是神性之标志的不可变性。法必定不仅是好的或富于智慧的,而且也是稳定的(stable):最好的法律能够同时是富于智慧的和稳定的吗?吹笛术的例子——一种最有力地唤起言谈但不能在说话的同时演奏的技艺——将我们的注意力引向与古老和善好都区别开来的神圣(divine)这一品质。某些远古的野蛮人发明的笛曲是最神圣的,因为它们独自流转并给那些渴慕诸神的人们带来光明;而那些笛曲的神圣特质解释了为什么它们至今仍然能保持自身的力量。并非任何古老的事物都是神圣的,但或许任何神圣之物都必定持续了一段非常悠长的时间。最好的法律的稳定性能够归于那不可言说的或神秘的力量吗?这一力量来自统治着机运(chance),并且可能是在对善好的喜爱中进行统治的神圣吗?我们因而作好了准备去接受苏格拉底的意见,他认为最古老的希腊法律——米诺斯给予他的克里特人民的法律,要胜于诸如埃及人的法律,或一般追溯到阿波罗神(他是胜过 Marsyas 及其吹笛技艺的胜者[①])的斯巴达人的法律——同时结合了三种品质:古老、善好和神圣。

而这位先前已经被导向接受法是一种技艺,因而雅典的法律根本不是法律或者最多只是坏的法律的同伴,现在却拒绝接受克里特人的法律。他并不否认米诺斯是拥有神性血统的远古国王,但是他否认米诺斯是一位好国王。苏格拉底告诉他,他陷入了雅典神话的魅惑之中;他应该努力从这魅惑中解放出来,正如他已经从雅典法律的魅惑中解放那样。在一段其长度远远超过这位同伴的长篇发言的演说中,苏格拉底从诉诸那些雅典的悲剧诗人——在他们创造的神话中米诺斯是邪恶的——转向了诉诸最古老的诗人荷马和赫西俄德,并因此证明了米诺斯和他的法律是好的。通过荷马,

---

① Marsyas 是希腊神话中的林神(或萨提尔)之一,曾神气透顶地带着笛子去参加音乐比赛挑战阿波罗,结果失败,并因自己的放肆而遭到痛斥。参见希罗多德:《历史》,7.26.3。——译注

苏格拉底了解到米诺斯是唯一一位由宙斯亲自用其技艺，亦即智慧术(sophistry)教化的儿子，这一高贵的技艺与王者之术肯定是同一的，并可能与立法技艺同一；这一教化过程发生在一个洞中，也许是宙斯所在的洞穴。法与城邦的意见根本无关，它是，或者建立于一种技艺之上，这是最高的技艺，是最高的神的技艺。为了判断苏格拉底的这一主张，一个人必须在其文脉(context)中考虑苏格拉底诉诸的这些荷马诗句；他必须看看这些诗句表达的是荷马的观点还是诗中人物的观点；在后一情况下，他必须考虑这一人物是否能被认为在一件如此重要的事情上同时拥有知识和诚实。正如苏格拉底指出的，这些关键的荷马史诗段落可以被视为意味着米诺斯不是通过以德性教化为目的的谈话，而是通过饮酒与游戏(playing)与其父宙斯相连接。通过一个必须被承认有回避问题实质的嫌疑的思考方法，他处理了那种认为米诺斯通过饮酒至醉与宙斯连接的观点。但他并没有处理认为宙斯与米诺斯是为了与德性教化无关的其他目的而相互连接的意见。对那些未被提及的其他可能性进行推测是不明智的。正如苏格拉底在最后所清楚表明的那样，完全可以认为整个交谈都建立在对好的立法者的运作方式(function)的无知之上：整个对米诺斯的法律的颂赞必须被重新省思，如同在《法律篇》中所做的那样。

对米诺斯之善好的可听到的证明(audible proof)被一个隐含的怀疑所平衡。证明和怀疑之间的差异对应于两次苏格拉底式规劝之间的差异。这一证明以一个关于虔敬的规劝为先导，因为苏格拉底是以虔敬的名义来挑战雅典人关于米诺斯的神话：对一个人而言，谈论米诺斯，也就是说，一位作为宙斯之子的英雄的邪恶是不虔敬的；宙斯憎恨这一行为可能超过憎恨对宙斯自己的邪恶的谈论。在这一证明之后是对关于米诺斯之邪恶的神话如何出现的思索：米诺斯发动了一场反对雅典的正义的战争，击败了雅典，并且迫使雅典人支付“著名的赎金”——每隔一段时间送十四个年轻雅典人到克里特岛，作为人牲献祭；因此米诺斯对“我们”雅典人来说就变得可恨了，而我们通过那些把他表现得邪恶的悲剧诗人来报复他；这一报复非常奏效，因为悲剧按其本性就能取悦人，并像吹笛术一样易于牵引灵魂。在陈述这些时，苏格拉底表达了对其同伴的第二个规劝——一种警惕性的规劝，不是用来防备不虔敬的行为，而是用来防备招致任何一位爱邦诗人的怨恨。正如米诺斯的例子所表明的，一个人不可能在所有情况下都同时遵从这两个规劝，尽管它们中每一个都要求在所有情况下被遵从。为了遵从第一条规劝，苏格拉底不得不最高度地赞颂了雅典最古老的敌人，而苏格拉底将把由雅典城颁布的对其处死的推迟归功于他，即使不是直接地(《斐多》，58a—c)。

这一对话的结尾所得出的主要结论是不明确的。这一结尾并不完全出人意料，因为米诺斯的法律是最好的法律这一意见暗含着法能够是对“是什么”的揭示，因此能够是不可变的，而苏格拉底的法的定义则暗含着法不可能超出对“是什么”进行揭示的尝试，因而必定是可变的。根据第一个观点，人们能够成为专家——能拥有足够的知识——在与法相涉的特定事情方面；而根据第二个观点，人们对这一事情是无知的。一个人可以通过设想当人们不能成为这一事情方面的专家(experts)时，他们必定会是对它的知晓者(knowers)来解决这一困难。这一基本的困难也可以被陈述如下：法无论何时何地都是相同的，并因此是一；法必须和诸个体的需要一样是可变的，因而是无限的多。如果一个人接受第二个观点，他将得出这样的结论：在关于人、正义和狗的情形中，一(作为一的人，作为一的正义，作为一的狗)比多(个别的人们，正义之诸物，狗群)有更高的尊严；而在关于法的情形中，一(普遍的法则)就比多(给每个人的灵魂以适当的食物与辛劳的分配)要低，而且这个一事实上是虚假的。

我们在此只能略微触及一些事情，对于它们，《米诺斯篇》的读者所考虑的肯定比我们这里所能考虑的远为周详。比如，我们无法在此论及苏格拉底及其同伴在其中以直呼姓名或其他方式彼此称呼的详情。这位同伴有八次是用直呼姓名来称呼苏格拉底，并且从来不用其他方式。而苏格拉底则从来不用直呼姓名称呼这位同伴(这并不意味着他肯定不知道同伴的名字)，但有三次是用一种被我们表达为“尊贵的阁下”的方式称呼他。在二人谈话中，一方直呼另一方的名字特别出现在两种场合：另一方所说的事情明显荒谬，从而这一方努力要把他拉回到理性上来时；以及一方触及了另一方的禁忌，从而请求原谅时。苏格拉底有两次用“尊贵的阁下”称呼同伴，紧接在同伴用“噢，苏格拉底”称呼他之后：第一次是同伴对苏格拉底赞颂米诺斯表示不满，而第二次则是同伴未能领会善的米诺斯怎么会获得恶名。由于同伴的这一特征，我们可以猜测他不很年轻了，他关心公共名声，他是无偏见的——一个人可能会用这个词，并且他相信一个野蛮和不和顺的人可以是正义的。

《米诺斯篇》提出的问题比它所回答的更多。为了考察《米诺斯篇》包含的思想是如何最好地继续展开的，必须转向柏拉图的其他对话。在其他对话中寻找《米诺斯篇》这段或那段话的类似之处是没有什么用处的，因为这些类似段落的意义依赖于它们所处的文脉，也就是说，依赖于它们出现于其中的整篇对话。一个人因此必须研读其他的对话。每一篇这样的对话都带给视线一片新的大陆，这一经验类似于人在山重水复之际忽又柳暗花明。最像《米诺斯篇》的对话是《希帕库斯》(*The Hipparchus*)。它们是仅有的两篇发生于苏格拉底和一位单独的无名同伴之间的对话。它们也是仅有的两篇标题由某个不在谈话现场，却在此前很久就已死去的人的名字构成的对话；它们的标题类似于悲剧的标题。它们还是仅有的以苏格拉底提出一个“是什么”的问题开场的对话。《米诺斯篇》以“什么是法”的提问开篇，而《希帕库斯篇》则以“什么是爱利行为(gain-loving)的品质？谁是爱利者？”开篇。假如《米诺斯篇》的开篇与《希帕库斯》的开篇严格对应的话，那么它就应被读做：“什么是守法的品质？谁是守法者？”即使不是法本身受到普遍赞扬，守法也肯定会受到普遍赞扬，然而爱利行为却受到普遍的指责：《米诺斯篇》并不需要对守法或法进行辩护，而《希帕库斯》却是专门用来为爱获取辩护。《希帕库斯》或许会被认为是以对克里特岛的立法者米诺斯的赞颂结尾，《希帕库斯》则会被认为是以对雅典僭主希帕库斯的赞颂告终。对爱获取的辩护乃是对僭政的辩护，假如僭主是最突出的爱获取者的话(参见亚里士多德《政治学》，1311a4－11)。僭政是法或法的统治的对立面，《米诺斯篇》和《希帕库斯》一道处理了人类事务中这两个基本的选择项。我们前面所指出的“爱获取”和“希帕库斯”之间的关联在该对话中并没有得到详细展开。希帕库斯在那儿被提及是由于对话的情势被他的一句话所照亮。苏格拉底控告其同伴试图欺骗他，而同伴则控告苏格拉底在事实上欺骗了他。(这样的控告在《米诺斯篇》中并不存在)于是苏格拉底在适当的准备后，引证了希帕库斯的话:“不要欺骗朋友。”这句话并没有反对欺骗那些不是朋友的人。从上下文看，它表明了不欺骗朋友是正义的一个部分，换句话说，正义由帮助朋友和伤害敌人组成。爱利行为通常受到鄙视是因为它似乎与欺骗不可分离。尽管可能是这样，苏格拉底仍然赞扬雅典僭主是一位好人和有智慧者，是雅典人在智慧方面的伟大老师，他的统治类似于宙斯之父科罗诺斯的统治时代。如果我们把《米诺斯篇》与《希帕库斯》放在一起，就会看到最不可思议的事情:一位雅典的僭主竟然比雅典的法(甚至比克里特人的法)更好、更有智慧。相应地，正如《米诺斯篇》中苏格拉底明确拒绝关于米诺斯的雅典神话一样，在《希帕库斯》中他也反对雅典的“大多数人”关于希帕库斯的一切:Harmodios 和 Aristogeiton，这两位被雅典人夸许为解放者的家伙，谋杀了希帕库斯，仅仅因为他们嫉妒其智慧和对青年人的影响;①希帕库斯的不合法的谋杀预示着对苏格拉底的合法的谋杀。

《希帕库斯》质疑了那种认为“爱利行为”纯然为坏的观点，正如《爱利行为》也可被认为质疑了法纯然是好的看法:一部法律可能是坏的，正如爱利行为也可能是好的。这些事实向人提示出一种观点，亦即法和获取就其自身而言都是中性的，正如人也可被认为是中性的:一个高等人(high-class man)并不比一个低等人(low-class man)更多或更少地是人(《希帕库斯》，203c)。但是正如《米诺斯篇》中间经过了“一部坏法律不是法律”的观点那

① Harmodios 和 Aristogeiton 是一对同性情侣，僭主希庇阿斯的兄弟希帕库斯想夺宠而不成功，凌辱这两位情侣，两人谋杀了希帕库斯。此事发生于公元前 514 年，见修昔底德的《伯罗奔尼撒战争史》，卷六 54:2—3。但谋杀并没有结束僭政，反倒使僭政变得更为严酷。“这一事件被看作西方历史上通过非法手段对付暴政的开端，当时在雅典家喻户晓，不少民谣反映了这一点……后来，这两个人的名字与推翻僭主、解放、友爱、公民的权利平等联系起来——荷尔德林歌颂法国革命时就提到这两人。”(参见刘小枫译注的《会饮》，华夏出版社 2003 年版)——译注

样,《希帕库斯》也经过了“一种坏的爱利行为不是爱利”的观点。依据什么权利(right)我们才可以说一个低等人仍然是人?

(本文作者生前系芝加哥大学政治哲学教授;译者系海南大学社科中心硕士研究生)

神人古事

古希腊城邦与宗教：荷马史诗与库朗热的《古代城邦》

郑文龙

这一信仰成立：人类社会形成；

这一信仰演变：人类社会经历一系列革命；

这一信仰消失：人类社会改头换颜。①

一、前言

法国19世纪大史家库朗热的《古代城邦——古希腊罗马祭祀、权利和政制研究》的全译中文本于2006年出版。本书虽然旁征博引，但在其中找不到任何现代人的古史研究著作，尽管这并不意味着作者不熟悉这些研究成果。②《古代城邦》所使用的文献都是古代人自己撰写的文献，因此，要了解《古代城邦》的一个方法自然就是了解他所使用的这些文献。本文即选取作者所使用的荷马史诗来尝试探讨《古代城邦》的一个根本命题：宗教与城邦制度形成的关系。本文旨在达到以下两个目的：(1)分析《古代城邦》所引

① 阿尔多(François Hartog)："1984年版前言"，载库朗热：《古代城邦》，谭立铸等译，华东师范大学出版社2006年版第1页。此译本对阿尔多的前言、库朗热的导言和正文均使用独立的页码排序，而且都使用阿拉伯数字，因此本文的注释除正文页码外，其余两个部分的页码前都会标出相应的出处。

② Cf. Arnaldo Momigliano, "The Ancient City of Fustel de Coulanges", in Arnaldo Momigliano, *Essays in Ancient and Modern Historiography*, Wesleyan University Press, 1982, p. 327.

用的荷马史诗例证的含义,特别是它在史诗文本上下文的意思;(2)通过上述针对具体文献例证的分析,反观库朗热的革命性论述所使用例证的方法及其问题,并对其所支撑的论题进行初步评价。

库朗热断定:"希腊人及意大利人比罗慕路斯(Romulus)及荷马(Homer)都更古老。而信仰的形成及制度的创立或准备,其时代则更古老和更加难以确定",而遗憾的是有关的历史文献"现在已荡然无存了"。[①] 这样,我们需要探讨的就是,在有关文献已"荡然无存"的情况下,在哪里可以找到那一种信仰与其所产生的制度的痕迹?库朗热的答案是:

> 幸而过去对人来说永远不至于销声匿迹。人固然可忘记其过去,但过去会潜伏于人身内。所以每个时代的人,都是他的前代积结的产品。他若回到心灵的深处,必能根据各世各代遗存于他身内的东西,重新寻回并识别出这些不同的世代来。观念虽然可以改变,记忆虽然可以丧失,但表达它们的文字却长存不失,足以为已经遗失的信仰作永远的证据。[②]

据此,我们可以尝试性地追问,荷马史诗(《伊利亚特》与《奥德赛》)是不是记载着已经遗失的信仰及其产生的制度的其中一个证据呢?库朗热对荷马史诗的真实性问题显然持肯定态度。[③] 荷马史诗是已遗失的信仰以文字形式留存在人心的"行为事实"[④]。在对荷马史诗与《古代城邦》两种古今文本进行仔细的比对后,笔者发现,一方面,相对于其他晚出的文献(特别是古希腊悲剧),荷马史诗在《古代城邦》中所占的分量奇轻。在书中列出的 639 个注释中,只有 16 个提到荷马史诗《伊利亚特》和/或《奥德赛》,在其中提到的两部史诗章节总数仅 23 处。另一方面,我们还发

① 库朗热:《古代城邦》,谭立铸等译,华东师范大学出版社 2006 年版,"导言",第 3 页。

② 同上书,"导言",第 4 页。

③ 同上书,第 134 页,注 1。

④ 此处借用阿尔多语,参见阿尔多:"1984 年版前言",载库朗热:《古代城邦》,第 17 页。

现,要么是荷马史诗与《古代城邦》命题息息相关的内容被库朗热忽略了,要么是一些内容如果不是与库朗热的论旨有着根本矛盾的话,也是显得有点格格不入的。

法国当代古典学家、法兰西院士阿尔多(Pierre Hartog)曾指出:"库朗热运用古代文本的方式甚为奇特。这些文本因涉及共同的主题而被援引,至于文本的类型或者年代,库朗热则一概忽略不问。唯一的原则是,要有一个,或者最好是多个引文。于是,西塞罗与荷马、波斐利(Porphyre)竟然可以相提并论。库朗热似乎记得一个语词、半句话、一行诗,却完全不了解上下文背景。"①这句评价无疑是批评性的,但其中的另一层含义也许是:没有对库朗热使用过的"一个语词、半句话、一行诗"及其"上下文背景"做过深入研究,我们就难以正确评价《古代城邦》这本大书。本文即是从个别文本入手来理解《古代城邦》的一个尝试,也可以被理解为阿尔多上述评价的一个注释。在本文我们所要做的是,通过库朗热引用的章节,呈现出一幅自在于史诗文本本身的宗教图景,它可能是矛盾的,但它本身是一个整体,一个呈现在库朗热面前的整体。库朗热曾提到他的一个方法论:"一些小细节,看似无意义且不起眼,却往往揭示了古人的政制。"②笔者在下面即尝试挖掘荷马史诗里的一些被库朗热引用过和忽略掉的细节。

二、宗教:《古代城邦》使用的荷马史诗章节

《古代城邦》第110页写道:"我们研究古代的信仰时,我们看到的是这样的一种宗教,它以祖先为崇拜对象,以家火为主要象征。无论是家庭的组织,还是法律的制定,都与这种宗教有关……存在着另一种宗教崇

① 阿尔多:"1984年版前言",载库朗热:《古代城邦》,第16页。

② 库朗热:"1862年斯特拉斯堡公开课",载《古代城邦》,第370页。

拜,他们崇拜的神有宙斯、赫拉(Hèra)、雅典娜、朱诺以及希腊奥林匹亚山上的诸神……"事实上,这两种宗教的确存在于远古的希腊社会而从未被学术界否定过①,同时它们也在荷马史诗中得到反映。但是,在史诗中两种宗教的分量是极其不平衡的。尽管有着家庭宗教的一些记录,史诗的大部分内容却是围绕奥林匹亚诸神崇拜而展开的。诚然,在史诗中我们看到库朗热描绘的"古人对灵魂及死亡的信仰":古人相信灵魂的存在;②"死并不意味着人的消解,它不过是一种生命的变化而已"③;灵魂在人死后"去哈得斯"④,等等。此外,我们也看到古人对葬礼的重视⑤。然而,通观两部史诗,我们没有发现亡灵的安葬与生者福报的关系,我们也看不到葬礼与土地的关系如何发展出一种家庭制度及所有权制度的痕迹。我们看到某种祖先崇拜,但它似乎是以史诗的英雄崇拜形式出现的;我们也看到圣火(hestia)的出现,但它要么是神明住所的圣灶,要么只是作为家庭象征的家灶,其文义并没有任何库朗热所赋予的塑造家庭制度与产权的意义。事实上,在史诗中我们没有找到一处提到家火的章节,与《古代城邦》的中心命题——家庭圣火如何构成家庭制度及所有权制度——有任何一致的地方。

相对而言,无论在叙事结构、修辞或思想内容上,奥林匹亚诸神崇拜在史诗中都较家庭宗教占据着更多的比重。《伊利亚特》首章以缪斯女神为开端,而《奥德赛》更以诸神的议事会作为叙事的开始和结束。在神灵与人互动的叙事中,史诗也涉及家庭制度、社会结构、政治制度、法律与司法制度等等核心内容,但是这一切都与祖先崇拜和家火崇拜无关。

---

① Clifford, Moore Herschel, *The Religious Thought of the Greeks: From Homer to the Triumph of Christianity*, Harvard University Press, 1916; Martin Nilsson, *A History of Greek Religion*, Clarendon Press, 1925; M. I., Finley, "The Ancient City: From Fustel de Coulanges to Max Weber and Beyond", *Comparative Studies in Society and History* 19 (1977), pp. 305—327.

② 《伊利亚特》16.453;《奥德赛》11。本文使用的希腊语文献均来自http://perseus.uchicago.edu/hopper/collection.jsp? collection=Perseus:collection:Greco-Roman。

③ 库朗热:《古代城邦》,第3页。

④ 《奥德赛》10.560。中译文来自《奥德赛》,王焕生译,人民文学出版社2003年版。

⑤ 《伊利亚特》19.229。

在这一章里,我们将具体分析荷马史诗中的这两种宗教与库朗热援引史诗的方式。

1. 对灵魂及死亡的信仰和对死者的敬礼

按照赫西俄德《劳作与时日》的说法,奥林匹亚诸神创造了黄金种族的人类,后者"像神灵那样生活着,没有内心的悲伤,没有劳累和忧愁"。然而尽管在根源上人神是同源的,他们之间却有着一个根本的区别:诸神是无死的(athanatoi),而人是有死的(thnēskon)。[①] 尽管荷马史诗中"神样的"英雄们都有着神力,比如赫克托尔举起的石头,"即使两个像我们现在这样的普通人非常精壮,也很难把它们从地面抬上车"[②],然而他们并不分有不朽性。这就是人神之别。

死亡带来的是身后是否还有生命及其形式的问题。在这点上,古希腊人与其他古老民族都有着一个共通点:灵魂存在的信仰。取得硕果累累的现代比较宗教学已通过各种历史证据,说明了在不同的文明及其不同的历史时段中,都可以发现某种特定形式的灵魂信仰。[③] 柏拉图认为,希腊灵魂一词 psychē,源自 anapneō(呼吸)或 anapsychō(精神通过新鲜的空气而得到振奋、更新)。[④] 这三个词都在荷马史诗中出现过。[⑤]《伊利亚特》16.453就写道:"等到灵魂(psychē)和生命终于离他而去。"事实上,两部史诗有着大量关于人死后灵魂的叙述,其中的论述要么关于死亡即灵魂离开身体的观念(《伊利亚特》7.131,22.362;《奥德赛》10.560),要么关于灵魂的拟人化

① 《劳作与时日》108—116。

② 《伊利亚特》12.455—458。中译文引自《罗今生全集》(第五集),世纪出版集团 2004 年版,下同。

③ 在比较过不同的原始社会后,泰勒(Edward Tylor)发现普遍存在着相信身体死后灵魂继续存在的信仰(*Primitive Culture*, II, 1, H. Holt and Sompany, 1877)。另见 Eliade, *A History of Religious Ideas*, Vol. I, University of Chicago Press, 1978, p. 34, p. 137。

④ Plato, *Cratylus*, 399e.

⑤ 关于 anapneō,《伊利亚特》11. 327〈00;关于 anapsychō,《奥德赛》4. 568;下文将有大量 psychē 的例子。

形式(《奥德赛》11.1—332)——即所谓的幽影或魂影(eidōlon)①,要么与葬礼有关(《伊利亚特》16.453;《奥德赛》11.73—76),等等。但是,在上述三点上,《古代城邦》的论述无一处与史诗的叙述是一致的。在库朗热看来,古人从来不认为人死后灵魂会离开身体:“古人甚至在很长时间内都认为,来生的灵魂也不会与身体分离开来。灵魂既然与身体同生,死后亦不能使它们彼此分离。”②对于他的这个臆测,在其书中我们找不到任何一个他援引的文献可以证明这种观念。至于灵魂的拟人化等观念,这可能是史诗的一种修辞,但是如果按照库朗热针对死后无葬的孤魂会以“鬼影”(fantasme)扰人的说法③,则他和史诗是一致的。最后,关于葬礼,我们将在后面详细探讨史诗与《古代城邦》之间的差异。

在《古代城邦》第二章里,库朗热认为“在古人的思想中,每个死者都是一个神”④。“对于死者的亡灵,希腊人或称为鬼(démons),或称为英雄(héros)”,⑤似乎“神”、“鬼”和“英雄”都是一码事。我们都知道,古代的原始宗教一般都相信灵魂及其不朽的观念。⑥ 古思里(W. K. C. Guthrie)认为,古希腊的一个根本宗教观念即在于,人是可朽的,而神是不朽的。所以athanatos(不朽者)即神的别称,灵魂的不朽将使死者变为神。⑦ 如同我们前面提到的,这正是人神之间的区别。然而,这是否就是古人用以区别生者及其家庭亡灵的唯一的一个观念?Guthrie 所举的都是纪元前 8 世纪后的例子,其中不乏善于思辨的哲学家。无疑,用有死来界定人是恰当的,但是仅仅用无死来界定人的存在的边界——死——以外的灵,这对古人来说是否是一种想当然的做法?我们不否认无死是古人对人死后的一种状态的描

---

① 比如,《伊利亚特》23.72,10;《奥德赛》11.602。实际上这是一种活物论(animatism)的表达形式。除拟人化外,古希腊人也通过蛇、鸟等动物载体来表达灵魂的形式。参见 Martin Nilsson, *A History of Greek Religion*, p.102。

② 库朗热:《古代城邦》,第 3 页。

③ 同上书,第 5 页。

④ 同上书,第 10 页。

⑤ 同上书,第 13 页。

⑥ James Frazer, *The Fear of the Dead in Primitive Religion*, Macmillan, 1933, pp. 3—4.

⑦ W. K. C. Guthrie, *The Greeks and Their Gods*, Beacon Press, 1955, pp. 113—116.

绘,荷马史诗中也用“无死者”(athanaos)来指称亡灵[①],但是如果纯粹是这样的话,为什么古人会发展出不同的语词?为什么会叫“鬼”?又为什么叫“英雄”?库朗热表示过,对语词背后所含载的古老意义必须予以高度重视。[②] 然而,在《古代城邦》有关这三个词的篇章里,我们并没有发现这种重视。

作者在谈到“在古人的思想中,每个死者都是一个神”时,援引的唯一一个史诗章节是《奥德赛》10.526,其中所使用的却是“nekrōn”(尸体,死者)一词,它似乎与《古代城邦》有关正文中的“神”无关。以比较集中涉及亡灵的《奥德赛》第11章为例,其中所使用的词是psychē[③](灵魂),或nekus[④](死者、尸体),或nekus与thnēskō[⑤](死亡)。[⑥] 笔者没有查找全文,但是以库朗热对文献掌握的娴熟程度而言,如果史诗中有其他使用上述三个语词(即“灵魂”、“鬼”和“英雄”)同时又能配合他这个论题的地方,笔者相信库朗热一定会引用之而不会选择一个中性的语词nekrōn(死者)来表达他这一核心思想。事实上,在史诗中我们确实碰到“kakos daimōn”(恶鬼)[⑦],它具体指什么我们不得而知,但是从上下文看起码它比“常乐的神明”排位要低[⑧]。我们也碰到用以专门指奥林匹亚诸神的“theos”一词,但是它的神学品格已经随着荷马史诗的出现永恒地影响了后来希腊人的神学理解。此外,我们也碰到“hērōs”一词,史诗本来就是关于人(英雄)神之间的伟大行止的作品,“hērōs”与“theos”的使用俯拾皆是。但是,如同我们下面讲到英雄崇拜时将会指出的,英雄崇拜尽管与祖先崇拜有关,但它是否在荷马史诗前已经出现却始终是一个悬而未决的疑案,就更不要说后来深受史诗的英雄崇拜

---

① 《伊利亚特》7.131。但是更多的是用来指称奥林匹亚诸神。

② 库朗热:《古代城邦》,第4页。

③ 如《奥德赛》11.51,90,150,165。

④ 如《奥德赛》11.37。

⑤ 如《奥德赛》11.37,147。

⑥ 在此章中athanatos出现过四次,但都不是指亡灵。

⑦ 《奥德赛》10.64。

⑧ 同上书,10.74。

观念影响的文献了。其实,theos(神)、daimōn(鬼或精灵)和 hērōs(英雄)是三个只能在荷马史诗里才能被解释清楚的观念。简而言之,在史诗中,θεs 指奥林匹亚诸神,δαιμν 是一种在神学品格上低于奥林匹亚诸神的一种精灵,而 ρωs 则指英雄崇拜中的地方性神灵。在史诗那里,这三者已经被安排在一个神灵的等级序列里了,已经不是一组能放在一起的概念了。根据库朗热使用的多是史诗后的文献的做法和这些语词的意义最早是在史诗中得到规定的这个事实,我们不禁疑惑,用"后荷马"文献支撑的一组概念投射到一个没有任何文字记录的远古世界是否是一种有根据的做法?更何况,就库朗热从史诗这个与远古时代更为接近的文献中仅仅找到一个微弱的支持例证这一点来看,《古代城邦》的研究方法不免让人怀疑。库朗热在第二章里一口气地给出了三个不同的概念,同时援引的史诗内容又是另一个完全不同的概念!这种牵强的做法是否为阿尔多上述对库朗热片面引用文献的批评提供了一个佐证?

2. 葬礼

库朗热认为葬礼(确切地说,只限于土葬的葬礼)的目的是避免死者死后无葬,变成野鬼孤魂,无法得到永乐,从而作恶于人间。葬礼是生者出于对亡灵的畏①而采取的措施,其目的是"为了死者的永乐与幸福"②。然而,在奥德修斯劝慰阿基琉斯可以在哈得斯"威武地统治着众亡灵"后,阿基琉斯是这样哀叹他的困境:"我宁愿为他人耕种田地,被雇受役使,纵然他无祖传地产,家财微薄度日难,也不想统治即使所有故去者的亡灵。"③按照库朗热对古代社会结构的分析,阿基琉斯所向往的是连公民身份都没有、实际上不受任何保护的被保护人——雇佣工(θτεs)!④ 可见,在荷马笔下得到葬礼

---

① 在广泛地研究亚非拉各民族的原始社会历史后,曾受到库朗热影响的弗雷泽确认,对死者的畏惧观念确定了生者与死者间形形色色的关系。参见 Frazer, *The Fear of the Dead in Primitive Religion*。

② 库朗热:《古代城邦》,第 5—14 页。

③ 《奥德赛》11.489—491。

④ 库朗热:《古代城邦》,第 248 页。

的亡灵并不一定感到永乐和幸福！相信库朗热在看到这样一个神样的英雄的慨叹后，自然又会得出“《奥德赛》已显出一些新的情感和风俗”[①]的结论而置之不理。诚然，将这些文本证据放回库朗热的叙述逻辑中考察的话，它自然会被视作不能反映古代习俗的“新事物”，因而我们很难断定这是否构成他的论题的一个致命伤。似乎，即使找出千百个文本证据，我们也难以驳倒库朗热的先验论题！

葬礼最能表达古人对死者的态度。在进入荷马史诗前，让我们先对葬礼的意义作一简单介绍。葬礼并不仅仅意味着把尸体埋在土地里而已。通过葬礼，生者以及未出生的生者与已然过去的历史建立起一个活生生的联系。葬礼是死者如何继续存活在生者的生活中并持续对后者作出影响的礼仪。这点正是《古代城邦》所建立的一个核心命题：通过安葬所建立起的处所(*topos*)，家庭与灵魂所寓居的土地建立起一种紧密的联系。[②] 这种联系的基础是什么呢？库朗热认为它源自生者对死者的畏惧，这点与库朗热的前辈维柯所刻画的人性本质形成了明显的对比。维柯认为，处于不同历史时期与不同地域的万民都拥有着三种根本的制度：宗教、婚姻与葬礼[③]，而拉丁语 humanitas，即人之为人的一切品质，严格说来首先源自“humando”(埋葬)一词。[④] 言下之意，无非是人禽之分在于人会埋葬死者，野兽只会让同类在尘土上腐烂。[⑤] 人性的培养首务在于给予死者适当的、合礼的葬礼。通观《古代城邦》全书，我们找不到关于古人的这种高度反思性的观念。库朗热给我们的是一个简单而往往又能通达到人灵深处的概念：畏。但是，所畏惧的不是一般我们所说的对幽灵幻象的心理恐惧，否则古人就不会选择在家中安葬祖先而会避而远之。所畏者，即生者在世的福乐忧患都取决于

---

① 库朗热:《古代城邦》，第 89 页。

② 按照库朗热的研究，希腊文明就其起源而言是土地性的！海上没有坟墓和希腊人土葬用的堆石标。大海既欢迎生者也欢迎死者，它将一切都吞没，不留痕迹——记忆的载体。《古代城邦》的象征意味足以颠覆我们对古典时期希腊的大海文明的理解！

③ 维柯:《新科学》，333。

④ 同上书，12。

⑤ 同上书，333。

祖先亡灵是否得到安葬和祭供从而能享受永乐。库朗热给出的不是一个虔敬(pietas)的神学观念;借用西方宗教的概念,《古代城邦》讲的是一种朴素的讲求互惠(reciprocity)的神义论:生者现世的祸福依赖于祖先的亡灵的"生存"状况,只当后者的福乐得到保证后它才能对子孙行义,也就是说,"神"之义是有条件的。因而,在库朗热看来,古人重葬的观念源于对死者的畏,这与纯粹的虔敬、人性的历练或者中国人信奉的慎终追远的思想,完全没有关系。归根结底,畏所指向的对象是没有快乐(happiness)的生存状态——死者的和生者的。畏死者这种观念,在弗雷泽(James Frazer)的研究中得到证实。在研究各大洲原始社会后,他发现"原始人对死者的灵的态度与文明人的态度有着很大的区别,前者往往受制于畏多过受制于爱心"①。但是,这只是一个一般的描述。关键是畏什么。从畏到重葬,其中涉及的观念至为关键。

如同库朗热已经指出的,荷马史诗也透露出重葬的思想。在《古代城邦》中,他提到了赫克托尔与埃尔佩诺尔的求葬②和阿基琉斯为好友帕特罗克洛斯如何准备陪葬品。③ 事实上,史诗中记载着大量库朗热大书特书的重葬观念的内容④,除库朗热提到的赫克托尔的求葬外⑤,其父普里阿摩斯孤身冒险前往敌营求回儿子尸体进行安葬,也是令人印象深刻的。史诗所表达的重葬思想与库朗热的论述是一致的。然而,如同上述,关键是畏什么而导致重葬观念的出现。在这点上,荷马史诗所反映的观念与《古代城邦》的核心命题迥然不同。埃尔佩诺尔哀求奥德修斯安葬他,否则奥德修斯会

---

① Frazer, *The Fear of the Dead in Primitive Religion*, p. vii.

② 库朗热:《古代城邦》,第6页。《伊利亚特》22.338-344;《奥德赛》11.72(《古代城邦》为11.73)。

③ 库朗热:《古代城邦》,第5页。《伊利亚特》21.27-28(《古代城邦》英译本注解中未提及此章节,中译本则提到),23.166-176(《古代城邦》中译本为23.165-176,与《古代城邦》英译本和《伊利亚特》中译本不同)。

④ 《伊利亚特》11.455, 19.214, 21.27-31, 22.338-343, 23.165-183, 221, 16.453-457, 23.69-137, 24。

⑤ 库朗热:《古代城邦》,第6页,注1。此处库朗热援引的是《伊利亚特》22.358,似乎是笔误,经查证应是22.338。

因此而"受谴于神明",然而为什么生者不为死者行葬的话就会遭天谴?埃尔佩诺尔把原因点出:"让后代人把我这个不幸的人纪念!"[①]生者行葬的义务在于表达出生者对死者的永恒纪念。这里我们看到的只是后人对先人的虔敬观念。当阿基琉斯为同伴的死激愤而急于出战时,奥德修斯提醒他:"我们的责任是埋葬已经丧命的同伴,保持坚强的心灵,对死者志哀一天。"[②]同样,阿伽门农同意休战殓葬死者,因为"没有人会吝惜给他们的尸体以快速的火化安慰"[③]。这些例子强调的是生者对死者的哀思。根据史诗这类例子,我们丝毫看不到通过安顿好死者的灵魂而让生者得到实实在在的好处这一互惠观念。"高傲的"普里阿摩斯不顾家人的反对,前往敌营求取赫克托尔的遗体,他这样做的原因只有两个:做父亲的天然的感情使然,与出于使儿子的尸体免于被狗吃掉的念头。为此,普里阿摩斯决定冒生命之险。[④] 在这些文本例子里,我们看到的更多的是维柯的行葬以成就人性的观念,似乎没有任何关于通过安葬来安顿死者魂灵与生者的祸福有关的痕迹。

进一步而言,荷马笔下的魂灵似乎都软弱无力而并不如库朗热所描述的具备左右尘世中子孙运命的能力。强如阿基琉斯,在哈得斯关于死不如生的哀叹,即是一个例子。朗恩(Andrew Lang)就认为:"对荷马来说一个死人,无论他是阿基琉斯或者是埃阿斯,都只是一个死人而已……他既不能协助也不能加害生者;他的灵魂,与无力的死者一族一起,寓居哈得斯。"[⑤]的确,离开"那没有知觉的泥土"[⑥]的灵魂的确需要安顿。帕特罗克洛斯的魂灵在阿基琉斯的睡梦中催促:"快把我埋葬,好让我跨进哈得斯的门槛!那里的亡魂、幽灵把我远远的赶开,怎么也不让我过河加入他们的行列,使

① 《奥德赛》11.72。

② 《伊利亚特》19.228—229。

③ 同上书,7.408—410。

④ 《伊利亚特》24.159—804。

⑤ Andrew Lang, *The World of Homer*, Longmans Green, 1910, p.127.

⑥ 《伊利亚特》24.54。

我就这样在哈得斯的宽阔大门外游荡。"①无葬的灵魂确是处于流离失所的状态,这点在《古代城邦》里得到恰当的强调。② 然而,除此以外,我们看不到库朗热与荷马史诗再有什么共同之处。史诗关于死者的信仰和葬礼,涉及的仅仅是生者对死者的纪念、哀思与虔敬,而并不是生者未来的好运。相反,按照史诗的规定,人间的祸福是由常乐的神明分配的,操纵生者的运命者是奥林匹亚大神。③ 这点自然又把我们带回到库朗热的辩护:在史诗中家神信仰已被奥林匹亚诸神信仰这一"新事物"所取代。然而,既然如此,我们如何知晓从史诗里某一处挑出的例证不也是属于这个"新事物"的一部分吗?

3. 英雄崇拜

史诗中的英雄崇拜是否源自远古时代的死者崇拜是一个有争议的问题。但是,库朗热在没有加以论证的情况下曾指出,"hērōo"一词"很有可能,最初指的便是死者",并以此等同于死者的亡灵,④更在随后各章有关英雄的论述中以此概念联系为依据。⑤ 基于他这种直截了当的做法,同时由于荷马史诗中的英雄崇拜是史诗的一个显著内容,我们有必要谈谈这个问题。

我们不能说半神半人的英雄崇拜仅存在于希腊文明,但是这确实是希腊文明的一个奇特的现象。在荷马史诗里,它尤其得到淋漓尽致的表达。从公元前8世纪末开始,英雄崇拜逐渐成为泛希腊文化的一个显著部分,同时也成为了很多城邦赞助的国家行为。伯克尔特(Walter Burkert)认为:"从8世纪开始的英雄崇拜直接源于史诗日益增强的影响。"⑥荷马史诗对此文化政治现象的推动作用是毋庸置疑的。然而,史诗中的英雄崇拜的根源则是一个疑案。按照 Burkert 的观点,考古发现并没有找到英雄崇拜源

---

① 《伊利亚特》,23.71—74。

② 库朗热:《古代城邦》,第5页。

③ 《伊利亚特》24.524—532。

④ 库朗热:《古代城邦》,第13页。

⑤ 同上书,第21、95、112、115页等。

⑥ Walter Burkert, *Greek Religion*, p. 204.

自迈锡尼时期的亡灵崇拜。[①] 尼尔森(Martin Nilsson)与斯伯姆(Hugh Seebohm)则认为英雄崇拜脱胎自古老的死者崇拜,所谓 hērōs 即古代一些显赫家庭、氏族或者部落的一个有名望的共同祖先。尼尔森甚至认为在当时以及在荷马史诗中,"hērōs"一词的意思就是指"贵族"(nobleman)、"王"(prince),[②]即史诗常用以指称部落王与城邦君主的 basiteus。无论答案是什么,若我们根据《古代城邦》将死者的亡灵与英雄等同起来的直接做法,和英雄崇拜在远古时期已经存在并属于亡灵崇拜一部分的观点,我们很自然会疑惑,为什么通篇都是歌颂英雄、充斥着英雄与政治制度关系内容的荷马史诗,并没能构成《古代城邦》的一个有力的支撑?显然,平衡使用各种文献并不是一个理由,因为在古希腊文献中没有其他文献比荷马有着更丰富的英雄记载,同时又有着更贴近远古社会的有关记录。此外,结合荷马史诗中的政治制度与英雄崇拜一起考虑,我们发现《古代城邦》中涉及社会结构的演变(从家庭、氏族、胞族、部落到城邦)的章节(特别是卷三)都可以与史诗这些社会组织奉行的英雄崇拜结合起来分析。尤其是当我们紧随着库朗热关于社会分化的论述而进入关于革命的卷四时,我们发现我们依然无从知道为什么有一些家庭会解体而沦为"平民",而另一些家庭在解体以后却能成为贵族阶层。仅仅从长子继承权、次子沦为从属这一家庭内部等级分化特征是难以全面解释社会变迁的复杂现象,事实上这个解释只是库朗热论题内在理路的一个逻辑表达而已!库朗热的得意门生格洛兹(Gustave Glotz)曾在批评恩师时指出:人类社会"并不是几何图形而是活生生的机体";"当涉及人类时,真理总是复杂的"。[③]为了论证一个单一的线索,为了使论题显得足够逻辑化,人们往往会忽略其他同样可以作为佐证的现象。其实,相对于长子继承权的解释,英雄崇拜现象起码可以被看成普遍存在的

---

① Walter Burkert, *Greek Religion*, Harvard University Press, 1985, p. 204.

② 尼尔森认为英雄崇拜源自迈锡尼的死者崇拜,参见其 *A History of Greek Religion*, pp. 102—103;斯伯姆认为英雄崇拜即祖先崇拜,参见其 *On the Structure of Greek Tribal Society*, p. 13。

③ Gustave Glotz, *The Greek City and Its Institutions*, Routledge, 1929, pp. 3—4.

祖先崇拜下形成的社会分化的一个理解线索,因为只有显赫的家庭和部落才能出现成形的、有传统的英雄崇拜,没落的家庭是不可能造出一个英雄祖先崇拜的传统的。当我们看到荷马史诗笔下刻画那些半神半人的英雄时所用的语词——“佩琉斯的儿子、神的后裔阿基琉斯”、“神样的”、“宙斯养育的”、“由宙斯赐予光荣的掌握权杖的”、“有似永生的天神的”——时,如果我们从神学政治的角度考虑,英雄的特殊政治身份及其领导的显赫家庭或部落的政治优势地位,及其背后所隐藏的社会分化现象就会呼之欲出了。如果它不是社会分化的根源,它起码是加强社会分化的一个原因,而且它又是库朗热至为关注的亡灵崇拜的一种扩展形式。传统认为荷马史诗所反映的时代正是迈锡尼时期的社会,那么为什么史诗中的英雄现象没有被库朗热用来分析社会结构的历史演变?为什么库朗热只限于用它来论证《古代城邦》中对死者的信仰的章节而已?这是我们比对两书后产生的一个较为突出的疑问。

4. 圣火

涉及圣火时,我们的疑惑就会变得更严重了。须知,按照宗教学的理解,图腾和圣像(icon)等一些充满宗教意味的象征符号,并不容易为人所遗忘,其意义在经历长时间的历史演进中依然得到保留甚至尊重(这其实也是背后支撑着库朗热用后来文献中残留的心灵积习来挖掘此前的古代信仰的方法论基础)。以十字架为例,即使我们已经进入了一个连信仰是什么都已搞不清楚的后现代社会,在基督被钉两千多年后,非基督徒也不会随便污蔑十字架的,这并不意味着民众对它有多崇敬,而是民众倾向于迷信的本性是从不改变的!在古代社会,由于民智不开,这种对圣物的尊敬态度更是可想而知的。那么,在《古代城邦》中被描述得如此神圣并将整个家庭制度支撑起来的家火,在荷马史诗中又得到怎样的体现呢?

奇怪的是,《古代城邦》全书关于圣火的论述中没有一处提到荷马史诗。第88页中关于奥德修斯只想见到他家的家灶的一段,作者并没有提供文献的出处[①]。经与原文比对,两部史诗都没有这一记载。这里库朗热指的可能是《奥德赛》23.54—55:"多年眷还的宿愿啊,如今终于实现,他安然回到家灶(eph-estios)前",但这段话与库朗热的记载稍微有点出入。如果我们假定是这段话,那么,我们会发现,使用同一个语词(eph-estios)的五个史诗章节的意思都是相近的,即住所、家庭或家长。[②] 我们要谨记一点:重视家灶以及它所象征的家庭的观念,与其具有库朗热所说的家灶组建家庭制度的神学—政治意义,是两个事情。家火是家庭之火,它可以作为家庭的象征,它可以被圣化,但是要使其与祖先崇拜联系起来一起承担组建家庭制度则需要一个观念的改造。但是,这点在荷马史诗中并没有得到体现。也许正是这个原因,库朗热在谈到圣火的第三章里,只提了荷马史诗一次,而且有关章节只表达奥德修斯想家而已。

其实,史诗提到家火的例子并不算多,而且所使用的词根本无法与库朗热大量依赖的阿提卡语文献相配合,因而难以作为《古代城邦》第三章的支撑。首先,史诗没有出现过库朗热大书特书的阿提卡语 hestia,唯一与其有关的是上文提到的源自 hestia 的复合词 eph-estios(字面意思是家灶旁边),而且只有五处,其意思都没有超出作为家庭象征的意义。除 eph-estios 外,荷马还用了其余两个词来指称家火:histiē(即爱奥尼亚语的 histiē)与 heschara。[③]作为家灶的 στη 一共出现了四处,而且行文都是"高贵的奥德修斯的家灶",它显然是史诗使用的一个公式表达法(formula)[④],因而其意思是一致的。heschara 也是一个阿提卡语,它的出现比 histiē 多,共十一处[⑤],但是它不仅没有任何神圣之意,而且有时候显得与库朗热对家火神圣不可亵渎的规定格格不入。比如,库朗热认为家火是不许外人靠近的:"希腊人总

---

① 中、英文译本都没有提供出处。

② 《奥德赛》7.248 的 eph-estios 指的是卡吕普索的圣所;联系 3.233 中回家的渴望,3.234 以此词比喻家乡;6.265 则引申为船只的"停泊埠位"(参中译本)。《伊利亚特》2.125 指的是家长。

③ 此外,荷马还使用过 a-estios(《伊利亚特》9.63),其意思是无家灶。由于它只是一个与 hestia 有关的复合词,没有其他新内容,而且只出现过一次,所以我们不将之列入讨论。

④ 《奥德赛》14.159,17.156,19.304,20.231。

⑤ 比如,《奥德赛》5.59,6.52、305,7.154、160、169,14.420。

是将家火置于院内,以避外人的玷污和窥探。”[①]但是,当奥德修斯进入阿尔基诺奥斯的王宫见到阿尔基诺奥斯与阿瑞塔后,他却被默许“坐到炉灶旁边的灰土里”[②]! 我们再举一例,库朗热认为,圣火是纯洁的,不许投放不洁的物事进去;祭祀圣火有着一套合礼的仪式和祷词;作为圣火的神灵充当自然界诸神与家庭的中间人。[③] 但是,在《奥德赛》中,牧猪奴“把猪赶到灶边……他(欧迈奥斯)首先从白牙猪头扯下一绺鬃毛,扔进灶台的火焰,向所有的神明(theoi,复数!)祈求”[④]。我们不知道猪毛是否是不洁之物,但是家火的中间人地位显然已经不存在了,更不要说有着卑微身份的牧猪奴可以祝祷,更完全违反了库朗热所说的家庭宗教只能以家长为祭司的规定。

库朗热曾这样解释他对语词选择的考虑:“希腊人对此祭坛有不同的称呼:bōmos,heschara,hestia。最后一个用法保存下来,并成为了女神维斯塔。”[⑤]他所说的被“保存下来”显然不包含荷马史诗! 这也许能解释为什么《古代城邦》只引用了一处荷马史诗。库朗热之所以只选取与 hestia 有关的《奥德赛》23.54—55 来论证家火对家庭观念的塑造,其原因似乎是为了保持他选用的“后荷马”文献(大部分是阿提卡语)用语 hestia 的连贯性,至于其他用 histiē 与 heschara 的章节他都一概不考虑,尤其是因为关于后者的一些章节与其论题是完全矛盾的。至于 bōmos,这个词在荷马史诗中指大神的祭坛[⑥]或没有宗教涵义的、用作支撑的底座[⑦],这些都与家火祭祀完全无关,库朗热自然更不会注意它了。

上述关于荷马史诗家灶的不同语词的澄清,其用意并不是要展现某种理由,以要求库朗热必须采用荷马史诗所有有关家灶的章节。但是,将这三

---

① 库朗热:《古代城邦》,第 26 页。

② 《奥德赛》7.150—169。

③ 库朗热:《古代城邦》,第 15—22 页。

④ 《奥德赛》14.420—423。括弧中的内容为笔者所加。

⑤ 库朗热:《古代城邦》,第 15 页,注 1。

⑥ 《伊利亚特》1.440、448,2.305、310,4.48,8.48、238、249,11.808,23.148,24.69。《奥德赛》3.273,6.162,8.363,13.187,17.210,22.334、379。

⑦ 《伊利亚特》8.441;《奥德赛》7.100。

个语词(histiē,heschara,eph-estios)所表达的家灶互相对比后,我们并没有发现任何不同①,而且从上下文看,我们都没有发现它们有任何塑造家庭制度的神圣意义。此外,我们不要忘记我们开初所讲的,对于一种圣物,即使已经历了一个长时期的变化,人们还是不敢随意污蔑的,尤其是歌人的听众都是一些讲究家世出生的贵族,而在政治现实里贵族统治着城邦,而他们的政治资源之一正是库朗热的命题所指向的土地所有权!对他们来说,任何能维持其家庭存续的因素都将是至关重要的。哪怕家庭宗教确如库朗热所说已经式微甚至被诸神崇拜所取代,但是贵族们会允许歌人肆意篡改甚至污蔑家火原有的神圣意义吗?在这些贵族的心灵里,难道不会残存一些远古信仰留下的痕迹,从而使他们禁制史诗这些内容吗?如果连公元前8世纪的贵族都没有这些集体记忆,我们又怎能相信后荷马的作品里就大量记载着古老信仰留存在后世心灵的积结?从史诗提到家火的例子的有限次数来看,我们不禁感到疑惑,为什么其根源来自几个世纪以来口传积累的史诗,对家火的描述会与库朗热的命题有着那么巨大的差距?古希腊社会确实存在过家火崇拜,这点也在史诗中得到体现,但是这种宗教在家庭制度的塑造中,究竟是否有着如此巨大且排除其他宗教的影响力?这点显然无法得到史诗的支持。

5. 自然界的诸神崇拜②

(1) 自然界的诸神崇拜与家庭

库朗热是这样描述诸神崇拜的:“这种新宗教对于人类社会首先起到统合的作用。它起源于家庭,并长久地局限于这个小圈子内。比起祖先崇拜

① 对比,《奥德赛》7.248卡吕普索的eph-estios与《奥德赛》5.59赫尔墨斯的heschara,两者都是指大神的住所;《奥德赛》14.159,17.156,19.304,20.231的“高贵的奥德修斯的家灶(histiē)”,《奥德赛》3.234,7.248,23.54—55的eph-estios;《奥德赛》5.59,6.52、305,7.154、160、169,14.420的heschara。

② 库朗热笔下的自然神崇拜并不限于奥林匹亚诸神。在荷马史诗里,只有奥林匹亚诸神崇拜,没有农神德墨特尔(Demeter)的埃琉西斯神秘主义(Eleusian mysteries),也没有狄奥尼修斯崇拜,因而本文谈的只限定在奥林匹亚诸神崇拜。

来,它更适合于人类团体的发展。祖先的亡灵、英雄在本质上只为极少数人所奉祀,它使各家之间产生了永久不能跨越的篱障。而自然宗教的范围则较广……它并不限于某家而拒绝外人的祭拜。”[①]事实上,自然宗教确实具有更强的发展潜力,因为它不专属于一家一姓,但问题是自然宗教是否起源于家庭?当我们随便翻阅任何一本涉及前荷马时代诸神崇拜的古希腊宗教著作时,我们都无法找到支持这个主张的任何痕迹。[②] 然而,我们可以肯定的是,在远古时代它如同祖先崇拜、英雄崇拜与家火崇拜一样,它的处所都是落在家庭,它与家庭有着紧密联系。尤其是在远古社会中氏族、胞族、部落等社会组织还没成形时,诸神是在家庭里得到祭祀的。在这个意义上,撇开起源的问题,库朗热将自然神崇拜与家庭紧密联系起来是合理的推断。[③]但是,将自然神崇拜与家庭这个处所联系起来是一回事,将自然神崇拜与家庭宗教就两者对家庭制度的影响方面对立起来,则是另外一回事。

古希腊社会从来没有发展出如同天主教教会那样的一个祭司阶层,从这点猜测,在远古社会的神灵崇拜里,家庭里的家长不仅是作为后代子孙的代表敬拜死者,同时也担任自然神祭祀的祭司。通过他的这些活动,他的家庭以及其成员也与自然界的神灵建立起联系。因此,作为宗教活动的处所,一个家庭的中心位置自然可能摆着家灶及祖坟,至于庭院则可能由宙斯守护,家门外可能由驱邪避恶的阿波罗或三头赫卡特等其他神灵的石雕守护。也就是说,家庭极有可能同时供着不同的神灵。在我们看来,库朗热的命题的关键构成部分,在于他成功地将家庭宗教与自然神崇拜对立起来,并进而将家庭制度的形成完全归因于前者,而把后者超越家庭的自然属性完全放在超越家庭以外的其他社会制度的形成上。然而,同时与家庭宗教寓居在家庭场所的自然神崇拜,难道没有对家庭制度形成任何影响?难道在古人

---

① 库朗热:《古代城邦》,第115页。

② Walter Burkert, *Greek Religion*; Clifford Herschel, Moore, *The Religious Thought of the Greeks: From Homer to the Triumph of Christianity*; Martin Nilsson, *A History of Greek Religion*, 1925; Martin Nilsson, *Greek Piety*, *Clarendon*, 1948。

③ 库朗热:《古代城邦》,第111—116页。

的信仰系统里，只有生者让亲人死后无葬才会使生者惶惶不可终日？难道对自然神不及时祭祀不会让生者寝食不安？在社会处于除了家庭外没有任何其他组织可以有效祭供自然界诸神时，在各个神祇没有拥有独立于家庭以外的圣所时，家庭自然成为诸神崇拜的唯一处所。在这种情况下，难道对家庭土地的维护仅仅与家火崇拜和祖先崇拜有关？在库朗热的描绘中，诸神崇拜完全变成了一种随时准备摆脱家庭的外向性宗教，它在家庭的构成过程中可有可无！如果是这样的话，我们如何了解日后希腊社会中普遍奉行的由宙斯的大能确保的孝道？赫西俄德不是说过宙斯将惩罚不尊敬父母的黑铁种族吗？[①] 在埃斯库罗斯笔下的宙斯祷词不也在教导人们需要尊敬父母吗？[②] 这个在后来的各种文献中广泛保留下来的家庭伦理思想，不也可能是远古时代流传下来的心灵的积习吗？难道这不是一种维持家庭内部秩序的伦理思想？孝道与祖先崇拜毫无关系？自然界诸神是否曾与家庭崇拜一起共同维持过生者与死者的关系？为什么这些心灵积习会逃过库朗热的法眼？它们难道与在家庭中得到家长祈援的诸神无涉？诸神崇拜难道就像库朗热所形容的，仅仅是一个窝在家灶旁边、性质上外向并随时准备阴谋夺权、对家庭制度的构成一无贡献的信仰系统？

按照其论述的逻辑，库朗热完全可以把诸神崇拜置之于家门外，所以就诸神崇拜对家庭伦理所起的作用而言，他举的例子倒是由宙斯所保护的好客之道(Zeus ksenios)这一家庭外——家庭与家庭之间——的交往行为准则，而不是别的。[③] 但即使是这个例子也多少透露出诸神崇拜在家庭内部产生的影响，因为如同库朗热所说的，在古代，一个城邦相信其保护神只保护自己一样[④]，古人是不是也不相信自己所祭供的自然界神灵会跑到外面保护外人呢？这是否是一个合理的推测？很有可能的是，宙斯首先是自家

① 《劳作与时日》180－189。

② 《祈援女》684－709；《欧曼尼德》545。

③ 库朗热：《古代城邦》，第 115 页。《伊利亚特》13.625；《奥德赛》270－271；《劳作与时日》180－189；《祈援女》684－709。

④ 库朗热：《古代城邦》，第 139 页。

的宙斯,宙斯所保护的好客之道作为行为准则首先是对家庭内部而不是家门外的人起作用的。汤普森(J. W. Thompson)曾转述一个对《古代城邦》的强有力的批评:"《古代城邦》把同时发生的现象当作原因。如果说祖先崇拜是在开始出现宗教时遇到的而且是和家庭生活分不开的,那么这并不能证明它就是家庭构成的主要原因。"①我们上述的疑问可以说是这个批评的一个注脚。事实上,库朗热的解释太完美、太全面,因而也太简单。在复兴古代社会的神学政治面向的同时,他将丰富多彩的诸城邦的起源与历史演化约化为一条线索、一个原理、一个公式。这似乎是19世纪知识界的一个无法避免的命运:库朗热所身处的19世纪到处弥漫着一种迷恋以必然性解释历史的时代精神。若将此现象放回到古史研究,我们会发现,自亚里士多德至库朗热,关于城邦起源的探究都是以这样一种高度逻辑化的方式进行的!后者与前者的区别仅在于前者并没有将祖先崇拜与家火假定为私有财产的根源而已。

(2) 自然界的诸神崇拜与城邦

如同库朗热引述宙斯所保护的好客之道一样,库朗热援引其他荷马史诗论证诸神崇拜与城邦的关系时,也是侧重在自然界诸神心生外向的性质。让我们看看他还举了什么史诗例证。

《古代城邦》第139页写道:"在关于特洛伊战役的传说中,希腊军中有一位帕拉斯,他们各自保护的是自己的民众并受自己的民众的祭供。"这里库朗热援引《伊利亚特》6.88关于特洛伊城也有着一个帕拉斯·雅典娜来说明:诸神成为不止一个城邦的保护神(poli-ouchos)和城邦的建立都有着神明的资助,然而这种做法不是排他性的,因为存在着其他城邦取得同一个神明的庇佑而得以建城的事实,尽管每一城邦都会认为该神明只偏向它自己这个城邦。证之于古希腊历史,我们发现这确实是事实。神明只有一个,但它们总有一个地名作为前缀,比如多多那的宙斯、皮拉斯基的宙斯,或者

① J. W. 汤普森:《历史著作史》,下卷第四分册,谢德风译,商务印书馆1996年版,第503页。

是提洛的阿波罗、彼提亚的阿波罗,等等。这里库朗热提供的是一个竞争性的政治神学观念,他确实点出走出家门外的诸神如何有助于城邦成立的事实。在我们看来,库朗热这个观点与其探讨的家庭宗教是一脉相承的。为什么?因为家庭宗教讲究的是祖先落到一块土地的家族伦理,家火所在的土地即为家族生成的地方,它是安顿家庭的一个保证。同样,建城的基础与家庭的创立基础相近,一个城邦的建立取决于神祇是否属意落在某一处所。那么,我们是否可以猜想,在只有家庭存在的远古社会,在诸神崇拜只存在于家庭中而没有独立于家庭以外的祭祀圣所时,它是否也推动了家庭与土地、处所的联系呢?无论这是否是一个合乎逻辑的猜想,当我们把亡灵之于家庭组建、神明之于建城这种将亡灵或神明与处所紧密联系的观点放到史诗中考虑时,我们发现史诗并不支持这种建城的处所神学(topographical theology),因为我们发现,在《伊利亚特》中,雅典娜从一开始即偏向希腊联军而希望特洛伊城毁灭。史诗明确告诉我们两军中的保护神是同一个,但是神灵是自由的,赫拉不受制于土地而完全按自己的意愿行事。除了雅典娜这一例子外,库朗热也提到赫拉同为阿尔戈斯和萨摩斯的保护神,它并非同一个赫拉,以说明建城者认为城邦保护神只庇佑自己城邦的政治神学信念。[①] 然而,库朗热可能遗漏了史诗中的赫拉曾说过它有三个最钟爱的城市(阿尔戈斯、斯巴达和迈锡尼),但是如果宙斯想毁灭它们,它是不会给予它们眷顾的。[②] 此外,从得摩多科斯关于阿瑞斯和阿佛洛狄忒的爱情颂歌中,我们了解到当两位神灵摆脱赫菲斯托的罗网后,阿瑞斯回到色雷斯,而阿佛洛狄忒则前往塞浦路斯的帕福斯,然而它们都不是这两个地方的保护神!史诗的例子并不否认建城者的政治神学,但是史诗给出的神学观念显然已超越了将神灵钉在一方土地的处所神学思想。如同其描述神灵时采用充满个性的拟人化手法一样,荷马笔下的神灵是自由的,因而是普遍的而不是地方性的。荷马的神学观念的一个特点是其对大神描绘的手法极度个性

① 库朗热:《古代城邦》,第 139 页。
② 《伊利亚特》4.51—54。

化，讲述一个神灵时如同述说一个活生生的个人①，这点似乎暗示着无论大神保护着多少个城邦，它始终如一。在这里我们是否又碰到一个库朗热断章取义的文献例证呢？

库朗热援引史诗的另一个例子是："在《伊利亚特》中，克利塞斯(Chrysès)对神说：'我长久以来一直向你献奉肥牛，今天你必须答应我的祈求，将你的箭射向我的敌人吧！'"②库朗热在这里想要说明建城者希望通过向城邦保护神祭供而取得神灵的眷顾。实际上，在我们看来，建城者这种宗教原理与前述生者祭供死者以求得到庇佑的家庭宗教原理如出一辙。事实上，同一种逻辑可以用在这两种宗教上，只要我们恪守库朗热对家庭宗教向内、诸神崇拜向外的二元区分，我们就可以从两种宗教推出同一个政治神学原理，区别只在于两种宗教作用于相对应的社会组织/处所而已：内向的祖先崇拜和家火崇拜相对于家庭的组建，外向的自然神崇拜相对于胞族、部落，以至城邦的组建。但是，库朗热援引这个例证时有否考虑史诗本身一个更为宽广的神学思想？史诗所要说的是否比这个例证表明的还要多？

家神崇拜是一种神义论：后代的苦难将由祖先的福泽所抵消因而是合乎神义的。这种神义论是个体化的，它只对一家一姓行义，因而不是普遍的。家神崇拜也是一种互惠(reciprocal)的神学伦理观，后代通过祭祖、以祖先为圣的做法，祈求祖先庇佑赐其幸福，它与人世间通过款待客人而建立的友情(ksenië)的伦理交往方式③是一致的：谁(人和精灵)得到恰当的款待，就有回报施惠的义务。家神崇拜是个体化的排他性/姓宗教，它无从吸收族姓以外的信众，因而也无从领其贡品、给予其恩泽。同理，库朗热认为，"在神与人之间常有一种契约，人不会无缘无故地给神(城邦保护神)以祭

① Emily Kearns 说："荷马使他笔下的人变神，他笔下的神变人。"("The Gods in the Homeric Epics", in Robert Fowler ed., *The Cambridge Companion to Homer*, Cambridge University Press, 2004, p. 64)

② 库朗热：《古代城邦》，第 141 页。

③ 参见《伊利亚特》6.119—236；《奥德赛》8.547。又名 Zeus ksenios(由宙斯保护的好客之道)，《奥德赛》7.165。

物,同样,神的保佑也不会是无偿的。”[①]但是,与史诗对照我们发现奥林匹亚诸神崇拜却不一样,尽管它也遵守谁受贡谁就当保护其祭祀人的互惠原则,但是诸神是反复无常的,它会给可朽的凡人带来无穷灾劫,即使对它祭供的信众也可能在所难免!史诗中这种例子俯拾皆是,比如,深受神灵宠爱的萨尔佩冬、埃阿斯、赫克托尔、阿基琉斯等的死亡。库朗热还曾援引《伊利亚特》的另一段话来说明一个神人互惠的原则:“书中还记载说,特洛伊女人向她们的女神供上华衣美服,并向她们许诺说,‘若伊利昂得救’,将给她们献上十二头小牛。”[②]然而,这只是一个一般的原理。在这里库朗热关注的是一个神学—政治原理:古代宗教(家神崇拜和诸神崇拜)是“地方的,城邦性的”,其成立的基础是人神之间的互惠原则。这个原则在荷马史诗中也得到确认,而且也是各交战城邦在面对战争随时带来的无常的旦夕祸福时,所依持的神学—政治信念,但是荷马告诉我们更多的是出于历史的记忆而对这个原理的神学反省:城邦的组建是神学—政治的,但是城邦的兴衰则纯粹是政治的。最终,伊利昂还是被毁灭了。伊利昂的城邦守护神最终接受奥林匹亚山诸神大会对命运的服从。荷马笔下的神灵会对凡人犯的罪行施以惩罚,然而它们自己偏偏又常行这些罪而不被称为不义。诸神之义是绝对的,它自在于其自身,而不是建立在从不忘对其顶礼祈求但依然活在苦难当中的凡人的理智之上。全能的大神宙斯会说:“我的心牵挂着那些即将遭毁灭的人。”[③],它会在某一刻流露出对人间世的苦难的悲切,然而可能在下一刻毁城的计划还是最终按命运安排而实现。也许,还是希罗多德通过梭伦所说的“神是非常忌妒的”[④]神学观,最能体现这种命运观与神义论交织在一起的观念。将库朗热援引的例子放回到史诗整体的叙事结构,我们能否认为这些例子所要说的只限于它们表面所赋予的意义?难道它们又是古老信仰被新信仰所取代后残留的心灵积习的反映吗?如何将它们分离出

① 库朗热:《古代城邦》,第141页。括弧中的内容为笔者所加。

② 库朗热:《古代城邦》,第141页。

③ 《伊利亚特》20.21。

④ 希罗多德:《历史》1.32,王以铸译,商务印书馆2005年版,第15页。

来呢?

(3) 史诗中的城邦政体

在远古时代,在荷马史诗产生前,奥林匹亚诸神崇拜已长时间存在于各地,如同希腊各部族散居于各地各自为政一样,神灵世界也是一片混乱而不统一。[①] 据说是荷马和赫西俄德给予神灵世界一个秩序。希罗多德说:"从什么地方每一个神产生出来,或者是不是它们都一直存在着,他们的外形是怎样的,这一切可以说,是希腊人在不久前才知道的",是赫西俄德和荷马"把诸神的家世教给希腊人,把它们的一些名字、尊荣和技艺教给所有的人并且说出了它们的外形"。[②] 按照希罗多德,是他们在地方宗教以外另行创造了一种普遍的奥林匹亚宗教。除了个别学者如维斯特(M. L. West)独排众议外,一般认为荷马是第一个谈及诸神的希腊人。《伊利亚特》与《奥德赛》是荷马式的神谱。

我们发现荷马赋予神灵世界的秩序似乎相当于史诗中的希腊人的政体:各部落聚结成城邦,众王之间出现等级,城邦有一最高的王(basiteutatos),部落诸王(basileus)保留着各自部落中的绝对权力,并与城邦的王在元老议事会(boutē)里议政分享权力,然而城邦的王对城邦事务依然有着绝对的权力。同样,史诗的神灵秩序似乎有着对应的结构:在史诗舞台前左右人事的只有几个寡头提坦大神(宙斯、赫拉、雅典娜、波塞冬、阿佛洛狄忒、阿波罗、赫尔墨斯,等等),其他小神或只扮演配角,或根本不在场;克罗诺斯之后,几个寡头大神共同主政"奥林匹亚政体",在其中宙斯是最高的神[③]。尽管其他大神总有跟它作对的余地[④],而且关于人神之事往往由众大神构成

① Walter Burkert, *Greek Religion*, Chapter III。

② 希罗多德:《历史》53,第 134—135 页。

③ 按照赫西俄德《神谱》,克罗诺斯是被宙斯推翻的。荷马仅仅认为宙斯继承了克罗诺斯的帝位而已。

④ 比如,波塞冬与宙斯争论谁强大时说"大地和高耸的奥林波斯归大家共有"(《伊利亚特》15.184—199);赫拉对宙斯的蛊惑(《伊利亚特》14.153—522)。

的议事会决议[①],但是最终是"宙斯的意愿"决定一切[②],因为它"比全体天神强得多"。[③] 宙斯的这种最高权威还得到其他大神的确认,比如,总忍不住与宙斯争长短的波塞冬事实上也承认不愿"同克罗诺斯的儿子作斗争",因为"他强大得多"。[④] 荷马史诗的神灵世界秩序相当于结合王政与贵族统治的城邦寡头贵族政体制度。类似于神灵世界,尘世上有一个似乎拥有绝对权力的城邦王政,但同时城邦的王又通过议事会与部落诸王分享权力。它是一种奇特的结合!根据史诗中神灵世界对应于一个人间的政治制度的特征,在这部分我们转而探讨库朗热援引荷马史诗以支持其笔下"第一次革命"后的贵族政体特征的手法。

库朗热在其书中第 239 页至 240 页引述了《奥德赛》里伊塔卡和费埃克斯两个城邦的政治结构,以论证他关于古代城邦"第一次革命"后的政治变化。但是库朗热援引《奥德赛》中关于费埃克斯的权力结构时,他犯了一个明显的错误。他说:"阿尔基诺奥斯有无上的权力,但当他在首领议会上时,我们可以看到,主持议会的并不是他,相反是议会给他这个为王的下命令。"[⑤]首先,库朗热说不是阿尔基诺奥斯主持元老议事会,所根据的应该是阿尔基诺奥斯被召集去开会这个章节(6.53—55)。然而库朗热显然忽略了《奥德赛》7.185—191 和 8.1—395!在上述两个章节中,我们发现正是阿尔基诺奥斯主持会议,而且会议就在其家里举行,里头还有他的家灶。[⑥] 参考《伊利亚特》的例子,我们也发现主持会议的往往是最高统治者——阿伽门农王。[⑦] 其次,在荷马史诗中,城邦的王或军中的统帅与元老会的互动也不是像库朗热所说的那么被动。事实上,在战时,阿伽门农是拥有绝对权力的

① 《伊利亚特》8.2—3,20.3—5。
② 《伊利亚特》1.7。
③ 《伊利亚特》8.5—27。
④ 《伊利亚特》4.50—57,8.210—211。
⑤ 库朗热:《古代城邦》,第 240 页。
⑥ 《奥德赛》133—160。
⑦ 《伊利亚特》2.53—54;10.326。

最高统帅(koiranos)[①]。尽管他会听取元老们的意见[②],但是最终做决定的是他一个人[③];同样在平时,在费埃克斯城,尽管阿尔基诺奥斯王也会召集其他的十二个王一起开会议事并听取他们的意见,但是他拥有最终决定权,而非如库朗热所说他只听命于由众王组成的议事会。《奥德赛》8.25—39和8.385—395表明,就如何协助奥德修斯回乡一事,是阿尔基诺奥斯一个人做出决定的:为奥德修斯提供一条船,要求每一个王派出四名年轻人、捐赠一件披篷、一件衣衫和黄金。从文中我们一点都看不到是议事会先做了决定,然后交由阿尔基诺奥斯执行。最后,就在库朗热引用上述章节前,他还提到奥德修斯的伊塔卡。这让我们联想起一个现象:在奥德修斯离开伊塔卡二十年里,伊塔卡没有召开过元老会和公民大会,这是为什么?其原因是否因为城邦最高统治者——奥德修斯——的缺席?这是否说明只有作为城邦君主的奥德修斯才有权力召开这些会议?

导致库朗热在解释这段文本章节犯错误的原因,极有可能是因为他所描绘的"第一次革命"后出现的贵族政体实行的正是没有王权、元老院凌驾于城邦君主这样一种权力运作模式,这点促使他试图扭曲史诗的文本证据,以期能与城邦王权被去掉后的贵族政体权力结构完全配合起来。在他眼中,原来由部落结合而产生的城邦君主,其政权已被贵族篡夺而只剩教权,因而不可能在由各部落王组成的贵族议事会中拥有任何实质权力,所以库朗热在援引荷马史诗时偏向那些能与此论题配合的史诗章节,而无视其他说明城邦君主拥有凌驾于其他部落王的实权的章节。史诗无疑存在着混合两套政治原理的制度,两者可能是矛盾的,然而它们毕竟构成了史诗所反映的独特的政治社会。库朗热将这一整体进行任意的切割是否合理呢?

① 《伊利亚特》2.487。

② 阿伽门农总会吸收听取元老们的最好的劝告(《伊利亚特》9.68—75)。

③ 在听完涅斯托尔的发言后,没经过其他部落领袖的讨论,阿伽门农即做出继续战斗的决定(《伊利亚特》2.53—393)。

三、结论

库朗热曾问道:“谁能告知我们公元前10世纪以至15世纪时人是怎样思想的呢?我们能否找到那无影无踪,缥缈不定的古代信仰及思想?”[①]库朗热的答案是遗留在后世以文字留存下来的人类心灵积习。那么,历经数世歌人相传而成、在19世纪上半叶被认为其描绘的社会正是公元前10世纪前的迈锡尼文明的荷马史诗,是否有助于我们窥见三千年前的古代城邦生活?它们是否有助于我们了解库朗热的命题?我们的答案是肯定的。

维柯认为,人类自然而然地会在其回忆中保留曾约束过他的行为的法律与制度。[②] 对于荷马史诗和欲重现古代社会的《古代城邦》而言,维柯的观点是真实的。史诗是一种回忆,《古代城邦》则试图在纷繁复杂的古代文献中忆述一个已然失去的历史真实。然而,回忆的对象可能是同一个,但是其表象却不一定是一致的。荷马史诗是《古代城邦》使用的众多文献中的其中一个。经过我们对《古代城邦》引用的部分荷马史诗章节的分析,我们发现在宗教部分,无论是关于灵魂、对死者的态度、葬礼、家火或诸神崇拜,库朗热所引用的章节如果被放回到史诗的整体中去考虑,都不足以支撑他用以论述的上下文内容。其原因可能是这些史诗章节确实如库朗热所假设那样是掩盖在新事物下的古老信仰的痕迹,也可能是有着不同传承渊源的史诗内容本身固有的矛盾,也可能是库朗热断章取义。无论是哪个原因,似乎要得出一个可靠的结论,都需要额外和仔细的论证工作,这点不仅对本文而言是有效的,对库朗热而言,也是有效的!就我们上述的分析而言,我们只带出一个疑问而已,它不能否认《古代城邦》所重现的前哲学的城邦的历史真实性,因为毕竟荷马史诗只是其中一个支撑文献而已,同时我们只选取了

① 库朗热:《古代城邦》,“导言”,第3页。

② 维柯:《新科学》,201。

其宗教部分进行分析。但是,上述分析不禁让我们怀疑,《古代城邦》所使用的其他“后荷马”文献证据就其在文本整体的意义上是否也存在同样的问题呢?进一步而言,它使用的其他文献是否也存在同样的问题。前述法兰西学院院士阿尔多的评断极有可能是正确的。库朗热这种援引古代文献的方法是不是《古代城邦》的一个重要缺陷呢?

然而,即使这个缺陷成立,也丝毫不影响我们对《古代城邦》的评价。毕竟,上述以库朗热使用的史料为基础的分析只是其中一种阅读经典的方法。如果我们撇开古史研究而回到库朗热的关于宗教之于社会形成作用的历史社会学观点,我们必定会感到其力量之所在。我们都已经熟悉库朗热启发狄尔凯姆宗教社会学的功劳。其实,后者关于圣俗的理论没有一处不早已被库朗热确定下来了,狄尔凯姆将圣物应用至社会学研究只是库朗热的古代城邦研究的一个引申而已。如果两者有什么不一致的地方,也许就是狄尔凯姆从不认同社会心理因素在其宗教社会学的地位,相反库朗热则从一开始就热衷于挖掘宗教信仰与礼仪背后的社会心理意识。在笔者看来,恰恰是这点值得我们敬服,因为它显示了一种现代古史研究学统中所缺乏的想象力和企图摆脱现代社会学研究对实证主义的屈从。尤其是就其关于人出于自身的畏惧而创造了宗教,并因此失去自由,继而处于一种与自然异化的状态这一观点而言,库朗热的“古代城邦”注定是一个革命性的城邦,在其中,宗教在社会与个人的持续张力中扮演了一个关键的角色,并在神学政治的城邦与个人自由的二律背反中作用于历史。人类创造了宗教,从而使得政治物(the political)成为可能,同时,宗教的演变造就了趋向自由的个人反过来反抗其创造的宗教所建构的政治制度,于是革命、僭政和雅典民主次第出现。说《古代城邦》探讨的是一个“前哲学”城邦确是一个深刻的说法①,因为里面没有古典政治哲学意义上的城邦与人在宗教上的冲突,相反,变革城邦之道在于找到一种新的宗教。

(作者系西南政法大学法学研究所副研究员)

---

① Leo Strauss, *The City and Man*, The University of Chicago Press, 1978, pp. 240-241。

人类实践理性的一次冒险之旅

——读索福克勒斯《安提戈涅》[①]

肖厚国

安提戈涅和克瑞翁乃索福克勒斯《安提戈涅》中的主人翁，克瑞翁是忒拜城邦之王，也是安提戈涅的舅父。他们二人围绕是否应埋藏安提戈涅的哥哥也即克瑞翁的外甥而起了冲突，安提戈涅坚执不成文的神法而要将尸体掩埋，可是克瑞翁则坚持城邦之法即人法而拒绝安提戈涅的要求，恰如黑格尔所言，安提戈涅与克瑞翁实际上代表了两种原则之争，即神和人。他们的冲突以悲剧结束，主要原因在于未能处理好成文的城邦之法与不成文的神法、神与人的关系，由此导致安提戈涅对神的过分依赖以及克瑞翁粗野的人类政治制作。克瑞翁代表了理性日益成长的人类，理性能力不断强大的人类试图独自担当起"自我照顾"的重任而开始了政治之网的编织。克瑞翁的制作是粗暴的，其粗暴性在于对诸神的抛弃与蔑视。人类政治制作之核心乃自我立法，它是一项只有诸神才能思考和从事的安身立命的宇宙论问题，而克瑞翁执意从诸神手中接过对人而言过于宏伟的事业，实属人类实践理性的一次冒险。

一、自我立法，人类理性的历险

《安提戈涅》诞生于公元前 443 年的古代雅典，那时城邦正在建立人们

---

① 作者在运用 Sophocles *Antigone* 时，参阅了罗念生先生的译文及其注释，见《罗念生全集》第二卷，上海人民出版社 2004 年版。同时作者使用的英译本为"Sophocles The Three Theban Plays"，trans by Robert Fagles，Penguin Classics，1979。

可称之为新精神的东西,即政治的和公民的思想。[①] 这种新精神指向一个前所未有的、新型人类,这个新人强大、智慧、独立而又不断地获得自我意识,他是一个自足的人,在他身上再也没有旧人的软弱、服从以及对自然世界的依赖和神圣力量的膜拜。他从传统中一路走来,抖落神话的遗迹。他站在十字路口,前方是一方新的天空和陌生的领域,带着几分憧憬,也带着几分不安,所以他不住地回望,问道,什么是过去?所以,这个正在成长的人是一个彷徨的人,满怀焦虑,满脑子装着问题。他是正处在成长阶段的人类,在他那里,新的生活方式、新的世界正在从黑暗中浮现。故而,他拥有一个正在形成而尚未定型的世界,身处新旧之间。他努力告别一个旧的世界,在那个世界中,人的存在是一个无可奈何的宇宙事实。没有彼此分离的多个世界,人类主体的内在世界、自然物理的外在世界以及神圣世界的多元对立是不存在的,只有一个唯一的宇宙。这是一个包容一切的大宇宙,精神与物理、内部与外在、自然性与神圣性不可分离地存在着,相互渗透。[②] 人就生活在这样一个宏大的秩序体系下,秩序的形成超然于人,人乃是那一秩序形成过程中一个旁观的、无关紧要的因素。在希腊古老的宇宙论中,宇宙秩序的形成乃诸神争战的结果,只要我们翻阅赫西俄德的《神谱》和《劳作与时日》,就会知道,是诸神创造了世界。神创世界即是我们栖身其中的自然,所以自然是神的,人类生活在神的宇宙中,服从神圣的法则。宇宙为外在于人的力量所创造,对人而言宇宙的外在性使其呈现为一个压迫性的命运,因此在那种处境中人类无助无为。人的心智的发展使人意识到此种存在秩序的缺陷,人的主动性便寻求着打破这一命定秩序。于是,宇宙秩序必须被修正。

这样,希腊人原初心灵中隐藏着一种深刻的焦虑,此种焦虑根源于神圣世界的压迫。人的受压迫的宿命在于那不可解的生存之谜,故而,对神圣秩序的修正和突破便体现为对存在之谜的译解。人凭借智慧(理性)反抗自

---

① 让—皮埃尔·韦尔南:《神话与政治之间》,余中先译,生活·读书·新知三联书店 2001 年版,第 436 页。

② 同上书,第 487 页。

然,突破自然安排。人类借助理性的力量首先对自然秩序发问,并寻求着对生命自然性的驾驭。此种驾驭体现为人类自身独立于神的生活空间的逐渐开辟,使生命获得人为性而进入人的制作中。生命被纳入人的行为控制范畴,这样,生命就逐渐为人所造就,成为人的行动和技艺之作为对象,故而,人的生活空间便为人自身所开辟,成为人的技艺之作。这是一个完全属于人自身的世界,在这里自然的偶然性和盲目性是不存在的,于是人的生命逐渐地委托给了目的明确的理性规划。人的生命借技艺之助脱离了自然范畴而获得了人性,其显明了对自然的驾驭。所以,“技艺代表了人类日益增长的以理性对抗自然世界的能力、对于诸神的独立性、相对于动物的差异性以及借助人类本身的资源而生存繁荣的能力。”[①]城邦便是这样的人类作品,它是政治之网而成为人类安全与繁荣的条件,正如城邦之王克瑞翁所说的那样,“惟有城邦才能保障我们的安全。”[②]城邦乃人的发明,作为人类技艺之作,是人类历史中一项了不起的成就,所以在《安提戈涅》中,克瑞翁首先唱响了一曲城邦赞歌:“长老们,城邦这条船历经无数风雨与颠簸,终于安居乐业了!”[③]悲剧中船的隐喻告诉我们,城邦犹如一条船,乃人建造的征服偶然和自然的工具,其作为防护和救生的工具之任务乃是要从人类生活中消除无法控制的偶然性。[④] 城邦是船,克瑞翁作为城邦之王乃舵手,他领导着众人,将他们从自然领域中拉出而进入一个完全人为的世界。从自然世界之脱离亦是从神的世界走出,与神斩断勾连。无疑,这是一项革命性的行动,而人要进入的乃一个陌生的领域。显而易见的是,克瑞翁要建立一个全新的世界,那个世界是未知的,尚在探寻之中。建立一个新世界是一个全然陌生的努力,同时也是令人敬畏的一种努力,其表达了人对于诸神的尊严以

---

① David Roochnik, *Of Art and Wisdom—Plato's Understanding of Techne*, Pennsylvania State University Press, 1996, p. 41.

② Sophocles, *Antigone*, 189.

③ 同上书,180—183。

④ Martha C. Nussbaum, *The Fragility of Goodness, Luck and Ethics in Greek Tragedy and Philosophy*, Cambridge/Cambridge University Press, 1986, p. 59.

及人对于自然的独立力量。①

人从神脱离而进入一个陌生而又危险的领域，这个领域对于人而言既是一种希望，同时也是一种考验，充满着危险。希望在于人从此可以拥有自己想要的生活，而危险表明我们可能因此走上歧途并迷失方向。城邦是新领域，其有自身的规则、追求自身的目标，从神的世界走出而进入城邦这个人为的世界是一项大胆的行动，所以城邦相对于神的世界的革命性在于其自治性质。自治是人类的希望，人类要繁荣就必须自己立法，实行自我统治，因为神的世界下人的生存的无奈正在于其被动与无为。因此，在悲剧的第一场里克瑞翁便大胆地陈述了城邦的规则，按照其陈述，城邦公民的价值在于其对城邦的贡献，荣誉与尊敬属于有益于城邦者，而逃避公共责任是羞耻的，应受惩罚，绝不把城邦的敌人当做朋友。在歌队赞颂了城邦的繁荣后，克瑞翁宣布了自己的政策："我要遵守这样的原则，坏人永不会比好人获得更多的尊重，然而无论谁对城邦有益，无论生前，还是死后，都会受到尊重。"②

城邦作为人类技艺之作是一个谋划的世界，克瑞翁在那里苦心经营，"一个人若是没有执过政、立过法，没有受过政治的考验，我们就无法知道他的品德、魄力和智慧……如果一个人把自己的利益、朋友置于城邦之上，这种人我瞧不起……。"③克瑞翁从自己的经验出发解释什么是实践智慧，在他看来一个人的智慧仅仅与城邦的安全和繁荣联系在一起，克瑞翁的解释赋予了城邦以至上性。④ 城邦至上性的确立亦是人自身至上性的确立，这一确立显明了人类的野心，试图以人的标准代替神的准则，于是人类理性正在实现自主与自足。人类理性在两方面实现了自主：重新定义正义与善，重新诠释爱、友谊和虔敬。在城邦的背景下，克瑞翁对好与坏、荣耀与羞辱、正

① Martha C. Nussbaum, *The Fragility of Goodness, Luck and Ethics in Greek Tragedy and Philosophy*, p. 58.

② Sophocles, *Antigone*, 207—210.

③ 同上书，174—190。

④ Martha C. Nussbaum, *The Fragility of Goodness*, p. 56.

义与非正义、敌人和朋友、虔敬与亵渎进行了伦理改造，城邦至上性的确立使城邦的福祉成了唯一的、值得追求的善。他拒绝承认任何与城邦利益不同或独立的价值，这样对克瑞翁而言，善与恶仅仅与城邦利益相关，促进城邦利益者乃善，违反城邦利益者乃恶；最邪恶的人是那些为了自身利益而不顾及城邦者，至善者乃是那些用生命和鲜血捍卫城邦者。[①] 城邦的至上性实现了价值的单一化，从而避免了价值冲突。[②] 不难发现，克瑞翁简化了对正义的定义，正义与否皆以城邦福祉为标准。在他关于正义的说辞里，"正义"可与对"城邦的好意"互换；克瑞翁对儿子说，城邦的正义者乃是关心城邦整体福祉的人，既懂得如何统治，也懂得被统治。[③] 在他那里，"正义"与"善"不仅是一个人的标志，而且更是一个人作为城邦公民、助益者的特征，它们自身没有独立的地位和价值，其功能仅在于赞颂一个人的市民义务和献身精神。"善"只在有益于城邦的意义上才是"善的"，故而正义就在于正确履行自己的公民义务。[④] 这样，克瑞翁的新定义便将"正义"与"善"和城邦的公民价值，从而与人自身紧密地联系起来，赋予了它们以人性。

可是，克瑞翁对实践世界的修正之最大胆的部分并非是他对于正义和善的重新定义，而是他对城邦建立其上的价值的粗暴转换：爱与虔敬。克瑞翁对爱与虔敬价值进行了彻底转换，使其服务于城邦利益。克瑞翁是家族的一员，他立于复杂的家族关系中，这种复杂的家族关系赋予他众多义务。按照此种关系，对于暴露在外的尸体（波吕涅克斯 Polynices）负有掩埋义务，然而他以城邦统治者的名义回避了。"我已向人民宣布了符合城邦原则的命令，这命令和俄狄浦斯两个儿子有关：爱忒克勒斯（Eteocles）作战十分英勇，为城邦而献身，我们要厚葬他，永远供奉他；至于他的弟弟波吕涅克斯，是流亡者，他回国来，试图把他祖先的城邦和神庙付之一炬，喝他族人的

---

① Sophocles, *Antigone*, 181.

② Martha C. Nussbaum, *The Fragility of Goodness, Luck and Ethics in Greek Tragedy and Philosophy*, p. 55.

③ Sophocles, *Antigone*, 662－669.

④ Martha C. Nussbaum, *The Fragility of Goodness, Luck and Ethics in Greek Tragedy and Philosophy*, p. 56.

血,奴役他的同胞;这家伙,不许任何人埋葬和哀悼,让他横尸荒野,给鸟啄食,看他血肉模糊”。[1] 可见,克瑞翁用城邦市民友谊取代了血亲关系,家族关系被公民关系所取代,就他看来人与人之间仅有一种关系,他们要么是城邦的朋友,要么是城邦的敌人。在波吕涅克斯和克瑞翁之间,克瑞翁未看到家族关系的存在,只剩下唯一的市民关系,所以波吕涅克斯才被视为不共戴天的敌人,纵然他已死去。就血亲关系与情感关系而言,只有当它们有助于克瑞翁的最高目标时,才会被认可,[2]“我绝不把城邦的敌人当做朋友”的断言准确地阐明了克瑞翁以城邦为中心的统治原则。克瑞翁拒斥了友谊和家庭关系之爱,惟有城邦才有独立的地位,克瑞翁式的统治原则乃是,为了城邦福祉,可以牺牲其他一切,友谊和家庭感情仅在与城邦的关系上才获得意义。这种拒绝在形成克瑞翁的道德想象上是如此的成功,以至于它们有能力传达出克瑞翁关于性爱的新观点。当他劝儿子海蒙不要让自己被安提戈涅的感情所欺骗,他并非说,为了城邦利益必须拒斥性爱的欢愉,而是说,对于一个健康人而言,人们只有在与城邦福祉一致的基础上才能找到性爱的快乐。[3] 一个有理智的人会发现一个不忠于城邦的人是一个冷冰冰的东西。[4]

这样,克瑞翁便以城邦为核心确立了统治原则,它是崭新的,因而也是完全属于人的。克瑞翁代表了正在成长的人类对自然世界的驾驭和对神的秩序的突破,人类理性正走在取代神而自身成为神的道路上。自古以来,偶然性在人类生活中已然造成了无数痛苦和恐惧,其每每使精心筹措的计划落空,在人类生活中造成不可解的冲突,那痛苦和恐惧是何等的巨大呀。[5] 梭伦曾教导说:“命运(Moira)使一切人为努力根本上毫无保障,无论这努

---

① Sophocles, *Antigone*, 190—206.

② Martha C. Nussbaum, *The Fragility of Goodness, Luck and Ethics in Greek Tragedy and Philosophy*, p. 57.

③ 同上书。

④ Sophocles, *Antigone*, 650—651.

⑤ Martha C. Nussbaum, *The Fragility of Goodness, Luck and Ethics in Greek Tragedy and Philosophy*, pp. 58—60.

力看起来多么热切与合乎逻各斯，而且命运不可能为任何先见所避免；她无情地打击一切好人和坏人，不加区分地。”[①]也许阿伽门农的故事深深地印在了克瑞翁的内心深处，那是一种警醒，也是一种催促。阿伽门农这希腊联军的首领奉宙斯之命远征违背了交往礼仪的特洛伊，[②]这激怒了阿尔特弥斯，她要求阿伽门农祭献自己的女儿，方能平息女神的愤怒。神谕说，如不祭献，远征注定失败。阿伽门农面对这残酷的两难处境，老泪纵横：“若不服从，命运自然是苦；但是若要杀了我女儿，我家里可爱的孩子啊，父亲的手沾满无辜少女的鲜血，那同样是苦的呀！”[③]阿伽门农的两难处境源于宙斯和阿尔特弥斯两神之间的不和，他们分别同时向联军统帅提出相互冲突的要求。阿伽门农无法同时满足两位神灵，然而，如不加以满足，则是不敬，结果自然是灾难，招来神的报复。阿伽门农的悲剧性在于他必须同时满足两位神灵，注定了要以杀死自己的亲生女儿的方式，他不得不如此。阿伽门农受苦、战栗与悔恨，他发现自己是无辜的，但是自己的悲惨处境不仅不可避免，而且是恰当的。阿伽门农遭受了无法预测的灾难，经受了毁灭，其表达了人类生存的不可理解性与生活的不可预见性。“成功与行动的关系纯属偶然，一个人无论多么努力，总是遭受意外打击和毁灭，人类生活时常暗藏着危险，”[④]人类总是在命运的两难中受苦与挣扎，这就是人的生存境况。

《阿伽门农》是一曲英雄悲歌。阿伽门农是人类生存境况的范例，所以这部悲剧传达了一个意义深远的信息：人类生活的悲剧在于多元价值的冲突和生活的外在性。生活的外在性使人无所作为，生存是一个被外部力量安排的事实，体现为冷酷的宿命。故而，这一悲剧给人的教益乃是：为了避免悲剧，人类生活必须实现从被动向主动的转换，就必须纳入人类技艺的制作范畴；同时必须简化价值，因为多元价值易生冲突。

---

① Werner Jaeger, *Paideia: The Ideal of Greek Culture*, Volume I, Trans. (by) Bilbert Highet (NewYork, Oxford University Press 1965), p. 145.

② Aeschylus, *Agamemnon*, 55—56.

③ Aeschylus, *Agamemnon*, 205—216.

④ Werner Jaeger, *Paideia: The Ideal of Greek Culture*, Volume I, p. 145.

克瑞翁坚信,阿伽门农式的人类生活是无法忍受的,那种生活总是遭受外在自然的打击,一任意外和偶然的摆布,他关于城邦——船——的隐喻即深刻表达了试图解决这一问题的紧迫意识。所幸的是,我们无需再忍受了,这个世界桀骜不驯的性质能够为实践理性所把握,经由对伦理语言和实践活动的建设性的重新安排,经由将城邦确立为人类善的标准,克瑞翁正在实施这一宏伟规划。那如何才能成就这一宏伟规划呢?克瑞翁从阿伽门农的悲剧中汲取了教益,首先将人类生活从自然秩序中分离,使其进入人类行为的领域,从此人类生活便拒绝了任何外来干预;其次确立了善——价值的单一性,排除了内部的对立与矛盾,这种单一价值以城邦为出发点和依归,所有人的实际利益和价值最终都能化约于此。正是经由这种方式,克瑞翁使人自身成为一个规划的主体,这个主体正在建立一个理性谋划的世界,那是人的未来生活领域,在那里没有命运的突然降临,一切外在的东西,诸如诸神、命运和偶然性,是不存在的;同时,在那里,也没有不可解的矛盾和冲突,因为只有唯一一个至高的价值——城邦善,所有其他一切价值仅是城邦善的工具。① 于是,人类生活最终将从悲剧中摆脱出来。

克瑞翁的规划代表了人类野心,试图摆脱诸神的干预和控制,实现人类生存的自主和自足。这是一个宏大的宇宙论问题,它涉及诸神和命运,涉及对神的虔敬与亵渎,涉及神与人的关系等诸多问题,因为这个宇宙包容了自然物理的外在世界和超自然的世界,也包容了人的世界,故而是一个复杂的体系,人的希望在于如何处理各个因素之间的关系。我们不禁要问,面对如此重大的任务,成长中的人类实践理性能胜任吗?人类理性将如何处理这一全新的问题呢?人类生活本来属于神圣秩序,是神的事情,而现在人类实践理性将其接管过来,试图自我立法,抛弃神法,这实属人类的一次冒险之举,是人类理性的一次历险,这一历险注定要经历风雨与灾难。

---

① Martha C. Nussbaum, *The Fragility of Goodness, Luck and Ethics in Greek Tragedy and Philosophy*, pp. 58—60.

二、神与人,谁该为谁让路?

《安提戈涅》讲述的是安提戈涅与克瑞翁的冲突,黑格尔认为,这出悲剧的意义远远超出了安提戈涅和克瑞翁两个个体缺陷,其真实的意蕴在于向我们提示两种不同价值的冲突以及解决方案。① 这两种不同的价值乃是神与人、自然和人为以及传统和革新,这些关系在实践世界中体现为"主动性"和"被动性"、"制作"与"被制作"以及"命令"与"服从"等问题。安提戈涅和克瑞翁的结局都是悲剧性的,其悲剧在于他们以错误的方式处理了那些关系。

我们在赫西俄德的史诗中发现了神、人世界的合一,人生活在神性的氛围中,②那时人类愚弱、渺小,对于这种存在状态柏拉图在《政治家篇》中揭示为动物性生存。③ 随着人类心智的发展,人类渴望自己的生活空间,这种生活空间的开辟体现为对神的世界之脱离和对自然世界的驾驭。荷尔德林说:"人心中蕴涵一种通往无限的追求,一种行为,它使任何限制、任何静止的状态都根本无法持久地在人身上成为可能。"④所以人对生活空间的开辟根源于人力图使自己变得更开阔、更自由、更没有依赖性的渴望。正是人的理性、智慧的成长使人有了独立的渴求,这种渴求必要求突破神圣秩序,减少乃至摆脱对自然的依赖。也许,人在智性上的抱负本身就是反抗神圣命令的源泉。⑤ 正如前面所言,这是人的实践理性的一次历险,激发起了人的敬畏和惊异,因为它反映了人试图取代神和神的法律而自我立法的野心。

---

① Hegel, *Phenomenology of Spirit*, Trans. by A. V. Miller, Oxford University Press, 1977, pp. 285—289.

② Hesiod, *Theogony*, 529—542.

③ Plato, *Statesman*, 272c.

④ 荷尔德林:《书信选》,张红艳译,经济日报出版社 2001 年版,第 115—116 页。

⑤ 郝岚:"求智慧的爱欲和求秩序的意志",载刘小枫、陈少明主编:《古典传统与自由教育》,徐晋译,华夏出版社 2005 年版,第 317 页。

人类的野心出于改变人类命运的强烈希冀，即从被动和压迫走向自主和能动、从冲突和悲剧走向自我把握、和谐与光明，像笛卡尔所希望的那样，我们努力使自己成为自然的主人和拥有者。

人类靠智慧反抗神的秩序、靠技艺(techne)增强面对自然世界的能力。人的智慧的发展、技艺的掌握确实是一项了不起的人类成就，它使人获得了对抗命运的可怕力量，并激发起了人控制世界的野心。人的能力的增强使人与神对立并争取对世界的控制。所以，歌队一开始便给人下了个定义："厉害的事物很多，但没有什么比人更厉害。"①紧接着，歌队唱响了一曲人类颂歌，从四个方面表现出人类不寻常的令人敬畏之处。人的厉害性体现在人的不息活动、人相对于其他生物的优越性、人的理解力以及道德选择能力上。② 每一个方面专门用了一个诗节，现在让我们来看一看歌队的人类颂歌：③

(第一曲首节)他要在狂暴的寒风下横渡阴郁大海，在汹涌的浪尖上航行，他要去搅扰最古老的女神——那不朽不倦的大地……

(第一曲次节)他用多网的兜儿捕捉那快乐的飞鸟、凶猛的走兽、海里的游鱼——人真是聪明无比；他用技巧制伏了栖息在旷野的猛兽、驯服了鬃毛蓬松的烈马，使它们引颈受轭……

(第二曲首节)他学会了运用语言和像风一样快的思想，培育了能干的大脑和心智，所以他能制定规则，统治城邦；学会了建造遮风避雨之所；所有这些他都是无师自通——他多么足智多谋、善于随机应变呀！在迈向未来的路途上，胸有成竹、事事顺利，他能治愈疾病，惟有死亡，他无能为力。

(第二曲次节)人，一切事物的主人和掌控者，精明能干，是万事的行家里手——他时而沉落，时而兴旺而伟大；只要他遵守大地之法和诸神的正义规则，他和他的城邦便能傲然矗立；但是如果他胆大妄为，惨无人道，他的城

---

① Sophocles, *Antigone*, 333.

② Seth Benardete, *Sacred Transgressions, A Reading of Sophocles' Antigone*, St. Augustine's Press, 1999, pp. 40－41.

③ Sophocles, *Antigone*, 332－375.

邦就会毁灭……

歌队首先唱响了人对大海、大地以及各种飞禽走兽的驾驭，这种驾驭体现了人对生活于其中的大自然的控制，其将人确立为自然的主人。我们从歌队的咏唱中，可以列举出人的技艺得以展示的九种途径：(1)航海；(2)耕种；(3)狩猎；(4)驯养；(5)语言；(6)思想；(7)教化；(8)建筑；(9)医术。航海、耕种、狩猎和驯养涉及人与自然世界的关系，而语言、思想、教化、建筑和医术涉及人与人之间的关系。这九种技艺涉及广泛，几乎囊括了人类活动的全部领域与人类智力的所有成就，从自然界到人类生活领域，技艺在人类生活的诸多方面帮助人类克服自然和机遇的不足，难怪歌队直称人类无比厉害。这样，人的厉害和作为不仅表现在人对自然的关系上，而且还表现在人与人自身的关系上，人有自我教化的能力，这种能力使人成为自己的主人，一个道德世界的自由者。歌队的颂歌消解了人身上的一切旧的关系，人不仅打碎了自然的枷锁，而且也从神圣的束缚中解脱出来。理性的觉醒和技艺的掌握使人胆大妄为，他驾驭了自然的力量，甚至还要去搅扰最古老的、最高的神灵——大地，把大地折腾得疲惫不堪、伤痕累累。人对技艺的掌握是对清晰可见的世界的突破，它使人能够通过阻隔的大海，忽视人栖身其中的大地。因此，城邦作为人类技艺之作本身便建立在罪行之上，尽管城邦必须依赖技艺和诸神，但城邦的这两个支柱彼此间却并不和睦，这个通过技艺来满足人的需要的城邦，并不必然地接纳诸神，相反它的高高耸立乃以牺牲最高的神灵（大地）为代价。[①] 人类于大海横渡，在大地上耕种，在这里大海并不神圣了，它只是人的活动障碍，大地虽然神圣，但人类年复一年地刀耕火种，人支配了大地，这意味着对大地的侵犯，结果大地屡遭人类的凌辱。人类无师自通掌握了语言、思想，学会了教化，这意味着人的自我驯化，意味着在没有诸神帮助下驯养自己的性情。于是乎，人没有什么可以敬畏，再也没有仰望的对象。我们变得无需依赖什么，这样人类从自然领域到道德世界都变得自足。人，事实上，比歌队

---

① Seth Benardete, *Sacred Transgressions, A Reading of Sophocle's Antigone*, pp. 41—42.

所预料的还要可畏呀!

安提戈涅与克瑞翁的冲突正是在人类力量日益增长的背景下发生的,那是两种主张、两种价值的冲突和斗争,用现代语言来表达,即是两种原则之争。那么,克瑞翁和安提戈涅各自的主张是什么呢?他们的主张及其冲突均是围绕对安提戈涅的哥哥波吕涅克斯(Polynices)之尸体的埋葬而发生的。为了理解的需要,在这里有必要将故事的背景作一简单的交代。忒拜城之王俄狄浦斯弑父娶母,遭到了命运的报复,自取双眼而流浪。他的两个儿子波吕涅克斯和爱忒克勒斯(Eteocles)为争夺王位、自相残杀,结果波吕涅克斯失败而被放逐。为了失去的王位,他纠集了一群人攻打忒拜城,爱忒克勒斯迎战,结果以兄弟俩双亡而告终。克瑞翁继而为忒拜之王,他制定法律,规定爱忒克勒斯因捍卫城邦而死,应享受葬礼;而波吕涅克斯攻打城邦,是城邦的敌人,因此应横尸荒野,不允许任何人掩埋。① 由于安提戈涅和克瑞翁与死者关系特殊,因此处于两种关系之中,并被这两种关系所要求的义务撕扯着、分裂着。就安提戈涅而言,她是忒拜城邦的公民,因而负有公民义务,应遵守城邦的法律,可是作为波吕涅克斯的妹妹负有宗教义务。按照前者,她不能掩埋波吕涅克斯的尸体,因为波吕涅克斯是叛徒,是城邦的毁灭者,城邦之王克瑞翁说:“我已向城邦市民宣布,这家伙,波吕涅克斯,不允许人掩埋,也不许人哀悼,让其尸体暴露在外,给鸟狗吞食。”②然而,按照宗教规则和神法,她则负有埋葬的义务。③ 对克瑞翁而言也是如此,作为城邦公民负有遵守法律的公民义务,而作为波吕涅克斯的舅父负有掩埋死者的宗教义务。

这样,在安提戈涅和克瑞翁每个人身上都存在着一种冲突,它存在于一个人作为城邦公民与作为家族成员之间,归根结底乃是以天条为基础的传统宗教规则和以城邦为中心的人为规则之间的冲突,所以它是神法与人法、

① Sophocles, *Antigone*, 191—206.

② 同上书,203—206。

③ 同上书,68—77。

神与人的冲突。[1] 黑格尔在《精神现象学》里对此早已有过清楚的揭示。[2] 安提戈涅与克瑞翁对自己面临的冲突性要求采取了不同的处理方式。她执著于宗教义务的履行而违反城邦之法，克瑞翁则坚持城邦及其法律的至上性而不顾天条。可见，安提戈涅与克瑞翁展示了神人之不和。

安提戈涅和克瑞翁的悲剧在于他们都以极端的方式处理了神和人、自然和人为的关系。克瑞翁执著于人和城邦，而安提戈涅则坚执宗教、传统和不成文的天条，这反映了他们各自的道德缺陷。为了解明他们的悲剧根源，现在让我们走进克瑞翁和安提戈涅的道德世界及其冲突基础。

城邦之王克瑞翁在悲剧第一场中自宫中走上舞台，宣布了城邦历经风浪以后的安全和稳定以及城邦的价值，紧接着陈述了治理城邦的手段和原则。克瑞翁将城邦定义为呵护我们安全之船，这一定义显明了城邦在维持人类生活和善中的重要性。在如此宣告中，克瑞翁便确立了城邦的优先地位，并由此出发建立市民道德。城邦公民的道德法则是忠诚和健康的心智。按照克瑞翁的理解，一个人的品德、魄力和智慧与执政和立法联系在一起。这种理解乃把智慧纳入了城邦这一实践领域，即人的智慧仅仅与城邦和城邦利益相关。它提示，健康的心智乃是完全奉献给城邦安全和繁荣的实践理性。因而克瑞翁的道德法则以城邦为基础，在这里道德乃是对城邦的忠诚和尊重。这就是克瑞翁的道德原则。克瑞翁的道德建立在对传统诸价值的重新定义和简化之上，在他的新定义中，善与恶仅仅与城邦利益相关，对城邦利益的捍卫和促进是善，背叛和损害城邦利益乃恶。[3] 克瑞翁正是以此为背景来理解安提戈涅的主张，简言之，安提戈涅和克瑞翁的冲突在于是否应该掩埋波吕涅克斯的尸体。克瑞翁从城邦利益出发禁止埋葬和仪式性的哀哭，[4]并将严惩违反者，“谁要是违法禁令，就会在大街上被大家用石头

---

① Seth Benardete, *Sacred Transgressions, A Reading of Sophocle's Antigone*, pp. 58, 59, 89, 94, 95.

② Hegel, *Phenomenology of Spirit*, Trans. by A. V. Miller, Oxford University Press, 1977, p. 285.

③ Sophocles, *Antigone*, 175—205.

④ 同上书，204。

砸死。”[①]安提戈涅诉诸不成文的神法将尸体掩埋,声称这是履行神圣的天条。[②] “我要对哥哥尽义务,我不愿人们看见我背弃他,……我要埋葬哥哥,即便为此而死,也是件光荣的事情。”[③]安提戈涅以死执著于自己的宗教义务,决意要为死于非命的哥哥的尸体撒上尘土。安提戈涅的执著来源于对诸神的不死信仰,正是在这种信仰中表达对哥哥的挚爱。

所以,安提戈涅对哥哥的爱不是一种普遍的、一般的情感,而是在表达对家族关系的忠诚和诸神的膜拜。在安提戈涅身上,“爱的语言”没有亲昵的意思,没有个人记忆和个体性。[④] 可见,安提戈涅的挚爱是超越性的,超越了一般的爱的温情和亲昵,它来自神圣律法。安提戈涅身体力行着神圣之法。禁止掩埋波吕涅克斯的尸体,使其暴露荒野,在安提戈涅具有深刻的宗教意义。这意味着波吕涅克斯的尸体剥去了仪式性的尘土,尸体的生命就是尘土,所谓来自尘土,复归尘土;而现在既然没有了尘土覆盖,所以尸体便毫无生气、空空如也。对于一个相信诸神的人来说,尸体的尘土就是安提戈涅自己的尘土,她的挚爱就在这尘土中。这样,尘土既是她挚爱的手段,也是挚爱的对象,因为它包含了她的爱的两个来源:神法和波吕涅克斯。神圣之法使干燥的尘土成为波吕涅克斯的尸体之财产,没有了尘土,这尸体便赤身裸体,也便剥夺了本来属于它的东西。[⑤]

安提戈涅以生命为代价固守宗教义务和天条,以死直面城邦之法的威胁,这表明了神是她的生命之源、甚至是生命本身。她有着深刻的宿命感,并对诸神有一种天命般的依赖,悲剧的开场白即清晰地说明了这一点:

啊,伊斯墨勒,我的亲妹妹

---

① Sophocles, *Antigone*, 25—26.

② 同上书,70。

③ 同上书,69—70。

④ Martha C. Nussbaum, *The Fragility of Goodness*, p. 64.

⑤ Seth Benardete, *Sacred Transgressions*, *A Reading of Sophocle's Antigone*, pp. 54—55.

你看，俄狄浦斯家族传下来的诅咒中所包含的灾难
还有哪一件宙斯没有在我们活着的时候使它应验呢？
在我们俩的苦难中
没有一种痛苦、灾祸、羞辱和辱蔑
我没有亲眼见过。①

安提戈涅如此执著于命运和诸神，这构成她对自己责任的理解。她把责任解释为坚守在波吕涅克斯的尸体旁，他的尸体已经永远地无助了，所以她一刻也不能停止守护。② 这也是对诸神的侍奉。安提戈涅对诸神的依附是深厚的、完全的，这使她远离了人的一切，人性的丧失竟使歌队长一时无法认出她来。③

克瑞翁坚持城邦的优先性，坚信人在世界上的主宰能力，克瑞翁关于城邦——船的隐喻说明只有政治才能救人，“城邦是我们安身立命之地，惟有城邦这条船平稳航行，人类才能繁荣。”④自然是陌生的空间，它常常以偶然和意外打击伤害我们、压迫我们，克瑞翁想通过人的发明——政治和城邦——来克服生活的偶然性和善的脆弱性，对他而言，只有这种主动的、谋划的生活才是可以容忍的、善的生活。

安提戈涅以神的至上性来对抗城邦法律的优先性。
卫兵：你是否知道有禁葬的命令？
安提戈涅：当然知道，怎么会不知道呢？这是公布了的
克瑞翁：你真敢违背法令吗？

安提戈涅：我敢；因为向我宣布这法令的不是宙斯，同时正义之神也没

---

① Sophocles, *Antigone*, 3—6.
② Seth Benardete, *Sacred Transgressions, A Reading of Sophocle's Antigone*, p. 56.
③ Sophocles, *Antigone*, 375.
④ 同上书，第197—199页。

有为凡人颁定如此法令;我不认为一个凡人下一道命令,就能废除天神颁定的、永恒的不成文法则,它不仅存在于昨天与今日,而是永远存在(450—505)。

克瑞翁的努力是要斩断人对诸神的依赖关系,而安提戈涅则试图将渐渐远离诸神的人拉回原来的位置,恢复人与神的联系,然而她失败了,因为她简单地将神法和人法对立起来。①

自古以降,这个世界充满随机、磨难和痛楚,在一个充满不可解的力量的宇宙里,有人受伤,有人走运,你在其中找不到任何和谐,也不明了任何公正。人生充满着无谓的悲剧,正如梭伦所言,命运的力量使一切最精心的规划和热切的追求终成泡影。霍尔巴赫也大声宣告:"人类是苦难的,单因为他们是无知的。"所以,人类的悲剧在于他总是看不透存在之谜,生活被盲目和偶然控制着。人类理性的觉醒和技艺的发展使人获得了关于宇宙和人自身的知识,掌握了驾驭自然之力的能力,宇宙、自然和人自身逐渐被纳入人的理性谋划和技艺的制作中。于是,自然、诸神开始为人让路,向人的技艺之制作而开放。这无疑是一件令人鼓舞的事情,但也令人不安,充满着危险,关键在于如何处理二者的关系。安提戈涅和克瑞翁的行为令人困惑不已,此种困惑反映在人类生活从诸神、命运向自我制作的转换途中。这一充满困惑的运动在卫兵身上得到了表达:

> 主啊,我飞快地赶来,但我的脚步并不轻快,事实上我跑得气喘吁吁;曾多次,我的思想让我停下脚步,转身朝回走去;一种声音在我内心喃喃低语,"傻瓜,你为何要走向惩罚、走向死亡……如果有人将此事告诉了克瑞翁,谁能拯救你呢?我反复思量着,渐渐地迈开脚步,缓慢而沉重。一条很短的路竟变得漫长了。最后,我还是下定决心来到这里,任由你摆布,我两手空空,怀抱一个希望——该发生的终究会发生,一

① Seth Benardete, *Sacred Transgressions*, *A Reading of Sophocle's Antigone*, p. 59.

切皆命中注定。”(223—236)

这次出乎我的意料，居然平安无事，我得深深感谢神明。(330—331)

啊，我的王，在这世上，一个人不能发誓永远不做什么，细细想来，那只是假的誓言而已。由于你刚才对我的威胁，我曾发誓不要来到这里。可是，运气，超乎想象和希望的运气，给我带来了莫大的快乐。我还是来了，打破了自己的誓言，谁还在乎这些呢？我带来了囚徒，这个年轻女子。她是在为死者举行仪式性的葬礼时被我捉拿的。这次，我没有祈求神灵，完全是运气，这是我的运气，也是我的奖赏。主啊，她就在这里，审问她并给她定罪吧，而我呢，则自由了，彻底地摆脱了这场祸事。(388—443)

卫兵的这两段独白分别出现在第一场和第二场，其生动地勾画了一幅关于实践规划的图像。他在两个苦恼的选择之间颇费踌躇，即是否向克瑞翁汇报安提戈涅的掩埋行动，他担心倘若汇报会遭到惩罚，自然会引来祸事；然而如果隐而不报，克瑞翁迟早会知道事情真相，结局同样会是悲惨的。在他的徘徊中，宿命思想占了上风，宽慰自己“要发生的终究要发生”。他那时决心认命，认为自己这次在劫难逃，然而他活了下来，超出他的意料和判断。接着，歌队唱颂了人类非凡的技艺，歌颂了人不依赖于神的存在。现在，卫兵认为自己撞上了大运，为自己的好运气而高兴，沉浸在出乎预料的喜悦和欢乐中。使他快乐的不是诸神，而是偶然。卫兵从最初的进场到离开的过程，是一个从命运到技艺、再到偶然的运动。[①] 他的经历让人困惑，始终在命运、技艺和偶然之间徘徊，而他的境况正是人类的写照。人类的出路在哪里呢？

① Seth Benardete, *Sacred Transgressions, A Reading of Sophocle's Antigone*, pp. 51—52.

三、柏拉图的指引

安提戈涅和克瑞翁的冲突始终没能化解,所以必以悲剧结束。安提戈涅因埋葬尸体而被克瑞翁关进了新房,囚禁在那里。那是石窟,是坟墓,是通往冥河之路。她仰天呼喊,"我究竟触犯了哪一条神律?"[①]"请看我因为尊重虔敬的行为,在何人手中遭受怎样的迫害啊!"[②]安提戈涅因敬神而受惩罚,其苦其痛之深不禁让安提戈涅想起坦塔罗斯的女儿尼俄柏(Niobe),将自己的境遇比喻为尼俄柏的遭际。她(尼俄柏)因向宙斯之妻勒托(Leto)表达了自己善于生产的骄傲,贫瘠的勒托(只生了两个儿女)便叫儿子阿波罗和女儿阿尔特弥斯将尼俄柏的儿女全部射杀。尼俄柏悲痛而死,化成了石头,孤苦无依地坐在西皮罗斯山上哭泣,一任雪和雨的洗礼。[③] 而早先安提戈涅将自己比喻为一只母鸟,站立在空空如也的巢穴旁仰天哀鸣。歌队则用了一个神话故事来表达安提戈涅的痛苦遭遇:

那美丽的达那厄也是被困在铜屋里
看不见天光
在那坟墓似的屋子里被人囚禁着
可是,孩儿呀
达那厄的出生是高贵的
她给宙斯生了个儿子,乃金雨化生
命运的力量真可怕
不是金钱所能收买
武力所能制服

---

① Sophocles, *Antigone*, 920.

② 同上书,942—943。

③ 同上书,822—833。

城墙所能阻挡以及破浪的黑船所能躲避的。(943—953)[①]

达那厄被其父所囚禁,乃因神谕说,她的孩子将杀死他。为了避免厄运,父亲将其捆锁着。可怜的达那厄是无辜的,然而她的无辜无力地抗拒着黑暗与瘫软,人类的技艺未能使她摆脱厄运。可是,她的好运、出生的高贵以及她的美丽使她为宙斯所钟爱,纵使父亲百般阻难和小心看护,宙斯仍化作金雨与她相会。当达那厄为宙斯生出儿子柏尔修斯时,父亲将达那厄和孩子抛入大海,将他们锁在铜屋里,是宙斯救了他们。在一个父亲寻求控制、囚禁女儿而试图阻止外孙出生的世界中,拯救不得不从超凡世界中来。达那厄的故事发人深省,其展示了一个神圣真理:在一个受苦的世界中,拯救有超人的来源,只有神才能拯救,人类根本就没有自救的可能和希望,因为人类的技艺和自身的努力面对命运时软弱无力。达那厄的获救在于自身不屈的抗争和宙斯的帮助,然而安提戈涅的出生则使她没有那么幸运了,她只有人类可以依赖。[②] 缺少神的关照,她注定要毁灭。

克瑞翁坚持城邦之法的至上效力,将安提戈涅锁在了坟墓般的屋子里。安提戈涅死了,忠贞于爱情、视爱情为生命和最高价值的海蒙因此而自尽[③],"他把那女子拥抱在无力的手臂中,他一喘气,一股急涌的鲜血流淌在她苍白的脸上。他躺在那里,尸体抱住尸体;这不幸的人终于在死神的屋里完成了婚礼。"[④]海蒙的母亲欧律狄克闻讯儿子之死,也结果了自己的性命,"克瑞翁,你的妻子,死者的真正母亲,已经死了,哎呀,那致命的创伤还是新的呢!"[⑤]

---

① 达那厄(Danae)是阿耳戈斯国王阿克里西俄斯(Akrisios)之女。神谕曾说阿克里西俄斯会死在外孙手中,为避免此灾难,他因此将女儿囚禁在铜屋里。宙斯后来化作金雨和达那厄相会,为宙斯生柏尔修斯(Perseus)。后来,柏尔修斯在掷铁饼中误伤了外祖父,阿克里西俄斯就这样死在自己的外孙手中。

② Martha C. Nussbaum, *The Fragility of Goodness*, p. 77.

③ 海蒙是克瑞翁的儿子,安提戈涅的未婚夫。

④ Sophocles, *Antigone*, 1239—1243.

⑤ 同上书,1281—1282。

安提戈涅死了，海蒙死了，欧律狄克也死了，他们全都死在了亲人克瑞翁手中，他最后感受到了宿命的力量。[①] 克瑞翁的悲剧源于对神犯下了罪行，其罪行是，第一，将一个属于上界的人抛到了下界，因为他无情地将一个生命置于坟墓中；第二，将一个属于下界诸神的尸体扣留在上界，让它得不到适当的葬礼。[②] 对于亵渎诸神的后果，歌队讲述了莱卡格斯(Lycurgus)的故事。国王莱卡格斯在愤怒中狂暴地攻击酒神狄奥尼索斯，逼着酒神跳入河中，酒神因此向他报复，使他在疯狂中用斧头误杀自己的儿子，这杀人罪使他的城邦发生瘟疫，最后自己也暴死在凶猛的野兽口中。莱卡格斯亵渎酒神，所以必得毁灭。他，一如克瑞翁，对人类自身的进步信仰有加而将诸神弃置一旁。对人类理性和控制力量的自豪感使他亵渎神灵，招致了灾难和瓦解。[③]

这样，整出悲剧向我们勾画了一幅人类实践理性的复杂旅程，我们便从人类辉煌的胜利出发(歌队对人类超乎想象的成就之歌颂)，踏过了巨浪，来到僵化、凝固在铁屋里的人类；从忒拜城冉冉升起的太阳到窒息的、坟墓似的小屋；从小船的轻盈(城邦——船之隐喻)到命运的强大压力；从骄傲地驾驭野兽到一位无辜少女、有罪的男人以及两个无助的少年，所有这一切都被偶然和命运控制着。[④] 安提戈涅和克瑞翁的悲剧性结局让人思索。安提戈涅固守诸神和命运，最后被锁在坟墓似的小屋里，在那里虽生犹死，像西皮罗斯山上坐着哭泣的石像，如冰似雪，慢慢融化和消散。克瑞翁坚信人类理性的力量，执著于人为的制作而冷落诸神，则顷刻瓦解、死亡。在这里，我们强烈地感到，无论我们如何选择和行动，结果都无分别。命运的力量总在我们头上转动那隆隆着响的车轮而不住地敲打我们，要将我们粉身碎骨。在悲剧中，我们听到了人类对此种力量的愤怒反应而经历了人类筹划与否定

---

① Sophocles, *Antigone*, 1095—1097。

② 也见 Seth Benardete, *Sacred Transgressions*, *A Reading of Sophocle's Antigone*, St. Angustine's Press, 1999, p. 127。

③ Martha C. Nussbaum, *The Fragility of Goodness*, p. 77.

④ Ibid., p. 77.

的较量。[1] 人类的处境实在让人困惑不已，无论是固守人类自己，还是向自然、诸神和命运开放，我们所看见的就依然只有孩子们哭泣的、血腥的形象——安提戈涅和海蒙的死亡和鲜血以及伊斯墨勒无助的哭泣。看来，人类的选择十分黯淡，未来也令人沮丧。我们注意到，人类选择本身呈现为一个新的冲突而将我们卷入一个与更高秩序的对抗中。我们要么成为一个价值世界的缔造者，在那里没有冲突发生；要么向已经存在于自然世界中的多元价值开放，[2]接受它们，接受诸神天命般的安排，似乎这就是人类的宿命。

可是，《安提戈涅》并未以如此灰色的人类前景作结。在这里，在戏剧最为黑暗的时刻，一个盲人走了进来，由一个孩子引导着。他就是先知，阿波罗的祭师特瑞西阿斯，他双目失明，但并没有因此瘫痪而消极地等待着生命的末日，他依然行动着。他是技艺之人，失明给他带来了洞见。[3] 谁能断言他是不幸的呢？惟其失明，所以他才用心去看，这培育了他非凡的、心智上的洞察力。他是智慧的，他走上舞台进入实践世界，乃是要教导人们，以他掌握的技艺、所精通的法术，教授给大家以知识。[4] 他告诉我们，谨慎是世上最弥足珍贵的。他留给克瑞翁的劝言乃是，克瑞翁应学会掌握知识，由此来治愈认识上的疾病——愚蠢。[5] 然而，先知如何能够治愈此种疾病而又不使人类陷于无为之境？一个不拒斥选择与行动的治愈将会是什么呢？对这一问题的回答，我们期待着柏拉图的来临。

人的生存是悲剧性的。人类生活的悲剧源于人总是看不透存在之谜，不认识自然和宇宙的真理，所以总是遭受意外的打击。古希腊悲剧无力承担解开宇宙之谜的重任，只有当悲剧让位于哲学时，才驱散了笼罩在人身上的迷雾和乌云，人类生存才逐渐获得了可理解性。

柏拉图在《蒂迈欧篇》和《克里底亚篇》接过了《安提戈涅》所提出的难

---

① Ibid., p. 78.

② Ibid., p. 78.

③ Martha C. Nussbaum, *The Fragility of Goodness*, p. 79.

④ Sophocles, *Antigone*, 998.

⑤ 同上书，1050—1052。

题。这一难题就是神与人、传统与革新、自然与人为、被动与主动以及命运与人的制作之关系问题，我们可以将所有这些对立命题纳入秩序与自由这一范畴里。现在就让我们进入《蒂迈欧篇》的分析中，这一分析仅限制在与《安提戈涅》所提问题相关的内容上。

《蒂迈欧篇》乃《理想国》的后续之作，其任务乃是要回答《理想国》中灵魂秩序之源。在柏拉图看来，灵魂之所以是秩序之源，在于灵魂与宇宙真理的关系，而宇宙真理乃与创世联系在一起。宇宙真理体现在以善为目的的理性规划中，所以灵魂的秩序来自于善和理性规划。这样，柏拉图对灵魂秩序之源的回答便将我们带入创世神对宇宙的制作中，创世、制作与秩序联系在一起，毋宁说，创世或制作乃是为万有加诸秩序。显而易见，《蒂迈欧篇》讲述的是神的使命(赋予万物以秩序)，并试图给人以指引，其解释了人类的创作权利。

诚如上述，《蒂迈欧篇》的主题是神的创世和制作，因此其阐明者乃一切事物的起源：身体与灵魂、人与动物、诸神与时间以及宇宙的结构，它从宇宙的自然诞生开始，以人类的自然结束。①《蒂迈欧篇》是一部宇宙形成的瑰丽画卷，是人类制作的范式。《安提戈涅》中，城邦之王，克瑞翁匆忙的人类制作不仅未赋予事物以秩序，反而招致了灭亡，因为他的制作缺乏事物赖以成形和生成的基本因素，即对神的仰赖和神圣价值的吸纳。正如海蒙的建议所昭示的那样，人类的真正文明要求对神秘性和外在世界的特殊性的维持，需要一种对神秘事物的热情。《安提戈涅》展示了人类理性和技艺一次尝试性的充满危险的旅程，它给了人类颇多教益，使我们明白一种有意义的、安全的人类生活应包括如下因素：人类的主动努力、神的关照、一个具有包容性的最高价值以及爱欲。没有人的主动努力，生存如同坟墓，就会像冰雪一样慢慢消去，这是人的慢性死亡；而缺乏神的关照，人类的粗野本性就会暴露，克瑞翁野蛮的、刚性的制作即佐证了这一点；《安提戈涅》以克瑞翁的失败而告终，克瑞翁力图建立一个新的价值世界，在那里只有单一的价

① Plato, *Timaeus*, 27a.

值，再也没有多元价值的冲突，可是，他的价值以城邦为核心，这样的价值缺乏应有的高度和包容性，以至于它无力统摄其他价值要求。所以在克瑞翁的城邦里，人的生存始终是一种悖论。

柏拉图的《蒂迈欧篇》是克服这一悖论的尝试性努力。在《蒂迈欧篇》中，蒂迈欧对苏格拉底说："就让我来告诉你们这位创造者为什么要造出这个生成的世界。"[①]"创世神是善的，没有一位善者会对任何东西生出嫉妒，没有嫉妒，他就希望一切都要尽可能像他自己……由于神想要万物皆善，尽量没有恶，因此当他发现整个可见世界处于混乱无序中时"，就接管了那个世界并赋予秩序。[②] 可见，创世就是理性为混乱的必然性颁定秩序。造物主将理智放入灵魂而将灵魂放入宇宙的身体中，灵魂贯通宇宙身体，推动宇宙的内在进程。这样，宇宙乃一个活的生命体，是一个有意义的秩序，形成于理性心灵的筹划和设计。理性心灵的筹划将必然性导入了秩序，然而这种导入并非强制的过程而是必然性向善的主动归化。经由创世神的"劝说"，必然性便向"理性设计"开放，[③]理性设计的目的就内化为必然性自身的目的。[④] 这就避免了强制和兽性的制作。在《安提戈涅》中，城邦之王克瑞翁则热衷于刚性的制作，歌队将他比作一个狂傲的动物，似乎有使用"驯服"、"惩罚"和"打击"等语言的迷狂。[⑤] 他将女人定义为可耕种的田畦、男性力量驯服的对象。对克瑞翁而言，炼铁、驯马、对奴隶的拥有乃一回事，对人的统治犹如驯马。[⑥]

在柏拉图的宇宙起源论中，必然性向善的归化因为"劝说"，其显明价值的倡行有赖于语言的说服而非暴力强制。《蒂迈欧篇》的宇宙制作过程说明，一个有意义的秩序来自于理性和必然性的合作，此种合作建立在"交流"

---

① Plato, *Timaeus*, 29e.

② 同上书，30b。

③ 同上书，48b。

④ 宋继杰："柏拉图《蒂迈欧篇》的宇宙论"，中国社会科学院研究生院 2001 年博士论文，第 64 页。

⑤ Sophocles, *Antigone*, 473, 384－52.

⑥ 同上书，473－479。

和"劝说"上。而安提戈涅和克瑞翁则缺乏这种交流,他们各自坚持的价值不为对方所理解和接受,因而结局便是冲突和毁灭。

《蒂迈欧篇》所提出的最深刻的问题在于人的使命。① 通过蒂迈欧所为,柏拉图是要说明人类生活的方向和肩负的重任,揭示了人创立秩序的使命。神创造的宇宙乃时空中的世界,其注定要历经时间,时光的无情流逝会磨损宇宙,所以时间在使一切成熟的同时也使一切变得衰老和枯萎,这样必须对世界进行维持和更新,而这必须通过再创造;人的模仿性创作行为是对诸神创造行为的继续和补充,它使人承担起了保养、更新和完善世界的责任。② 这样,世界的创造模式为人类创造行为的范型,人必须创造和制作,这是一个柏拉图式的宇宙真理。这一道理显明,人的制作是对宇宙的完善,使其完全适合于人类目的,故而,人的创造行为也是人的自我拯救。克瑞翁城邦——船的隐喻就证明了这一点,其说明只有政治(人编织的网)才能救人。蒂迈欧的宇宙起源故事的基本教诲则是:大全的创造者止于至善;理念世界永恒不变,生成的世界则是理念世界注定不完满的影像;宇宙具有等级性和目的性。③ 于是,对于人类来说,一种有意义的人类生活有赖于以善为目的的理性规划和制作,这种制作在于对不变的理念领域的模仿。人类制作的合法性来自于创世神,因为创世神那样做,所以我们也必须那样,人类的所作所为源于神圣的在先行动。而宇宙之所以容易接纳人类的创作实践、道德编织以及政治技艺,盖因神圣制作者对其技艺性的在先编织。④ 蒂迈欧所描绘的世界并非通过偶然和必然而发生……而是通过精审的技艺。这种技艺的首要基础乃数学,在《蒂迈欧篇》中,数学没有因其理论和沉思的性质而被看重;相反它是一种手段,规范万有的手段,按照数学所制造的世界和灵魂会遵守法度,而且表现得体(第19页),可见在蒂迈欧身上体现了

① 郝岚:"求智慧的爱欲和求秩序的意志",载刘小枫、陈少明主编:《古典传统与自由教育》,徐戬译,华夏出版社2005年版,第316页。

② Mircea Eliade,《神圣与世俗》,王建光译,华夏出版社2003年版,第25—39页。

③ 见郝岚,"求智慧的爱欲和求秩序的意志",载刘小枫、陈少明主编:《古典传统与自由教育》,第308页

④ 同上书,第316页。

借助数学解决问题的性情(第135页)。[①] 故而,蒂迈欧的宇宙是数学化的自然,他借此使物理事物理智化而变得可以理解,从而易于接纳我们的技术设计(第21、23页)。[②] 蒂迈欧的首要关切乃技艺性的"制"与"作",并且以数学为基础,所以此种制作自然会趋向于纯理的逻辑规则,导致秩序的死板僵化而变得死水一潭。

于是,蒂迈欧式的数学化的自然和秩序令我们思索,这让我们来到《蒂迈欧》开篇克里底亚所讲述的埃及赛斯故事。这一故事是梭伦从埃及祭师那里听来:

在埃及三角洲地区的前端,在尼罗河的分岔处,有个名叫赛斯的地方,矗立着一座名为赛斯的大城市。城里的公民崇拜一位女神,她是城市的创建者,他们断定这位女神就是希腊的雅典娜。赛斯人非常热爱雅典人,所以梭伦的到来备受尊敬。他向当地最精通古代事务的祭司请教希腊的远古历史,这位老迈的祭司说,梭伦啊梭伦,你们希腊人永远长不大,你们都是儿童,你们中间一位老人都没有。希腊人在心灵上全都是年轻的,缺乏久远的知识。造成这种情况的原因是,人类在过去曾遭受过毁灭,希腊也未免其难,只有少数山区牧人得以幸存,然而丧失了记忆。于是你们变得像儿童一样幼稚,对古代发生的事情一无所知。而尼罗河使赛斯免受劫难,所以古老的东西得以延续……(21e、22bde、23b)。祭司说,赛斯取得了和希腊人祖先一样的业绩,首先,有一个祭司阶层,与其他所有阶层分离;其次是工匠,他们从事各种技艺,彼此不相混淆;此外还有牧人、猎人和农夫这些阶层,各司其职。我们(赛斯)的法律从一开始就给了万有的秩序以极大的关注……赛斯的法律尊重了宇宙(24bc)。

埃及的赛斯是古雅典的姊妹城,其确实古老,因为它有着铁一般的稳定秩序,因而从未遭受过动乱和覆亡,过去的一切总是平稳地延续和承接下来。赛斯的超稳定的秩序根源于其严格的等级制度,它由经过科学启蒙的

---

① Peter Kalkavage, *Plato's Timaeus*,转引自郝岚,"求智慧的爱欲和求秩序的意志",载刘小枫、陈少明主编:《古典传统与自由教育》,第314—315页。

② 出处同上。

祭司阶层实施统治,这种科学原则根除了爱欲。所以,赛斯是没有爱欲的城邦,这里“任何事情看起来都僵化得离谱而且死气沉沉”,老人充斥着整个城市的每个角落,垂死而无生气,赛斯没有年轻人,也没有女人和孩子(第15页)。[①] 从埃及祭司的叙述中,在赛斯,整个社会由祭司、工匠和农夫等构成了一个等级,祭司是统治者,而工匠乃社会的支柱,这一等级所包含的行业众多、五花八门,但有一个共同特点,即他们都从事着某种技艺。[②] 秩序是赛斯的法律的至高追求。[③] 显然,赛斯建立在技艺的基础上,是技术先进的社会,是通过技术手段来征服无序的典范。埃及的赛斯是技艺制作之结果,在生成之域体现了求秩序的意志,作为一个技艺之作,它由知识编织且服从于知识。[④]

赛斯的故事有着悲观的意蕴。我们渴求在生成的世界建立一个稳定的秩序,因为我们深知缺乏秩序就是倒退、就是堕落,就是回到无边的黑暗和混沌,所以我们热切地追求秩序。从蒂迈欧的宇宙论中,我们知道了秩序来自于技艺性的制作,然而这种制作有可能使我们陷入赛斯的境况。柏拉图在宇宙论里安插进赛斯的故事,反应了其良苦用心,它促使我们去关切秩序所带来的危险。赛斯的死气沉沉之原因在于过度的秩序。这样,我们便从《安提戈涅》中克瑞翁的匆忙制作来到了《蒂迈欧篇》中的精心编织。克瑞翁的悲剧让我们警醒,正如先知所规劝的那样,谨慎和知识是弥足珍贵的,所以在克瑞翁身上从反面展示了一个“善的生活取决于以知识为基础的制作和规划”的人类生活道理。可知,悲剧的避免仰赖以知识为基础的制作。然而,赛斯的故事也让我们分外焦虑,因它是以技艺和知识为基础进行制作的样板,然毫无生气,这让我们想起安提戈涅对神的

---

① Peter Kalkavage, *Plato's Timaeus*,转引自郝岚,“求智慧的爱欲和求秩序的意志”,载刘小枫、陈少明主编:《古典传统与自由教育》,第313页。

② Plato, *Timaeus*, 24bc.

③ 同上书,24c。

④ John Sallis, *Chorology: On Beginning in Plato's Timaeus*, Bloomington/ Indiana University Press, 1997, p. 20. 转引自郝岚,“求智慧的爱欲和求秩序的意志”,载刘小枫、陈少明主编:《古典传统与自由教育》,第313页。

过度依赖所带来的结果(生活在坟墓般的屋子里)。柏拉图对宇宙和谐的几何学表达使我们明白,他的知识建立在数学的基础上,这种纯数理的东西严谨、规范而无个性,因此以它为基础的秩序可能导致过度规范而缺乏活力。

于是,无论是克瑞翁的兽性制作,还是蒂迈欧的精心编织,我们都无法摆脱悲剧和死亡(粗野的制作使我们马上瓦解,而以知识为基础的精心编织则导致生命荒芜,乃慢性死亡)。我们在柏拉图这里再一次陷入了徘徊!柏拉图能帮助我们冲出命运的重围么?

四、爱欲的哲学,人类生活的希望

克瑞翁匆忙而刚性的制作未能带来城邦的秩序、安全与繁荣,不仅因为他抛弃了诸神,也因为他抛弃了连诸神都要服膺的爱神——厄洛斯。前已叙及,克瑞翁的制作代表了人类在实践世界的一次大胆行动,他修改了爱的定义,并以公民之政治情感取代了以厄洛斯为本质的爱。这种取代使他将外甥波吕涅克斯视为敌人,与城邦公民不共戴天,而本来我们是有理由期待他表达对暴死的外甥之爱的。“我绝不会把城邦的敌人当做朋友”,无论他是谁。正是在这种政治性的宣告中,爱欲消失得无影无踪。他拒绝了友谊和家庭关系之爱,只认可以城邦为基础而产生的公民关系,并使友谊和家庭之爱服从公民关系。

克瑞翁以城邦福祉(秩序)定义一切并赋予其价值。在他看来,性的欢乐同样与此相关,所以他告诫儿子海蒙,“安提戈涅是冷冰冰的东西”(安提戈涅是海蒙的未婚妻)。一个不忠实于城邦利益的人对一个有着健康心智的人来说没有吸引力。远离了厄洛斯,远离了爱欲,对人性的认识就会发生偏差。所以,克瑞翁在对儿子海蒙的劝告中将安提戈涅定义为“可耕种的土地”,[1]将女人视为暴力的作用对象、城邦新公民的生产机器。克瑞翁关于人类生活的新规划并未给人性及其价值留下更多的余地。在他那里,一个人只有唯一的价值……城邦福祉的生产者;缺此,他在城邦中便无立足之地。[2] 克瑞翁对人性的错误认识导致他粗暴的制作,他对安提戈涅说:“要知道,过分顽强的意志最易受挫折。千锤百炼后最坚硬的铁最易击成碎片。我并且知道,只需一个小小的铁嚼就可以驯服烈马;当一个人成了别人的奴隶,很难保有骄傲和自豪了。”[3]克瑞翁将对人的统治比喻为驯马。他的制作失败了,因为人类比马更复杂,因而更难驯服。他简化了人性,也许他已经掌握了物质自然的知识,但对于人自身的自然还异常陌生。这样,在他所追求的生活里,只有有用的工具,一切都是器物,没有人性的回应和关照。[4]那不是人的城邦,海蒙早就得出了正确的结论:“你可以孤独地在沙漠中为王,进行统治。”[5]

《蒂迈欧篇》中埃及的赛斯故事也有相同的意味。赛斯远离世界其余地方,从而避免了周期性的毁灭,然而在这里一切死气沉沉,人的生命成了道德木乃伊。克里底亚讲述的赛斯故事回答了这样的问题:一旦我们把秩序强加给生成的努力获得了持久的成功,后果是什么呢?赛斯的故事是求秩序的意志所带来的结果,似乎反映了征服无序努力的失败。其表明,倘使我们不断地把秩序强加给我们的身体和灵魂,我们的生命就会变得荒芜。[6]赛斯的超稳定秩序源于以技术为基础的人为强制,那种秩序远离了爱欲,从而造成精神的萎缩和灵魂的支离。

这样,克瑞翁在对人性认识上的不足导致规划失败,而赛斯的死寂也证明了一样的道理。其表明,无论我们以什么方式编织生活和追求秩序,成功

---

① Sophocles, *Antigone*, 569.

② Martha C. Nussbaum, *The Fragility of Goodness*, p. 61.

③ Sophocles, *Antigone*, 473—479.

④ Martha C. Nussbaum, *The Fragility of Goodness*, p. 61.

⑤ Sophocles, *Antigone*, 739.

⑥ 郝岚:“求智慧的爱欲和求秩序的意志”,载刘小枫、陈少明主编:《古典传统与自由教育》,第318—319页。

与否取决于我们对人自身的自然的充分认识，而这一认识要求我们正确安置爱欲——厄洛斯。

讲述宇宙论的《蒂迈欧篇》以埃及的赛斯故事起笔，确实意味深长。蒂迈欧的宇宙论是一曲科学之歌，①而数学是这歌唱的主要音符。数学所体现的理性规则的确令人敬畏，②它将人带向"天外存在之域"，可是以数学为基础的秩序会使人远离人性，可能变得一片死寂。在蒂迈欧身上体现了以数学解决一切的趋向，所以柏拉图让克里底亚讲述赛斯故事用意良苦，提示我们以数学为基础的知识规划生活时"应当谨慎"，建立在这种知识之上的人类生活可能缺少什么(重要元素)。这种提示便将我们带入诗与哲学的关系上来，如此看来，《蒂迈欧篇》扩展并深化了对"哲学与诗的古典争执"的检视。

在《理想国》第十卷里柏拉图展开了对诗和诗人的批判，这一批判立于城邦的教化以及政治上的控制。在柏拉图看来，政治的任务乃是要塑造对善敏感而易于转向的灵魂，此种转向即是灵魂对宇宙最高真理——善的缓慢进入和归化。③ 这是知识的任务，教化乃是知识对灵魂的启迪和转化。要实现对善的归化就必须有一个干净的未被污染的灵魂，一个干净的灵魂就好比良好的土壤。我们可以从生活经验中亲证这一点：只有在优良的土地上耕耘、播种，才能期待上好收成。易言之，教化即是用知识按照心灵的本性对心灵进行培育。柏拉图说，我们不可能将知识灌输到愚昧无知的灵魂里，就如同我们无法把视力塞给天生眼瞎的盲人。④ 这样，教化有赖于灵魂的先天本性，它要求我们必须看清灵魂的本性，而这必须有一个清晰透彻而又纯粹的灵魂，只有这样才能照料并提升心灵的天然禀赋。但事实上，"我们所见到的灵魂的样子不能使我们对它的本性有所了然，就像看见海神

① Peter Kalkavage, *Plato's Timaeus*，转引自郝岚，"求智慧的爱欲和求秩序的意志"，载刘小枫、陈少明主编：《古典传统与自由教育》，第315页。

② 在柏拉图，事物之所以是神圣的，是因为它是理性的，所以理性使事物神圣。

③ Werner Jaeger, *Paideia: The Ideal of Greek Culture*, Volume Ⅱ, p. 295.

④ Plato, *Republic*, 518c.

格劳科斯(Glaucus),他原来的肢体由于多年被海水浸泡已经断裂破碎,身上又蒙着一层贝壳和海草,以致本性尽失,看上去倒更像一头怪物。这就是我们看到的灵魂,它被无数的邪恶糟蹋成这个样子。"[①]这并不是灵魂的本相,为了恢复其本来面目,我们就必须对灵魂进行清洁和小心擦拭,掸去年深日久的灰尘,于是灵魂必须转向对智慧和知识的热爱,转向对"天外存在者"的仰望中。

然而,诗在三个方面妨碍了知识对心灵的照料。**首先是诗的模仿性**,诗的模仿遮蔽了理念。柏拉图以床来例证了诗人创作行为的本质。床是很有用的东西,乃匠人的作品。但匠人要造出我们使用的床来,必须有床的类型。他们用眼睛注视着床的类型,头脑里装着床的理念,可是,床的理念不是匠人制造的。床本身乃创世神所造,他创造床,如同创造一切植物和动物、天和地、诸神和人类。创世神的创造乃匠人创造的前提和基础,后者创造出日用常行的事物。此外还有一种创造,这种创造既不真实,也不实用,其创作方式如同你拿着一面镜子映照周遭万物,得到的是事物的影子。如此,我们便拥有了三张床:床本身、床的摹本和床的影子。那么创世神、木匠和画家分别与三张床对应着。床的理念是木匠之作的原型,木匠的作品乃理念的影子,而画家是对木匠之作品的模仿,因此是影子的影子,它三位地远离本质或真理。[②] 画家的创作不仅远离真理,而且毫无实用价值,故而极不严肃。柏拉图认为,这个比喻可以用于悲剧的创作者(597e)。诗人远离真理,而且还将虚幻的影子当做真实存在而教授给众人,所以他不仅遮蔽真理,而且还颠倒是非,这实在是罪不可恕,本来诗和诗人应当指导人们直达生活真理的。于是,诗人生活在人工制造的世界中,完全属于洞穴,[③]属于知识带领人们要出离的黑暗领域。可是,"有人说,诗人懂得一切技艺,也懂

---

① Plato, *Republic*, 611d.

② Plato, *Republic*, 596bce, 597bce.

③ 列奥·斯特劳斯:《苏格拉底问题》(第六讲),载刘小枫、陈少明主编:《经典与解释》(8),孙向晨译,华夏出版社2005年版,第80页。

得一切与善恶相关的人事，还懂得一切神的事情”，[①]“然而，荷马，请告诉我，有哪一个城邦因为你而被治理得良好？”[②]诗人用华丽的语言和不健康的形象取悦众人，诗似乎灿烂迷人，而模仿出来的东西在众人眼里也很美丽。在柏拉图看来，诗和诗创造的形象就像年轻人的脸孔，虽然年轻但并不具有真正的美，一旦青春逝去，容华也便尽失了。[③]

其次是诗对情感的表达。知识对人的教化之一在于克制欲望并使之发生转化。[④] 模仿性的诗歌模仿人们被迫或自愿的行为，在这样做的时候，他们假定自己交了好运或厄运，并且感受到悲哀与欢乐。[⑤] 一切诗作的本质在于唤起某种情感。[⑥] 在悲剧的模仿中，我们体验到各种各样的情景和角色，在每一种场景和角色上我们都把自己“转化”为那特定的角色，去经受那特定的经验。这样，我们不停地在不同的角色之间穿梭着、转换着，时而将自己“转化”成这一角色，时而又以另一角色去出现。同一心灵总是承受着不同的甚至冲突的情感，矛盾、混乱和纷争在那里汹涌澎湃，于是我们的灵魂在任何时候都充满着自相矛盾。[⑦] 这样的灵魂在悲哀之情面前异常脆弱，它抗拒着理性的教诲，就像摔倒在地的小孩，没完没了地哭泣。因此，诗人的创作激发了灵魂的较低部分，当我们的淫念、忿恨、悲痛等经验应该枯萎的时候，诗的想象力却灌溉它们、滋养它们。[⑧] 而灵魂较低部分的强化会导致理性部分的枯萎，人的命运就委托给了较低的部分，这就好比把城邦的权力交给了坏人。[⑨] **最后是诗对诸神的描绘**。荷马与赫西俄德的诸神相互暗算、拼杀以及钩心斗角，神的世界充满着血雨腥风和战争，这种描绘会扰乱道德观念和秩序。

---

① Plato, *Republic*, 598e.
② 同上书，599de。
③ 同上书，601b。
④ 罗森：《诗与哲学之争》，张辉译，华夏出版社 2004 年版，第 22 页。
⑤ Plato, *Republic*, 603c.
⑥ Werner Jaeger, *Paideia: The Ideal of Greek Culture*, Volume Ⅱ, p. 364.
⑦ Plato, *Republic*, 603d.
⑧ 卡西尔：《人论》，甘阳译，上海译文出版社 1997 年版，第 187 页。
⑨ Plato, *Republic*, 607a.

柏拉图痛陈诗对灵魂的败坏作用,被败坏的灵魂易于服从情感、不能分辨大小轻重和善恶。柏拉图对诗的最严重的指控是其腐败我们的价值感。① 柏拉图在《理想国》第十卷里对诗的指责可能让我们过分地夸大柏拉图关于哲学与诗的对立。其实,即便是在《理想国》里,我们已经看到,他对诗的判断和评价乃出于政治控制的目的,②换言之,倘使诗有助于哲学家对城邦的管理和统治,城邦之门便向诗人敞开着。柏拉图并不一概地反对诗人的模仿创作,关键在于模仿对象以及如何模仿。令柏拉图焦虑的是诗对模仿的滥用,诗对模仿的滥用会怂恿欲望,从而也怂恿意志,它为了满足欲望怂恿生产,以感性的满足来定义完美。这不仅会导致价值上的混乱,而且将使我们误解人与自然的关系。为了彻底满足其形形色色的欲望,人就期望自己变成诗人,像诗人那样无节制地任意创作。如同诗人为满足人无穷的情感而创作那样,人就会试图将自然转化为仿造物或诗篇,以满足无尽的欲望。这样,人不仅期望成为自然的主人和拥有者,而且要成为自然的创造者,一如诗人的制作。③ 于是,柏拉图的《理想国》并未将诗人逐出城邦,而是让诗臣服于哲学。④

哲学与诗的关系发人深省。只要哲学欲承担规划人类生活的重任,不可能没有诗,因为诗人比哲学家更了解生活,更了解人的感情。在诗对情感的感知中,我们就会意识到它的全部力量。同时经由诗的表达,我们的情感不再是神秘而不可测知的力量,它们仿佛变得透明。诗从一个全新的广度和深度揭示了生活:它传达了对人类事业和人类命运、人类的伟大和痛苦的一种认识,与之相比,我们的日常存在显得极为无聊和琐碎。正是靠着诗,灵魂获得了一种新的、与哲学别样的态度来对待它的感情。⑤ 然而,哲学不可能不关注人类生活,除非我们就此撒手这个世界,因而哲学不可能没有政

---

① Werner Jaeger, *Paideia: The Ideal of Greek Culture*, Volume II, p. 364.

② 列奥·斯特劳斯:《苏格拉底问题》(第六讲),载刘小枫、陈少明主编:《经典与解释》(8),第78页。

③ 罗森:《诗与哲学之争》,第22页。

④ 同上书,第23页。

⑤ 卡西尔:《人论》,第187—188页。

治爱欲，柏拉图的叙拉古之旅即是明证。[①] 戏剧的目的，正如哈姆莱特所解释的，“不管是过去还是现在，都像是要举起镜子直照人生，显示善恶的本来面目……”这样，诗人确实比哲学家更了解人类事物，更能洞察人类心灵。倘使哲学家要为人类的事物理智地立法，就得坐在诗人的脚下寻求那种理解以获得帮助。[②] 所以，我们就不能在流俗的意义上看待诗和哲学之争，诗和哲学没有本质的断裂。赛斯的故事显示了诗的胜利，如果哲学仅仅用数学范式来表达，就会远离人类生活中最根本的要素之一的爱欲，哲学对人的自然的认识就会像《安提戈涅》所昭示的那样残缺而武断，人类的生活就会与赛斯一样，虽生犹死，因为它没有爱欲，没有人的情感而远离人性。诗使数学具有人性，并给数学以人的意义。[③]

在某种意义上，诗给哲学以指引，向哲学提供“规划对象”。没有诗，哲学便只能是对“天外存在者”的洞观，并以此为满足。然而，蒂迈欧的宇宙之歌显明，灵魂既没有能力也没有欲望达到对“存在的完全认识”，因为人类逻各斯与神圣逻各斯相较在这个问题上极其有限(虽然人并不因此而气馁，就此放弃对存在的认识)，所以就必须回到现象之域。《蒂迈欧篇》的动向是从“存在返回生成”，创世神用理念创世，乃是用存在改进现象世界，其说明只有着眼于对现象世界(人的生活世界)的人为整理和提升，存在才是有用的。[④] 同理，哲学只有回到人的世界，给人类生活实践以指引，才变得有意义。这以对人、人的自然的充分认识和准确把握为前提，而它要求尊重人类爱欲、尊重人的情感、尊重诗在善的人类生活中具有的价值，因为诗能帮助哲学了解人的性情与激奋。

这样，无论是对理念领域的沉思，还是对现象之域的整饬，哲学都不能

---

① 林国华：“柏拉图的‘叙拉古’与狄翁的‘友谊’难题”，载刘小枫、陈少明主编：《经典与解释》(5)，华夏出版社 2005 年版，第 158—160 页。

② 列奥·斯特劳斯：《苏格拉底问题》(第六讲)，载刘小枫、陈少明主编：《经典与解释》(8)，第 81—82 页。

③ 罗森：《诗与哲学之争》，第 33 页。

④ 郝岚：“求智慧的爱欲和求秩序的意志”，载刘小枫、陈少明主编：《古典传统与自由教育》，第 314 页。

舍弃爱欲——厄洛斯。古代诗人赫西俄德意味深长地说,爱神是元始第一,是造物主,是一切事物所从出的原则。[①] 因为诚如歌队所唱道的那样:

爱神啊,你无往不胜
没有哪位天神,也没有哪一个朝生暮死的凡人能逃避你
谁碰上你,谁就会发疯
连那些永恒的神圣法则也服膺于你。(880—890)

(作者系西南政法大学法学研究所教授)

① Hesiod, *Theogony*, 119—122.

和平的保卫者

保卫“利维坦”

——论霍布斯政治哲学中的现代国家

王　利

霍布斯为《利维坦》一书设定的任务是探求政治生活的正当性根据：寻找关于“自然正义的知识”①。在深刻洞察人性的基础上，霍布斯着手寻找政治理想主义和政治现实主义的结合点：他不是自然主义者，绝不肯将公理建在强权上，仅仅通过赤裸裸的暴力来实现正义；也不是道学家，绝不相信仅凭一些抽象的道德法条就能约束人类的激情和欲望。霍布斯慎重思考政治和道德事务的结论是“利维坦”。

“利维坦”(Leviathan)原指一种海上怪兽，凶猛无比，源自《圣经·旧约》“约伯记”②。霍布斯用利维坦来指称国家(common-wealth)。国家是现代政治的重大发明，霍布斯就是首批打造现代国家的手艺人中的一员③。

---

①　霍布斯：《利维坦》，黎思复、黎廷弼译，商务印书馆1996年版，第三十一章，第288页；Thomas Hobbes, *Leviathan*, Ed. by Richard Tuck. Cambridge & New York：Cambridge University Press，1996，p.254。以下引用《利维坦》采用中英文对引的形式，例如“《利维坦》第三十一章，第288页/p.254”。

②　“这比附是从《约伯记》第12章最后两节取来的”，参见《利维坦》第二十八章结尾，第249页/p.221。

③　参见韦伯在《以政治为业》(马克斯·韦伯：《学术与政治：韦伯的两篇演说》，冯克利译，生活·读书·新知三联书店1998年版)中对国家的定义，这一定义与传统政体分类不同，是从正当性基础的角度界定国家的，对这一定义的评论参见该书，第118页，注释4。对照《韦伯作品集》II、VII，钱永祥等译，广西师范大学出版社2005年版。尤其参见Winckelmann所编辑的《经济与社会》第二部分第九章第八节，同时参见雷蒙·阿隆《社会学主要思潮》附录中对韦伯与权力政治的论述。雷蒙·阿隆：《社会学主要思潮》，葛智强等译，上海译文出版社1988年版。

在他看来,国家的使命是保卫和平,和平就是自然法所揭示的道德目标。国家之所以能够成为和平的保卫者,在于它担负着最高权力,国家就是最高权威。

那么,为什么会是利维坦?

当霍布斯将自己对人类事务本质的认识和政治可能性的希望寄托在利维坦身上时,他一定是发现了利维坦可以同时避免道德理想主义和政治自然主义的理由,这些理由和霍布斯创造利维坦的理由是一致的,因此,利维坦必然是以全新的视角和形式来处理政治问题和人类冲突的重大创新,它可以解决前人无法解决的问题。本文通过分析作为国家制度的利维坦,将初步揭示霍布斯政治哲学中现代国家的基本面貌,并通过阐释利维坦的三次出场和三种形象,简要说明利维坦的创新之处和霍布斯赋予利维坦的神学—政治含义。同时,本文还将证明,正是由于霍布斯在新型政治形态内恰当地考虑了宗教和教育,利维坦才真正承担了以自然权利为基础的现代立国事业。

一、国家制度①

主权者与臣民分别是绝对主义的两个端点,它们共同构成了国家,霍布斯将之命名为"利维坦"。国家并不是独立于主权者和臣民之外的抽象的第三方,而是一种特殊的公民联合(civil association)的方式。通过这种形式

---

① 国家制度,霍布斯的用词是"institution of commonwealth",除了下面正文所提到的两处暗示,尤其是第九章知识分类表外,最明显的一处提及是在第二十九章开头,第 249 页/p. 221。但"institution"一词《利维坦》中还有一个意思,即建立或构成,霍布斯称按约建立的国家即为"commonwealth by institution",与以力取得的国家相对(commonwealth by acquisition)。应该说,就霍布斯的论述而言,institution 同时含有"建立或构成"和"机制或制度"两重含义,尤其是在他以人为国家的原则统一自然国家之后,在性质上二者相同,所以我们才将第九章知识分类表和第二十九章开头的提及作为本节立论的文本依据,当然,更多论据来自霍布斯的文义。

的公民联合，一群人在单一人格中实现了统一①。对国家的这种理解在国家的成因、产生和定义中得到了明确而严格的论证，国家的诞生和主权的诞生是同一过程，国家宣告建立之时，主权者和臣民的法权关系亦同时确立。从文本上来说，“主权学说的精华五章”为主权者—臣民、保护—服从、权利—义务之间的关系定下了基调，建立了国家的基本骨架。② 在此基础上，之后的内容围绕两个方向展开，一个是在基本骨架之上增加血肉，对国家的内容予以充实完善，但国家的基本格局保持不变；另一个是借助国家的原则论述宗教和政治的关系，重新确立神—人秩序。前一个方向在论述臣民团体时表现得最为明显，霍布斯从广义的角度对包括国家在内的各种联合形式进行了对比，国家作为绝对的、独立的、政治性的公民联合形式的本性得到了进一步阐发，并被界定为“全体臣民结合起来组成的联盟”③。而在进行神学—政治批判时，霍布斯借助国家原则对教会进行了定义，即按照世俗国家的含义将教会理解成一个世俗国家，是由明证基督信仰的人聚合而成的会众。“这样说来，能够发布命令、审判案件、宣告无罪、判定罪行或作出任何其他行为的教会便形成一个由基督徒组成的世俗国家了，它之所以被称为世俗国家，是因为组成者是人，它之所以被称为教会，是因为其臣民是基督徒”。④ 对国家的这种理解意味着，人，并且只有人是国家的组成部分（质料），国家就是要对人们共同生活的方式予以形式上的规定，而且只有以主权者—臣民、保护—服从、权利—义务这种形式进行的规定才称得上

---

① 对比《利维坦》第十七章与第二十二章，从第二十二章可以对“主权学说的精华五章”作整体上的理解。笔者认为从《利维坦》第十七章到第二十一章是对主权学说的集中论证，故称之为“主权学说的精华五章”。

② 对绝对主权进行精密推演的论证集中在《利维坦》第十七章到第二十一章，从篇章结构上看，临近的其他章节都以此为核心展开。第二部分“论国家”中间七章包括两个部分，第二十二到第二十四章论述利维坦的组成和官能，二十五章到二十八章围绕法律主题展开，可以说是主权原则的贯彻运用，而第二部分最后三章则是主权必须面对的针对绝对性的挑战。再看第一部分“论人”所含的十六章，大致可分为三个部分，前九章讨论伦理学和知识论；十到十二章论述权力；十三到十六章为主权的产生准备条件。因此，以第十七章引领的五章可谓是“主权学说的精华五章”，集中阐述了主权的目的、构成、权利及性质。

③ 《利维坦》第二十二章，第 183 页/p. 163。

④ 《利维坦》第三十九章，第 373 页/pp. 321－322。

国家。

这种意义的国家是普遍而抽象的国家,严格说来,它表现为主权者和臣民之间明确的权利—义务关系,国家就意味着这些权利—义务关系的网络,而与具体的环境无关。只需要注意到国家的出发点是被抽空了各种内在形式的人,据以推导国家的依据又是基于自然激情和自然理性之上的公理,就可以明确,霍布斯在何种意义上将理论建构而成的国家理解为"国家制度"。不过在文本上,他并没有给出有关国家制度清楚明晰的定义,只是在两个地方用十分隐讳的形式予以了某种暗示。第一次是在导言中将国家与钟表相比,通过证明人为物也可以具有生命,简单说明了国家也相应具有"自动机械结构"(Automata),这不应该成为霍布斯采用机械论观点考察政治事务的论据,因为他的重点是在国家的构成,钟表作为机械运动的典型方式仅在类比意义上提供了理解国家的某种模式。如果说第一次暗示还多少有些含混,第二次暗示则直接得多,它位于第九章末尾那副著名的知识结构表的最底端。在这里,霍布斯给出了他对整个哲学的分类结构。在将全部哲学分为自然哲学和政治学/公民哲学之后,"关于从政治团体之性质推理而得的知识",即政治学或公民哲学共包括两个部分,"国家制度"(the Institution of common-wealth)是共同的开端①。以国家制度为端点,一方面包括从国家制度到政治体或主权者的权利、义务的推理知识,另一方面包括从国家制度到臣民的义务与权利的推理知识。由此可见,国家制度同时包含了主权者的权利—义务和臣民的义务—权利两个方面,而且是主权者和臣民之所以具有这种特定的权利—义务关系的来源。

霍布斯的两次暗示在"主权学说的精华五章"中基本变成了现实,充分体现在主权的构成乃至主权者的权利和臣民的自由之中,并通过对臣民团体、政务大臣、国家的营养和生殖等国家结构的论述,在国法四章中得到了详尽的展示。国家制度首先体现为绝对主义的主权原则,这是根据建立国家的根本契约推演而来的"自然的基本法",是国家存在的最终理由,相当于

---

① 《利维坦》第九章末尾第62—63页/p.61。

"宪法",它规定了主权者和臣民之间保护—服从的基本关系。其次体现为政务大臣代表主权者来进行行政管理,既包括负责全国或某一地区全面政务的官员,也包括掌管各种具体事务的官员,政务大臣所具有的权利只是主权者的意志所决定的权利,臣民对政务大臣的服从归根结底是对主权者的服从。再次体现为对从属的臣民团体权利的规定,其中,政治团体的代表者的权利是由主权者规定的,一方面是主权者发出的命令或证书,另一方面是国家的法律;合法的正规私人团体,如家庭,父亲或家长"可以在法律允许的范围内管束其子女与仆人,只是不能超出这范围之外"①;而正规但不合法的私人团体则是公共权力要着意提防的力量,因为:"非正规团体就其性质来说只是一种联盟,有时则仅是汇聚起来的一群人;这种团体并不为任何特殊目的而联合,也不由互相义务而结为一体,只是由于意志和意向相类似而产生的。其性质是否合法,则要看其中每一个人的目的是否合法而定,而每一个人的目的则要根据当时的情况加以理解。"②

除了国家之外,其他形式的臣民联盟对维持和平和正义来说就没有必要。所以为了国家的安全,必须取消一切私人力量联合的可能性,如议会制下容易发生的私党或阴谋集团、私人使用超出正常数量的仆役、家族结成私党、异乎寻常的人数聚合而引发的骚乱等等。最后,国家制度体现为臣民相互之间买卖、交换、借贷、租赁、雇佣等订立契约时所依据的一般性的法律,以及国家为了维持和平与秩序而对臣民的审判、宥恕、减罪、赏罚等行为,这是国家依照国法直接施与臣民的。

总的来说,国家制度由上而下,是由主权者贯穿到臣民的一整套权利—义务关系,规定这些关系的是国法,即主权者的意志。而主权者为了方便治理,需要政务大臣代表自身来负责具体的行政事务,需要参议人员为更好地施政司法出谋划策,但他们都是协助主权者完成政治使命的组成部分,最终的决断仍由主权者本人作出。从属性的臣民团体可以看作是臣民的适当联

① 《利维坦》第二十二章,第183页/pp.162—163。

② 《利维坦》第二十二章,第183页/p.163。

合,和臣民对主权者的服从相一致,臣民团体也要由主权者的意志规定其权利限度。需要注意的是,霍布斯着重强调了以商业活动为主体的政治团体,对他来说,在确定了国家的基本结构后,臣民适度联合从事商业活动是促进经济繁荣、创造满意生活的主要内容,当然,这是以遵从自然的基本法和一般的法律关系为前提的。

由此看来,霍布斯主要是从法律—政治角度思考国家的。从自然状态到公民社会,人从"天生非政治的动物"转化为保护—服从关系中的组成部分,并通过诉诸主权学说这样一种公法构想,实现了一群人之间真正的联合:全体臣民统一于国家。所以,国家的首要任务和功能也体现在法律—政治层面,即体现为主权者的职责,"那便是为人民求得安全":"为了实现这一点,应当做到:除了个人提出诉讼时对他加以保护使之不受侵害以外,不只是个别地加以照管,而是要在具有原理和实例的公开教导中包含一种总的安排,以及制定和实行个人可以适用于其本身情形的良法。"①

"总的安排"主要是指主权者要坚决彻底地维护主权的绝对性,并教导人民正确地理解服从的根据和理由,正确履行他们的义务。同时包括主权者对臣民平等施法、公平征税、制定良法、正确地执行赏罚、甄选良好的参议人员、获取人民的敬爱等内容。最后在国家关系方面,主权者只需要遵守万民法(the Law of Nations),万民法就是自然法,主权者可以根据国家安全而相应采取防御或进攻等策略。在将主权者之间的关系等同于自然状态下自然人之间的关系后,以自我保存为名义的先发制人或主动进攻都变成合法的。

在法律—政治之外,霍布斯的国家还要处理社会、经济、宗教等问题。一般认为,霍布斯的公民社会或政治社会(civil society)和国家是一回事,尤其在和自然状态对举时它们的一致性更为明显。事实上,霍布斯为自然状态找到的最合要求的典型状态就是内战(civil war)。如果说在霍布斯的世界中,战争优先于和平,那么在他所考虑的战争中,主要是内战,因为与内战

① 《利维坦》第三十章,第261页/p.231。

休戚相关的社会秩序或政治秩序才是霍布斯思考的核心。内战是对人们之间和平相处的摧毁，是对一群人在一起共同生活的摧毁。霍布斯赋予了“civil”一词以极其丰富的含义，它不仅指“国内”，还包括社会的、政治的、公民的等多重含义，因此 civil war 还具有“社会战争”的意思。在对自然状态和公民社会的构想中，霍布斯并没有严格区分国家与社会。为了保证在建国的伟大时刻社会契约的根本有效性，他坚决禁绝了自然状态下社会的存在。他用绝对主义的主权学说所完成的，是使主权成为政治社会的灵魂，据此人们能够人为地结合在一起。在秩序的构成这个意义上，社会和国家是一回事，内战（或社会战争）也因此成为社会和国家共同的敌人。但在建立国家之后，在霍布斯的论述中，似乎隐含着对国家和社会的区分。如果说否定自然状态中社会的存在是为了理论首尾连贯性的需要，那么，在建立国家之后承认社会的存在，尤其是出于经济的考虑承认社会，则是霍布斯严肃思考立国与政制的必然结论。

绝对主义毕竟不是极权主义。主权者的命令和意志并不是要渗透到人们生活的方方面面，在法律未作规定之处，臣民享有自由。在主权者许可的前提下，臣民及臣民团体除了服从主权者和遵守法律外，还要过政治之外的生活，公民社会也并不只是政治，还包含着“社会”。这层意思最显著地体现在霍布斯对“人民安全”的定义上。认真分析主权者的权利，不难证明，霍布斯将“满意的生活”规定为国家在和平之上的另一个目的，以勤劳和繁荣为目标的经济生活就是公民社会中“社会”的主要组成部分，也是社会有别于国家的重要方面。

但霍布斯对经济问题的讲法不是一个经济学的讲法，而是完全从属于政治的。对他来说，经济上的繁荣和富裕是营养国家的需要，按照消费品而不是人们的贫富程度平等征税是主权者的重要职责，救济弱者、强迫身强力壮的人辛勤劳作或移民拓土是为了国家秩序的稳定和安全，经济和贸易最终都是为了避免通过最极端的方式即战争来解决人口过剩问题。以经济生活为主要内容的社会虽然具有一定的独立性，并使臣民享有主权者的意志规定之外的公共空间，如，结成从属性的政治团体或合法而正规的私人团体、开展贸易、航海、农业、渔业等活动，但都是以国家为前提的，是服从并服务于国家的，它本身并不构成对国家的限制，准确地说，它们只是国家必不可少的组成部分。

在霍布斯看来，国家还承担着广泛的教化功能，由主权者对臣民进行权利—义务方面的政治教育，使臣民明确主权者的权利和自身的义务，明确服从的根据和理由，使法律—政治上的保护—服从关系转化为人民内心深处对主权者的敬重和忠诚。政治教育的难点和重点是政治和宗教的关系，掌管人们内在世界的是上帝，如何将对上帝的服从统一到对世俗主权者的服从上来，是霍布斯必须要解决的问题。相比于霍布斯对国家在社会和经济事务方面的沉默寡言，他在宗教批判上的浓墨重彩就更加显著和突出，可以说，政治原则除了证明自身，最大的任务就是克服黑暗王国，为基督教世界确立政治规范。

在大致分析了国家的结构和功能后，我们再来看看国家的形式。首先有必要谈谈霍布斯的国家制度和政体学说的差别。政体学说是讨论政治形式的经典理论，按照古希腊罗马的政治传统，一般按统治人数将政体分为君主制、贵族制和民主制三种政体。同时按照统治优劣或统治者是否考虑被统治者的利益，将三种政体依据常态和变态分为王政—僭主政体；贵族制—寡头政体；民主制—暴民政体①。古代政体学说有三个显著特点，第一，古代政治传统认为存在着“最佳政体”，虽然最佳政体的实现是可遇不可求的，但最佳政体确实是存在的，而且理应成为人们追求的对象。表现在上述政体分类中，最好的政体是王政。当王政不可得时，退而求其次，可以建立由法治主导的混合政体。第二，政体之间是可以相互转变的，由于战争和贫富差异等因素，六种政体可以循环往复，不停地变化。第三，各种政体都要依

① 参见柏拉图：《理想国》，郭斌和、张竹明译，商务印书馆 1986 年版。亚里士多德：《政治学》，吴寿彭译，商务印书馆 1997 年版。西塞罗：《国家篇 法律篇》，沈叔平、苏力译，商务印书馆 2002 年版。阿奎那：《阿奎那政治著作选》，马清槐译，商务印书馆 1997 年版。对古代政体学说的概括参见施特劳斯《自然权利与历史》，彭刚译，生活·读书·新知三联书店 2003 年版。巴克：《希腊政治理论：柏拉图及其前人》，卢华萍译，吉林人民出版社 2003 年版。

赖于一定的地理环境，除了柏拉图建立在言谈上的"口头政体"外，所有现实的政体都要考虑具体环境和民情因素，尤其是要建立在充分发达的奴隶制基础上，所以政体一般不会太大。在讨论国家问题时，霍布斯虽然仍然沿用了传统的政体分类，但他所建构的国家制度已经在根本上和古代政体学说区别开来。对他来说，只要主权者保证了充分的绝对性，那么主权究竟是在一个人还是在一个会议，其中的差别并不是很大，所以，君主制、贵族制、民主制对他来说只是形式上的而并非实质上的差别。在法理上，依照绝对主义的主权原则建成的国家都是一样的。据此，霍布斯坚决反对任何混合政体学说，也对任何企图分裂主权的学说和实践警惕万分。针对古代政体学说的三个特点，霍布斯的国家制度也可以分述如下：

第一，与对终极目的和至善的否定相一致，霍布斯与最佳政体所依赖的目的论完全区分开来，对他来说，在理论上不存在理想状态的最佳政体，政体只有完美程度上的差别，而完美程度所指的正是主权者绝对性的程度。当然，这并非完全否认在实际上霍布斯对不同政体的倾向性。

第二，霍布斯用国家的构成过程否定了政体之间的循环往复。对他来说，真正的政治运动只有一个，就是极端不完美的自然状态和相对完美的公民社会之间的运动，而不是不同政体之间的运动。从自然状态到公民社会，是国家的构成；从公民社会到自然状态，是由于内战导致的国家的解体。

第三，霍布斯的国家是抽象而普遍的国家制度，与具体的环境无关。地理历史因素和民情可能会对国家的强弱、贫富、大小有所影响，但对建立国家的根本制度来说，没有多大作用。霍布斯的国家是超脱于具体环境之上、具有普遍适用性的政治形式。

虽然霍布斯否定了古代政体学说的主要观点，但他还是沿用了三种政体的名称，并在批评古希腊罗马政治传统的具体观点中，显示出在事实上他对不同政体的倾向性。霍布斯的政体分类所依据的是主权代表者的人数，一人为君主制，全部人是民主制，一部分人则是贵族制。其中，最具典型意义的是主权者为一人的君主制和主权者为全体人民的民主制，这似乎潜在地继承了亚里士多德在《政治学》第四卷到第六卷对僭主制和民主制的讨论，当然，霍布斯并没有公开承认他对亚里士多德的模仿。在首先肯定了只要主权者拥有绝对权利，各种政体都是一样的前提下，霍布斯将古代政体学说中所列出的变态政体全部统一到他的政体分类上来，认为那些说法只是人们根据对政府的喜恶人为制造的名词。霍布斯的倾向性主要体现在对主权君主和主权议会的对比中，它们在取得和平与人民安全的方法上的差别表明，主权君主比主权议会能将公私利益结合得更加紧密，在听取建议方面更为方便，在决断上前后矛盾更少，也不会由于嫉妒或利益而自己反对自己，同时，人们批评主权君主的弊端在主权议会中也存在。虽然在君主制中继承权最有问题，但通过表明主权者的意志，君主制能够妥善解决继承问题，使统治得以不断延续。整个第十九章的论证表明，即使在法律上三种政体是一样的，但在事实上，霍布斯更倾向于主权君主。

与肯定君主制便于统治相应的是批评民主制的不便。霍布斯对作为国家政治形式的民主制的有效性表示了怀疑。虽然在文本上，主权在一人和在一个会议往往是相提并论的，但霍布斯对主权君主的论述往往是批驳对它的指责，赞扬它的好处；而对主权会议，尤其是民主制的论述则往往是澄清古人对它的赞扬，直陈它的不便。最能体现霍布斯对民主制态度的是在讨论国家致弱和解体时，霍布斯警告主权者要提防获取众望、拥有权势的强人："一般说来，这种事情在民主政府下比在君主政府下危险更大，因为前者的军队势力大而人数多，以致易于用他们来冒充人民。"[①]在这里，霍布斯所举的例子是恺撒，"得众望而又有野心的人的这种行径就是彰明较著的叛乱，可以比之于巫术的效果"[②]。联系第二十九章的开头和结尾，无论是罗马共和国中格拉古兄弟等人的叛乱、马略和苏拉治下在元老院和人民之间的战争、庞培和恺撒之间的战争，还是梭伦在雅典以装疯重提萨拉密斯岛战事，以及主权议会在丧失主权后无法恢复等等都一致表明，霍布斯所忧虑的

---

① 《利维坦》第二十九章，第 259 页/pp. 229—230。同时参见第三十章(第 275 页/p. 243)对此问题的解决，尤其需要注意其中着重提到的有关主权会议的问题："但如果不注意统帅的忠诚，这种爱士卒之情对主权者说来便是危险的，当主权操在不得人心的议会手中时尤其如此。"

② 《利维坦》第二十九章，第 259 页/pp. 229—330。

是民主制下出现的群众领袖(denogogue)对主权者所构成的威胁,以及他们以人民的名义谋取最高权力所引发的内战。

但从取得主权的方式来说,民主制又是法律上霍布斯所承认的合法权威的来源。按约建立的国家就是以民主制作为开端的,在从自然状态到公民社会的演进中,从信约、授权、代表直到统一人格的产生,毫无疑问,民主制是霍布斯心目中人为建国的模板,通过立约授权,一大群人得以统一在主权者身上,这在主权的产生和构成中已体现得十分清楚。人为国家优先于自然国家、自然国家参照人为国家的政治原则得以建立,也是能够在文本上得到确证的结论。但是,这是否能说明在事实上霍布斯也倾向于人为国家而非自然国家呢?

从《利维坦》的文本来看,霍布斯对人为国家和自然国家的倾向性并不像他对君主制和民主制的倾向性那样明显,甚至可以说有些含混。在“主权学说的精华五章”中,他的逻辑是清楚的,即人为国家优先于自然国家,他竭力证明的是自然国家在理论和法律上与人为国家的一致性。但在他例证自然国家的历史起源时,由家族结合成大的部落,继而开展征服战争似乎是一条必由之路,也是国家赖以生存和得以形成的自然方式①,尤其是在“综述与结论”部分,他又着重强调了“征服”的权利,并指出,“其实世界上根本没有什么国家的开业创基在良心上是说得过去的”②,这似乎又表明,在事实上,霍布斯更倾向于国家的自然起源。那么,理论上的倾向性和事实上的倾向性如何协调一致?

对这一问题的回答要追溯到霍布斯对其理论与实践之间关系的态度上,就是说霍布斯到底是更看重理论还是更看重实践。他在第二十章和第三十一章的结尾都提到了来自实践方面的反对是对自己理论最大的反对,霍布斯的态度是,“纵或全世界的人们都把屋基打在沙滩上,我们也不能因此就推论说屋基应当这样打”③。显而易见,霍布斯更看重根据自然理性推

① 《利维坦》第二十二章 第184页/p.164;第三十章,第274页/pp.242—243。

② 《利维坦》“综述与结论”,第571—572页/p.486。

③ 《利维坦》第二十章末尾,第162页/p.145。

导而来的政治原则的正当性,他更看重理论而不是实践,所以,人为国家在理论上的优先性一定胜于自然国家在事实上的优先性,从自然状态到公民社会的"典型历史"一定优于通过家族和征服建国的事实上的历史起源,可以用人为国家的政治原则将自然国家统一进来:理论,而不是实践才能产生更高的统一性。

因此,对霍布斯来说,他对人为国家的倾向性在根本上源于他对理论的倾向性,但他并不急于将这种态度公布于众,而毋宁分作理论上倾向于人为国家和事实上倾向于自然国家两条线索。结合在政治形式上对君主制的倾向性,可以将霍布斯的态度综合概括成在理论上对"人为君主制"的倾向性,人为君主制承认了在理论上君主制的合法来源是民主制,它因为同时容纳了人民同意和一人决断而成为霍布斯绝对主权学说的理论模板。所以,就根本态度而言,霍布斯希望建立的政体是人为的君主制国家,现在的问题是,他为什么偏偏要将之命名为"利维坦"。

二、利维坦的三次出场

利维坦是同时包括主权者和臣民在内的一个整体,霍布斯对利维坦所寄托的深意,通过详细考察利维坦的三次出场可以稍窥端倪。在《利维坦》导言开头、第十七章末尾、第二十八章末尾,霍布斯分别用不同的符号和意象对利维坦进行了描述,它分别被称为"人造的人"(Artificial Man)、"有朽的神"(Mortal God)和"骄傲之王"(King of the Proud)。国家作为手艺人精心打造的成果,是一件成功的艺术品,利维坦的三次出场就是对这件艺术品的三次命名。第一次命名建立在讨论自然和技艺的相似性上,出现的意象包括上帝(God)、人造动物(Airtificial Animal)、机器(Automata)、自然(Nature)、人及技艺(Man & Art)。第二次命名基于对国家的构成和产生过程的描述,出现的意象包括一群人(a Multitude)、统一(Unity)、单一人格(one Person)、不朽的上帝(Immortal God)。第三次命名是在讨论了赏罚之后将要论述国家致弱和解体的原因之前，也就是在国法四章和最后三章的分界点上，出现的意象包括人性（the Nature of Man）、骄傲与其他激情（Pride and other Passions）、上帝（God）、《约伯记》（*Job*）、地上（Earthly/on Earth）、天上（in Heaven）。三次命名最大的一致性是在语境上都包含了“上帝”，它构成为理解利维坦必不可少的意象。三次命名还有些微差异，前两次命名是“被称为”（is called）利维坦，而且利维坦之前都冠以“伟大”作为修饰；第三次命名利维坦出现了两次，头一次是霍布斯比照（compare）的结果，他将统治者的巨大权力比之于利维坦，同时又以作者的口吻交代了“利维坦”一词的出处，即《约伯记》。接下来的行文既是在引述经文，又是在直接阐述。利维坦的第二次出现是上帝命名的结果：“上帝在这儿说明了利维坦的巨大力量以后，把他称为骄傲之王。”①命名上的这种差异表明了什么，利维坦究竟是个什么样子，1651 年版《利维坦》的扉页提供了一些线索：

“利维坦的扉页描绘了它的宗旨。扉页上半部在前面位置画着一座用墙围起的城镇，上面有很高的教堂尖顶；后面，一片土地（城镇和教堂）逐渐升高达到一座小山，从山上浮现出一个腰部以上的半身像；他的头上戴着一顶王冠；右手挥着一把利剑，左手抓着一只权杖；他的铠甲由众多人像组成，这些人的脸都朝着他，像是在祈求。在扉页下半部，书名两边各画着一个城邦和一座教堂，一顶公爵冠和一顶主教冠，一门大炮和一道闪电，战争的工具和论战的武器，一片战场和一场学院争论。这一头到那一头刊写着下面这个铭文——‘根本不存在超越现存国家的权力’（non est potestas super terram quae comparetur ei）。这就是‘伟大的利维坦’的计划，‘或者，毋宁说（更为虔诚地说）’，这就是那个霍布斯打算描绘出它的产生和权力的‘有死的上帝的计划’。”②

下面分别从“人造的人”、“有朽的神”、“骄傲之王”三个方面来阐发利维

① 《利维坦》第二十八章末尾，第 249 页/p. 221。

② 索利：《英国哲学史》，段德智译，山东人民出版社 1992 年版，第 63 页。原图在铭文后还有“约伯，24”字样，需参照《旧约》深入研究。

坦的内涵，我们将萃取出对正确把握利维坦至关重要的意象和要素，并将论述它们之间的相互关系，最后在政治哲学上澄清利维坦形象的内涵。

1. 人造的人（Artificial Man）

第一次命名位于全书的导言，这是一个统摄全书的位置，因此，可以把“人造的人”看作是利维坦最基本的形象。在命名之前，霍布斯提出了两个类比。类比的原始模型是“上帝用以创造和治理世界的艺术”：大自然[①]。一个类比是人的艺术可以模仿自然制造出人造动物（Artificial Animal）；另一个类比是将人造动物拓展到“自动机械结构”（Automata）上，即创造者还可以赋予机械物（如钟表）以人造的生命。而利维坦则是人的艺术模仿大自然创造而出的产物。统观第一次命名过程中出现的各种意象，人造动物和自动机械结构都是铺垫，在根本上凸显“人造人”形象的是自然和人的技艺这两项要素。霍布斯将自然看作上帝的技艺，在这次命名活动中自然本身的含义并未彰显；最为突出的要素是人的艺术，以及它的产物，人造的人。

人造人（Artificial Person/Artificial Body）与自然人（Natural Person/Natural Body）相对，紧随命名就是对二者的比较：“虽然它远比自然人身高力大，但是以保护自然人为其目的”[②]。在全书中，“人造人”的说法还时有出现，这也是利维坦的三种形象中唯一在全书范围内不断出现的形象，从这个方面也可以佐证，人造人是霍布斯赋予利维坦基本而普遍的含义[③]。那么，如何理解人造人？

在字面上，人造的人包含三层意思。首先，创造者是人，就人为国家的民主制起源来说，创造者是“一大群人”，它所采用的材料也是人，是在自然状态下被抽空了政治本性的自然人，它们具有自然激情和自然理性，可以作为产生国家的质料，只需赋以公民社会的权利—义务关系。其次，利维坦是

---

① 《利维坦》“引言”，第1页/p.9。

② 同上。

③ 参见《利维坦》第十九章，第149页/p.135；第二十一章，第164页/p.147；第二十四章，第196页/p.175；第二十五章，第201页/p.179；第二十六章，第210页/p.187。

人为建构而成的，它是“被造的”，是人的艺术模仿自然（自然人）的产物。与创造活动相对应的，就是一大群人订立信约、相互授权、将权利统一于单一人格的过程。国家的“被造”也就是国家的诞生。第三，被造的结果还是“人”，虽然它是人为建构的产物，但它仍然是人，其理论依据是第十六章对人的双重定义。像自然人一样，它有目的、灵魂、关节、神经、事业、记忆、理智和意志、健康、疾病、死亡，它还要听从上帝的命令。

引申来看，前一个人指的是人民[①]，是通过信约和授权立法创制的人，后一个人指的是国家人格，国家的代表者，也就是主权者。就利维坦是人造的人而言，它所指的是一大群人统一于主权者，主权者就是人的艺术创造而出的结果。这样看来，国家是“人”，对比上一节对国家制度的论述，似乎二者之间存在着冲突。那么，国家到底是制度还是人，霍布斯的立场究竟是什么？

承上所述，国家是一种特定的公民联合的形式，具体说来，是主权者和臣民之间就保护和服从建立的权利—义务关系，其表现是主权者以自己的意志约束臣民，臣民要服从主权者，最终得以实现和平、缔造秩序。在这个意义上，国家的确体现为公民赖以联合的一整套权利—义务关系，也就是国家制度，这是在法律—政治层面理解霍布斯国家学说的基本结论。但霍布斯的高明之处在于他不仅仅是在“制度”(Institution)——法律—政治层面的制度含义上界定国家的——即使这是他用“主权学说的精华五章”搭建起来的国家的基本架构。他的名言是，制度没有意志，无法行动，只有人有意志，能够行动[②]。所以，他用理解人的方式来理解国家，并采用了分解—综合法将国家的构成比附为人的各个组成部分，虽然依靠庖丁解牛的方式在

---

① 严格说来，是人们或一大群人(a great multitude)。

② 参见《利维坦》第二十六章，第205页/p.184，“但国家不是人，除开通过代表者以外也无法做出任何事情”；第三十一章，第287页/p.253，“个人在没有法律而只有理性的地方可以通过意志做出的事情，国家也可以根据世俗法通过意志做出。同时又由于国家没有意志，除开具有主权的某一个人或多人的意志所制定的法律以外也不可能制定任何法律……”；第三十九章，第373页/p.321，“唯有在上述最后一种意义下，教会才能当成一个人看待。也就是说，唯有在这种意义下，它才有权具有意志、宣告事项、发布命令、受人服从、制定法律或作出任何其他行为。”

根本上所确定的是公民联合的法权关系,但是,在形式上,他却冠以"人造人"的形象。与自然人相似,国家最根本最重要的是灵魂,主权就是国家的灵魂,在这个意义上,即人造人的意义上,主权者、国家人格、国家代表者、civitas、国家乃至国家制度都是一回事。

通过将国家理解成人造人,制度和人的张力其实并不存在了。人作为被造物既有自动机械结构(制度)的一面,又被赋予了生命,拥有自愿行动的意志(人)。可以说,在国家层面,霍布斯将制度和人统一起来,正是这样,他可以用人造人在法权关系上的确定性去回应那些对绝对主权和臣民自由的质疑,也可以用人造人的意志来回应法治、司法理性和法律实证主义的攻击。"人造的人"的确称得上一项创举,霍布斯藉此使利维坦摆脱了传统政治学说在人治和法治两个方面所受到的批评。

2. 有朽的神(Mortal God)

第二次命名位于第十七章末尾。从全书的结构来看,第十七章是一个特别的章节,它是第二部分"论国家"的开篇一章。从内容上来看,如果说第一部分"论人"是在为国家的产生和构成准备条件,而第十八章到第三十一章讨论的是主权者的权利、性质、国家的组成及对政治原则的运用,那么,第十七章既是第一部分的终点,又是第二部分的起点。这次命名的发生是在阐明国家的原因、产生和定义后自然而然的结论,"这就是伟大的利维坦的诞生,——用更尊敬的方式来说,这就是活的上帝的诞生;我们在永生不朽的上帝之下所获得的和平与安全保障就是从它那里得来的。"①这次命名最耀眼的意象是上帝,利维坦居然可以达到借上帝之名的程度,霍布斯的意图很明显,既然这是一次创造行动,那么在造人的基础上,毋宁使它成为最伟大的创造行动,而在启示宗教的背景中,最大的创造行动无外乎"创世"(Creation)。

人造人的意象基于自然与人为的区分,有朽的神则基于神与人的区分。

---

① 《利维坦》第十七章,第 132 页/p. 120。

人的艺术在模仿自然之后，还要模仿上帝，甚至要按照上帝的样子来创造，这就是“活的上帝”。利维坦的诞生标志着出现了两个上帝，这两个上帝最大的也是唯一的区别在于，利维坦是有朽的，而上帝是不朽的。需要注意的是，在第二次命名时，霍布斯仅仅指出了两个上帝在有朽与不朽上的差别，而并未提及其他任何方面，比如上帝的其他属性。联系命名之后的论述和第三十一章对自然的上帝之国中上帝权力的论述，可以看出，通过霍布斯的人为创世，他将奠基于自然权利基础上的对权力的论证从利维坦贯穿到作为万王之王的上帝，在性质上，利维坦和上帝所拥有的权力是相同的。

无论是自然的上帝之国，还是启示的上帝之国，上帝只有一个。霍布斯以上帝命名利维坦的用意还不只是要证明所有权威的统一性，他更深层次的意图在于针对启示的上帝之国。如果说通过重新解读《圣经》所得出的基督教政治原理，是把《圣经》看作是“为了在基督之中恢复上帝之国而写”①，而“基督的国不在此世”，那么，在此世必须服从的只能是大地上“活的上帝”，即利维坦。诚然，人们在心中可以接受基督和使徒的教导，为能够在将来进入上帝之国而信仰耶稣基督、服从神法，但在现实中却要服从世俗主权者的意志。

有朽意味着终有一死，于利维坦而言，它的有朽主要指的是主权者的有朽，它的终有一死主要指的是主权要么由于外患而暴亡，要么由于内因而自然死亡。与有朽相对应的内容，一方面是主权/主权者与国家的关系，即主权是国家的公共灵魂，国家的有朽主要指的是主权的丧失，即灵魂有朽；另一方面，则是第二部分的最后三章，这三章表述了保护利维坦的方式与途径，在某种程度上，与对利维坦的第三次命名所指涉的内容相一致。利维坦所要解决的问题就是，即使在最终意义上无法避免“有朽”，那么在当下如何避免暴亡和自然死亡。就这一点而言，能够反证霍布斯对君主制的倾向性。因为君主制不但可以通过正确地解决继承权问题达到拟永生的状态，而且

① 《利维坦》第四十三章末尾，第488页/pp.414－415。

与主权会议不同,主权君主的权利并不会由于另一人的行为而消灭①。

需要注意的是,作为公共灵魂的主权者的有朽是与对灵魂不朽的否定相一致的。公开而明确地反对灵魂不朽,是霍布斯神学—政治批判的重要结论,他毫不犹豫地将这一结论用在了对利维坦的命名上。就信徒而言,"不朽的生命(在《圣经》中灵魂和生命通常是指同一回事)在复活和审判日之前在人类身上不会开始,其原因不在于人类的特殊本质和生育繁衍,而在于上帝的应许"②。但是就利维坦而言,主权却不会得到上帝的恩典——即使有恩典,也是对基督徒主权者的自然人格,而非对他的公共人格。这样看来,利维坦是必死的,霍布斯似乎并没有打算让启示宗教拯救利维坦。

3.骄傲之王(King of the Proud)

第三次命名位于第二十八章末尾。初看起来,这仅是国法四章的结束,霍布斯在此时此刻对利维坦进行第三次命名,似乎显得有些奇怪。但从整体上考虑第二部分的最后三章,尤其是将第三、第四部分联系起来综合考虑,就会发现,利维坦的第三次,也是最后一次出场形式独特、用意深远。就形式而言,在这次出场中利维坦出现了两次。第一次出现是以作者的口吻描述的,在总结前文——可以看成是呼应前两次命名的基础上,在综合臣民服从和统治者力量之后交代了出处,这也是三次命名中唯一一次交代出处;第二次出现是真正意义的命名,与前两次命名不同,这次进行命名的是上帝,而且利维坦被置于"地上"和"天上"的空间对比中。就用意而言,这次命名直接针对的是人性中"骄傲"这一激情。

在文字上,描述命名的短短一段,"骄傲"一词就出现了三次。作者首先点明了正是人性中"骄傲和其他激情"使人们被迫服从了政府,利维坦的巨大力量正是从这一被迫服从中产生的;第二次出现在命名中;第三次出现在上帝的话中,这是对命名的具体阐释,他是"所有骄傲的儿女的王"(King of

---

①　参见《利维坦》第二十九章,第260页/p.230。

②　《利维坦》第三十八章,第360页/pp.310—311。

all the children of pride)①。综合来看,“骄傲之王”首先是对骄傲的否定,其次是对利维坦作为骄傲之王的肯定。一般认为,在霍布斯的伦理学和道德哲学中,骄傲和恐惧是一对最具显著意义的激情。前者等同于虚荣自负,使人为了荣誉而争斗,是导致战争的激情;后者令人趋生避死,使人为了自我保存而逃避危险,是使人倾向和平的激情。但在《利维坦》全书的行文上,骄傲和恐惧之间明显的张力,以及对于构建利维坦的重大意义并没有得到特别凸显,霍布斯似乎试图用战争与和平、自然状态和公民社会等更具整体性的描绘来掩盖这两种激情之间的对峙,比如在提到骄傲时,往往是与其他强烈的激情并提的。但在这一次命名中,霍布斯提醒我们,骄傲仍然是最具典型意义的激情之一,因为它是利维坦需要克服的直接目标,作者甚至采用一段话中频繁提到三次的方式引起读者的高度重视。

利维坦是“骄傲之王”,除了表明必须克服人性中“骄傲”这一激情外,还表明了足以克服这种激情的理由:利维坦是“王”,拥有巨大的力量。在对骄傲予以否定的同时,必须对“骄傲之王”进行肯定。论述“平等”的第九条自然法视骄傲为恶,上帝对利维坦的命名恰恰表明,这与自然法的规定是完全一致的,而且正是要借用利维坦的巨大力量,来完成仅有内在约束力量的自然法无法完成的任务。“王”所拥有的是“王国”,霍布斯在最具颠覆意义的第三十五章指出了王国的本义,王国就是一个君主国②。

同时,骄傲之王还是处于“天一地”之间的。这里的“天一地”不是形而上学或神学的概念,而恰恰就是政治概念。“同时因为他在地上虽然没有,但在天上却有须予畏惧的对象,其法律他也应当遵从。”③联系《利维坦》第三部分霍布斯花费了巨大精力对上帝之国就在大地上的论证,可以看出,这里的“地上”指的就是基督教国家,而“天上”指的就是上帝,当然,还有一个悬在空中不上不下的“黑暗王国”。利维坦对地上的基督教国家无须畏惧,相反,他还可以对之不无藐视;对上帝须予畏惧,而且要服从神法;对黑暗王

① 参见《利维坦》第二十八章,第249页/p.221。

② 《利维坦》第三十五章,第321页/p.280。

③ 《利维坦》第二十八章,第249页/p.221。

国须十分警惕,并需要以公民宗教和教育予以消除。“天—地”这一意象凸显了利维坦的针对性,并表明了利维坦和基督教国家、上帝之国、黑暗王国的相互关联。

明确了第三次命名的用意,骄傲之王在文本上的对应性也就一目了然了。它最直接地对应着第二部分的最后三章。在字面上,最后三章阐述的是利维坦的疾病和死亡原因,以及利维坦必须要服从的自然法。但是将这三章和第三、第四部分联系起来看,就会发现,利维坦需要刻意避免和积极加强的方面恰恰也就是保卫利维坦的有效力量。之前霍布斯在确立基本的权利—义务关系时,并没有详细论证在政治—法律层面之外,如何保障这些权利—义务的实施,而是给出了一个貌似现实主义或法律实证主义的论证,似乎一旦确立了法权关系,保护和服从就自然而然确立起来了,其实不然。在第三次命名之后,霍布斯分别针对国家致弱和解体的内因、教会、黑暗王国提出了确保利维坦长久存在的方案,因此,针对利维坦的疾病和死亡原因、基督教政治、教会以及黑暗王国的斗争不仅是批判意义的“破”,更是“保卫利维坦”意义上的“立”。

同时,由于要直接克服“骄傲”这一激情,利维坦又是直指人性的,所以这次命名还对应着第一部分“论人”的相关内容,换言之,利维坦如果要想在最终意义上克服骄傲,就仍然需要诉诸人性的内在组成部分。同是这个段落,在利维坦与天地对比的叙述中,霍布斯不经意地两次提及“恐惧”,似乎对最终的依靠力量有所暗示。这样看来,“骄傲之王”就不仅仅是一个承上启下的中转环节,而是在内容上呼应全书整体论述的。

利维坦的三次出场都有上帝现身,而且上帝的作用不断加强,“人造的人”是模仿上帝创世艺术(自然)的结果,“有朽的神”直接处于上帝的保护和防卫之下,“骄傲之王”又是上帝的命名。联系霍布斯对上帝之国的三次代表的论述,在这三次命名中似乎暗含着重大的神学—政治意义。“人造的人”的主要意象背景是自然与人为(人的艺术),所指主要是立约者创造国家人格,这是利维坦的人格,亦是他的人性;“有朽的神”的主要意象背景是不朽的上帝,利维坦是唯一能与之并列的神,只不过是有朽的,这是利维坦属神的位格，是他的神性；“骄傲之王”的主要意象背景是人性中的激情（骄傲与恐惧）、上帝以及天地，所指主要是利维坦拥有克服骄傲的巨大力量，本身又可能因为骄傲而败坏甚或死亡，在利维坦兼具人性和神性的基础上，“王”表明了利维坦的灵魂，亦即主权，所以可以将“骄傲之王”对应于“灵”的部分。这样一来，“人造的人”、“有朽的神”、“骄傲之王”就“相当于”圣子、圣父和圣灵，对利维坦的三次命名也就相当于分别解释了利维坦的三重位格，相对于上帝，利维坦也是三位一体的。

与上帝分别由摩西和大祭司、耶稣基督、使徒所代表相似，利维坦也分别表现为人、神、王。人、神、王表明了利维坦的三重身份，而且是位于自然—人为、神—人、天—地之间的三重身份。这三重身份统一于利维坦一身，利维坦只有一个，但他可以同时是人、神、王，可以同时应对自然—人为、神—人、天—地三重关系。但利维坦的三种身份都不是完满的，而是有所欠缺的，就人来说，他是人造的；就神来说，他是有朽的；就王来说，他是骄傲的。人造、有朽、骄傲既是对利维坦不完满状况的精确说明，同时宣告了利维坦和真正的人、神、王之间的差异，又是对他本身可能发生的败坏和死亡的承认。

利维坦的三重身份不仅界定了利维坦本身的性质，同时表明了三重身份的针对性，亦即他之所以具有这三种身份的理据和根源。人造人以对人的肯定而针对自然，有朽的神针对的是不朽的上帝，骄傲之王一方面针对的是骄傲，另一方面，也是更重要的方面，他所针对的是天（上帝）与地，尤其是地（基督教国家/教会）。在此基础上，利维坦所要揭示的实质内容可以大致表述如下：

在政治上，必须要针对自然、上帝、基督教会，以及黑暗王国来建设新的政治形态，这种新的政治形态必须以“自然”为质料，借助神法（自然法），在充分理解人性的基础上，从自然激情和自然理性推导出新的政治原理，并依据新的政治原理统一基督教会，使宗教服从并服务于政治，同时用自然理性来肃清黑暗王国。这种新的政治形态势必兼有人的本性、神的力量、王的骄傲，是人、神、王这三重身份的统一体，但同时因为在本质上是一个人造物，而不可避免地有所欠缺,人造物最大的欠缺就是它是会死的。这就是利维坦,霍布斯精心构造的崭新的政治形态:国家。

利维坦是人,但高于人(自然人);利维坦是神,但低于上帝;利维坦是王,但却是骄傲的王,可以对"地"无所恐惧,但要畏"天"。人、神、王不但揭示了利维坦在身份上的三位一体,也同时表明了一种特定的神—人秩序,在三种身份中,利维坦的基本形象是人,其次是王,最后是神。利维坦表明了霍布斯在自然—人为、神—人、天—地之间构想形象的精巧程度,1651 年版《利维坦》扉页的画像准确地表现了利维坦的全部含义:

他以大地为根基,但却居于山上,表现了他对大地上全部力量的蔑视,包括象征世俗生活的城镇和象征精神生活的教堂。同时,山令人想起摩西聆听上帝启示的西奈山,利维坦毕竟是唯一可与上帝相比的有朽的神。他戴着王冠,这是"王"的标志。他手握利剑,证明他拥有强大的武力,足以捍卫和平;他手抓权杖,证明他掌握着宗教权力,足以教化信徒。他的铠甲由众多人像组成,这些人正是他的臣民,因为信约和授权而授予他权威,这些人的脸都朝向他,是在虔诚地表示服从中祈求他的保护。扉页下半部的五个方面的对比恰恰表明,世俗权力和精神权力的对峙必须得到正确解决,而解决的方式就是将最高权力统归利维坦,由他来裁定是非,判断善恶。其根据是,"根本不存在超越现存国家的权力(Non est potestas super terram quae comparetur ei)"①。

耐人寻味的是,利维坦是不是像柏拉图的俄尔神话或西塞罗的西庇阿之梦一样,是在论证最高潮时出现的神话或梦幻,换言之,是在哲学的顶点上出现的诗?揣摩霍布斯的态度,似乎并不是这样。对他来说,利维坦并不是比喻,也绝非想象,而是论证得出的结论。在三次命名中,仅有第三次命名用过"比喻"(compare/comparison)一词,但这是以作者的口吻描述的,换言之,我们可以将之看成是帮助理解而运用的修辞:"论证、商酌以及所有探求真理的严肃文字中,一切都要由判断完成,只是有时要用一些恰当的比喻

① 对这幅画的描述见本节开头。

来启发理解，想象力也就只能在这个时候发挥这么大的作用。”①反复比较利维坦三次出场的时机和场合可以发现，每一次出场都不是直接命名，而是严密论证之后的产物。综观全书，利维坦是运用自然理性正确推导而出的必然结论，它集中表现了理性原理和政治原则，“这讨论不偏不倚，不忮不求”②，并没有其他的验证方法，“这种真理既不违反人们的利益，又不违反人们的兴趣，人人都会欢迎”③。

三、公民宗教

《利维坦》是霍布斯第三次表述自己的政治哲学，与前两次表述的最大不同是宗教部分的加强，宗教批判的内容大约占据了全书的一半篇幅。从利维坦的三次出场来看，在利维坦所着意针对的四个内容中，与宗教相关的就有三个：上帝、基督教会、黑暗王国，而且利维坦的每次出场都有上帝现身。霍布斯为什么要花费这么大的气力来处理宗教问题？他的处理方案是什么？最终的意图何在？

I

难以处理的宗教问题主要指的是启示宗教问题，也就是神的政治。自然宗教属于人的政治能够处理的范围。在异教徒的政治中，宗教是他们政策的一部分，通过培植和装饰，看不见的权力能够为现实政治所用，成为促使人们服从政府的有益教诲。而启示宗教的情形就相对复杂得多，因为启示宗教根据的是上帝超自然的启示，一些宣称能够直接获得上帝启示的人

① 《利维坦》第八章，第 52 页/p. 52。
② 《利维坦》“综述与结论”，第 577 页/p. 491。
③ 《利维坦》“综述与结论”，第 578 页/p. 491。

会以上帝之名干涉世俗政权,教会也会要求世俗主权者听从教皇的命令。在这种情况下,到底由谁统治,人民应该服从谁,都存在着疑问,当对疑问的争论愈演愈烈时,就会爆发内战,最终会摧毁地上的统治,导致自然状态。具体说来,启示宗教之所以成为利维坦必须认真对待的头等重要的问题,有以下三个方面的理由:

第一,在神学—哲学层面,启示宗教依据的是上帝超自然的启示。启示与理性的对峙是神学—政治问题的理论根源,因为这一对峙表述的是神学—哲学层面的冲突。启示高于理性,还是理性高于启示,是神学和哲学在根本问题上的争执。一般来说,理性是无法证明启示错误的,因为启示基于信仰,而理性则基于推理,启示无法由自然理性证明或否定。所以在启示和理性争执时,启示就占据了先机,基于启示的神的政治就可以拒绝基于理性的人的政治,由于在根本上理性无法驳倒启示,所以也就无法用理性推导而出的政治原则去规范神的政治,反倒只能由神的政治来规定人的政治。

第二,在政治—法律层面,由于内在的信仰只能由教士教导劝服,而不能用外在权力予以强制,启示宗教会以上帝的名义宣称享有对精神世界的权力,还会染指并分享主权,甚至在一国之内制造教会与国家、精神方面与世俗方面,以及信仰之盾与法律之剑之间的斗争,为了争夺权力和利益还不惜制造党争和内战。比这更糟的是,在每一个基督徒心中也都必然会出现基督徒和臣民之间的冲突,臣民对到底服从谁有疑问,国家的根基就会松动,主权会面临割裂的危险,人民也会遭受内战的威胁。

第三,在实践层面,罗马天主教会宣布为得救必备之事中,有许多是为了教皇自身和各基督教王国中教士的利益。教皇会要求各个世俗主权者服从自己,基督教国家的主权者不得不面对是直接服从上帝,还是要服从属于普遍教会之上的教皇的疑问;同时,教士们利用人们误解圣经所产生的灵的黑暗、外邦人的魔鬼学及其宗教残余、空虚的哲学和神怪的传说不断地制造"黑暗王国",为自己谋取非法权力和特殊利益,这不但会蛊惑人们反对世俗的主权者,破坏人类和平,还会使人们丧失内心的真正信仰,成为妖魔王国的牺牲品。

由此可见,必须把启示宗教当成一个至关重要的政治问题予以处理,否则国家将会遭受严重的威胁,这也是利维坦在整体上面临的最强劲的对手。霍布斯赖以处理基督教问题的有力武器是两个:一个是自然理性,另一个则是利维坦本身所体现的政治原则。

II

与上述三个理由相应,霍布斯处理启示宗教的方案也可以划分为三个层面:神学—哲学层面、政治—法律层面和实践层面。在文本上体现为《利维坦》第三部分对基督教国家的处理和第四部分对黑暗王国的处理。第三部分着重于神学—哲学层面和政治—法律层面,兼及实践层面,第四部分则主要处理实践层面,兼及前两个层面。其中,第三部分主要是以自然理性和政治原则来为基督教国家确立政治原理,同时批判一些错误主张,所以是以立为主,而第四部分则是要找出造成黑暗王国的原因,予以批判肃清,并挖出黑暗王国的受益者,所以是以破为主。在逻辑上,第三部分优先于第四部分,并构成为后者的前提。

先来看第三部分的论证结构。第三部分可大致分为四个环节:

第一个环节是从第三十二章到第三十五章。霍布斯首先强调了自然理性及利维坦所体现的政治原理的正确性,即使在转入对预言传谕之道的讨论之后,也不能抛弃感觉、经验以及自然理性,因为"这是救主重临人世以前上帝赐给我们解决问题的才能",凭借它们,可以获得"正义、和平与真正的宗教"[①]。在此基础上,霍布斯承认了理性和启示的并存,并从启示的角度提出辨认真先知的两项条件:行奇迹和传布真教义。霍布斯证明,《圣经》本身就满足这两项条件,基督教政治原理必须也只需从《圣经》推导而出,无须神灵附体或超自然的神感。而对《圣经》篇章数目、年代、范围、根据和注疏

① 《利维坦》第三十二章,第290页/pp.255—256。

家的分析考察则是自然理性就足以完成的。霍布斯将神学—政治批判转移到对《圣经》的解释性批判上。一方面将《圣经》的文本树为权威,同时又以追溯权威来源的方式试图打倒这一权威,这是运用字面解经法进行《圣经》批判的惯用手法。于是探究基督教政治原理就变成了探究《圣经》权威的问题,《圣经》的权威显然是来自上帝,但对没有得到上帝直接启示的人而言,《圣经》之所以成为权威的根据,要么来自国家。要么来自教会,于是《圣经》的权威问题就变成了国家和教会的关系问题:"基督徒国王和基督教国家的主权议会在自己的领土内究竟是直接处于上帝之下的绝对的主权者,还是要服从于一个属于普遍教会之上的教皇,并可由这教皇在自己认为有好处或公共利益有必要时,予以审判、定罪、废黜或处死。"①

神学—哲学层面的争执逐渐演变成政治—法律层面的冲突,但霍布斯并没有直接进入对上帝之国的探讨。他先用自己的唯物论哲学对"圣灵"(Spirit)、"使者"(Angel)、"神感"(Inspiration)进行了批判式的考察,由于这一考察是通过在《圣经》文本内寻找论据而完成的,所以当圣灵被解释成"稀薄的不可见的流动物体,鬼魂,构想中的其他象或幻象"、使者被解释成"稀薄的物体,出现于梦境和幻觉的幻象中的构想映象"、神感被当成是对灵的本义作出的比喻引申时,由自然理性审查得出的结论就并不显得过分突兀,而是顺理成章。② 在此基础上,霍布斯对上帝之国的政治化处理就比较自然,他认为从创世之日起,上帝之国就是上帝和其特殊的子民以色列人立约建立的世俗国家,这个国家确确实实是建立在大地上的,由代治者或代理人治理,"圣洁的国民"、"诸祭司的国民"、"属我的子民"、"圣洁"、"圣"、"圣礼"、"圣餐"等都可以由此得到解释,并予以佐证。第三十五章对上帝之国是世俗国家的论证主要是在《旧约》范围内进行,由自然理性和世俗国家的政治原理推论得出,其中以神学—哲学层面的《圣经》批判为主,依照世俗国家的政治原理推论为辅。

---

① 《利维坦》第三十三章,第 307 页/p. 269。

② 参见《利维坦》第三十四章,第 307—321 页/pp. 269—279。

第二个环节是从第三十六章到第三十八章。这个环节继续沿着上帝之国是世俗国家这条线索推进，主要处理最能体现启示宗教的先知、奇迹与救赎。上帝是用言统治的，先知就是在神与人间传话的人，上帝通过显相、异象或梦向先知直接传谕。霍布斯历数了亚伯拉罕、摩西、大祭司、耶稣基督等最高先知，提出要用自然理性分辨自然和超自然的神赐、异象和梦，并要根据《旧约》和《新约》的不同法则来判定真、假先知，可供信赖的不是自称先知让人服从的人，而是主权者先知，也就是上帝在地上的代治者，仅次于上帝有权管辖基督徒的主权者。奇迹是上帝令人惊羡的业绩，其意义在于令人相信上帝的使者、代理人和先知，其目的在于产生或坚定信仰，加强服从。在霍布斯的定义下，奇迹只与上帝本身有关，而不是先知的德性所造成，更非任何魔鬼、天使和其他被造的灵所为。对真假奇迹的判定不能依靠私人的理性，而要托付公共理性，就是要由上帝的最高代理人的理性去判断。围绕救赎展开的对永生、地狱、得救、来世、赎罪等词意义的澄清，主要集中在论证永生、永罚、地狱和得救的场所。运用自然理性对经文进行解析的结果是它们全都是在地上，上帝之国的中心地址、也是外邦人获救起始的地方，就是耶路撒冷。而来世和赎罪指的都是在得到上帝的许可后，在基督的上帝之国中实现的。总的来说，在这个环节中，对上帝之国在大地上需要代治者的命题仅是进行了原则性的说明，通过代治者要对先知、奇迹和赎罪予以判定，霍布斯证明，这一代治者是必需的，那么现在的问题就变成了究竟谁是权威。

第三个环节是第三十九章到第四十二章。这个环节是以利维坦的政治原理为主轴展开的，运用自然理性对经文的解析处于辅助地位。霍布斯暂且放下了一直进行的关于上帝之国的讨论，首先借助世俗国家的政治原则定义了教会，教会被理解成由基督徒组成的世俗国家，而不是国家之外的性灵政府，也不具有高于世俗主权者之上的普遍权力。自然法已经表明，世俗主权者是唯一的最高统治者；现在需要完成的任务，是通过爬梳《圣经》，看看究竟谁是权威。第四十章至四十二章是霍布斯将基督教传统政治化和历史化的传神之笔。政治化是指，在将上帝之国理解成世俗政府后，通过上帝与选民或信徒立约的形式,在《旧约》中由亚伯拉罕、摩西、大祭司和犹太诸王,在《新约》中由耶稣基督和使徒担任代治者,代表自己进行统治。在从上帝之国最初建立到巴比伦被掳时止,宗教最高权力和世俗权力一直统一于祭司一人,在选出扫罗为王后,宗教和政治的管辖权则归于列王。耶稣基督有三重使职:第一次降临时以牺牲自己为众人赎罪,他是救主;劝导人们皈依基督教,他是牧者、宣教者、劝谕者、先知;在他重临人世后开始对选民进行荣耀的统治,他是王,永恒的王。但基督的国不在此世,他为王是在未来,也就是基督复活之后。而在世俗主权者皈依基督之前,教权操于使徒及其继任者之手。霍布斯认为,使徒是训慰师或保惠师,其使命包括:传道、教导万民、施洗,并拥有赦免和保留罪的权力,以及开除教籍权,但并不具有统治权。所以使《圣经》成为权威的不可能是教会,而只能是国家主权者。通过这一系列政治化的解决方案,霍布斯得出结论,上帝之国从来都是一个世俗政府,在开始时宗教权力和政治权力合一,之后在期待基督的上帝之国中,对《圣经》的解释权归于世俗主权者,而并非教会。

霍布斯对基督教传统的历史化是指,他把启示宗教描述成上帝与选民或信徒立约建国的政治史。上帝通过对其本身的三次代表来进行统治,第一次代表者是摩西和大祭司,第二次是耶稣基督,第三次是使徒,它们分别代表了上帝的三个人格,圣父、圣子和圣灵。霍布斯将对上帝之国的三次代表理解为上帝的三位一体,三次代表意在从政治上证明上帝之国是世俗国家,神的政治需要人作为代表代行统治。历史化尤其是指对基督和使徒的上帝之国进行的末世论处理,霍布斯完全将之归于来世,而取消了基督和使徒,特别是基督教会对信徒的政治统治权,那么,在现世,就政治—法律层面而言,唯一需要服从的就只有世俗主权者,这样一来,启示宗教就无法以掌管精神世界为由来分享权力,基督教会和教皇也无法以普世教会之名拥有高于世俗主权者的权力。

第四个环节是第四十三章。以上三个环节分别在神学—哲学层面和政治—法律层面处理了启示宗教,这一环节作为总结,从两个方面论证了基督徒被接受进入天国的必要条件。一个条件是服从神法,“我们的救主并没有给予我们新法律,而只是告诫我们遵守已经服从的法律,也就是自然法和各自的主权者的法律"①;另一个条件是信仰耶稣基督,"相信这一信条就是一种充分的信仰,足以使悔罪的人得到赦罪,因之而使它们进入天国"②。霍布斯引用《圣经》经文证明,得救所需要的一切,就在于服从和信仰的结合,这样一来,在服从主权者的前提下,基督徒依然可以得救。

在正确处理了上帝之国和教会权力后,就得出了基督教的政治原理。这一原理表明上帝之国要借助地上的代表(摩西、耶稣、使徒)进行代治,于是在人对上帝的服从和对主权者的服从之间就没有冲突,世俗主权者使《圣经》成为权威,并拥有对《圣经》的解释权,在未实现基督的上帝之国以前,基督徒要首先服从世俗主权者。霍布斯通过引证《圣经》,考察字面文意和作者见地,对神的政治与人的政治、宗教权力与政治权力、信仰和服从之间的关系进行了明确的界定,从而证明,"《圣经》乃是为了在基督之中恢复上帝之国而写的"③。在自然理性和利维坦的政治原理的共同作用下,霍布斯用理性之光澄清了基督教政治的本来面目。

在第三部分对基督教政治原理进行充分论证的基础上,黑暗王国(Kingdom of Darkness)的谬误就昭然若揭了。它"只是一个骗子的联盟,为了在今世取得统治人的权力这一目的,力图以黑暗和错误的说法熄灭他们身上的天性和福音之光,破坏他们进入未来的上帝国的准备"④。霍布斯将造成黑暗王国的原因归结为四个:针对误解《圣经》所产生的灵的黑暗,他的处理方式是诉诸上帝国的原理,引用《圣经》经文,澄清误解。针对异教的魔鬼学及其他宗教残余,他的处理方式是运用自然理性将魔鬼归结为人们的构想映象、记忆和梦,同时将其他宗教遗迹置于国家主权的控制之下。针对亚里士多德和经院哲学带来的空虚的哲学,霍布斯运用自然哲学、伦理学和公民科学的原则予以批驳。针对虚伪或不肯定的历史传来的错误,霍布

① 《利维坦》第四十三章,第 475 页/p. 404。
② 《利维坦》第四十三章,第 484 页/p. 412。
③ 《利维坦》第四十三章,第 488 页/pp. 414—415。
④ 《利维坦》第四十四章,第 489 页/pp. 417—478。

斯则将之直接归于教会和教士对人民的有意欺诈。最终,霍布斯通过论证黑暗王国所产生的利益及利益归属,认为教会、教皇和教士就是黑暗王国的制造者和受益者。对教会试图借助制造黑暗蒙蔽人民以篡夺权力的企图,霍布斯毫不留情地予以揭露和批判,他坚决否定今世卫道教会就是《圣经》中所说的上帝之国,而将上至罗马主教下至教士的整个阶层或黑暗王国喻为妖魔王国(Kingdom of Fairies)。

III

在处理启示宗教的过程中,上帝之国是霍布斯关注的核心。依照霍布斯对上帝之国的政治化、历史化论证,它位于大地之上,而且要通过摩西、耶稣、使徒三次代表进行代治。这就意味着,上帝之国最终也只是大地上的一个世俗国家,启示宗教在政治上并没有超出世俗国家的特殊权力,试图谋取特殊权力、制造黑暗王国的教士必须统归世俗主权者管辖。联系上帝对利维坦的第三次命名时所作的说明,“在地上没有像他造的那样无所惧怕。凡高大的、他无不藐视、他是全部骄傲的儿女的王”①,霍布斯还补充道,利维坦在地上没有、只在天上有须予畏惧的对象。上帝之国是地上的世俗国家,所以并不足以令利维坦畏惧,至于一般的基督教国家或教会,就更无须虑及。黑暗王国或教士们的妖魔王国悬于空中,霍布斯将之置于全书最后的用意就在于,只要有自然理性、利维坦以及上帝——准确地说,只要有利维坦,对黑暗王国的批判、打击和肃清就是唾手可得的。利维坦唯一需要恐惧的就是上帝,是兼具万王之王和特殊选民之王的上帝,也是同为自然的上帝之国和启示的上帝之国之主的上帝。

霍布斯对上帝之国的论证始于对《圣经》文本所蕴涵的基督教政治原理的确认,他的论据全部来自《圣经》本身,可以说,对上帝之国的政治化和历

---

① 《利维坦》第二十八章末尾,第 249 页/p. 221。

史化的处理完全是依据《圣经》得出的结果。论证上帝之国的原初目的是为了寻找使《圣经》成为权威的原因，论证上帝之国的最终结果是使世俗主权者成为《圣经》的合法解释者。从论证的全过程来看，在论证之初首先尊奉《圣经》的文本为权威是运用自然理性和利维坦的政治原则探究基督教政治原理的前提，这样才能够正当地采取字面解经法和动用《圣经》文本来支持自然理性和利维坦的政治原则，以便达成最后否定《圣经》权威，亦即将对《圣经》的解释权归于世俗主权者而非教权的目的。概言之，霍布斯对《圣经》的利用最终是服务于其宗教批判的政治意图的。

由此可以看出，在处理启示宗教时，霍布斯主要的着眼点在政治—法律层面，神学—哲学层面的争执是他探讨政治问题的起点，也是为了达成政治目的的有力工具；实践层面则是政治—法律层面所得结论的合理运用。这样就不难理解，为何对上帝之国是世俗国家的论证构成了宗教批判的核心，而对黑暗王国的处理仅是充分论证上帝之国后的一个补充。需要注意的是，在讨论上帝之国的三次代表时，对上帝人格的三次代表是不同的，这同时预示着《旧约》与《新约》的不同，或创世论与基督论的不同。这种不同体现在，虽然对上帝的三次代表都是政治性的代表，但摩西和大祭司的代表是在现世完成的，而基督和使徒的代表则是在现世无法完成的。犹太民族的建国史充分表明，这是受选民族的政治史，亦即宗教权威和政治权威一直是合一的，而在扫罗为王之后的列王时代，宗教权威要接受政治权威的领导。霍布斯借此证明的是上帝之国在《旧约》时代一直是有现世的政治代表者代为执行。但在阐明基督和使徒对上帝之国的代表时，这种代表所表达的无非是政治上的“希望原理”①，亦即“我的国不属这个世界”②。换言之，霍布斯重点论证的是，在现世，基督只具有说服教导的权力，而没有政治上的统治权。问题在于，同是对上帝的代表，为何对圣父的代表和对圣子、圣灵的代表具有如此重大的差别？

---

① 对比 Ernst Bloch, *The Spirit of Utopia*. Tran. by Anthony Nassar. Stanford, Calif.: Stanford University Press, 2000。

② 《约翰福音》第 xviii 章第 36 节，参见《利维坦》第三十八章，第 370 页/p. 319。

这个问题同样可以表述为,耶稣基督第一次降临人世到底是为何而来?霍布斯的回答是,为了替全部信徒赎罪,是为救主;为了教导人们信仰,是为教师。基督降临此世只是为了对来世为王的期待和希望,只是对复活和信仰的期待和希望,而不是在此世行使统治权,不仅如此,他还要教导信徒在外在言行上要服从世俗统治者的命令。这是霍布斯将上帝之国政治化和历史化过程中最大的困难和疑点,同时也蕴含着霍布斯最为根本的意图。霍布斯对基督"去政治化"的结果是使上帝之国真正的"历史化"和"末世化",历史化对应的是摩西等主权者先知和列王的历史,末世化对应的是上帝之国在基督复活之后的降临。基督的三重使职中唯独缺乏此世的政治权力,这是霍布斯刻意为之的结果,与此相应的是他要将政治权力赋予此世的世俗主权者。世俗主权者是霍布斯进行宗教批判的主轴,也是衡量其他各种势力和利益的尺度,即使是启示宗教最核心的内容,如先知、奇迹、救赎等,也必须经由现世的世俗主权者予以裁断,在原则上这和上帝之国的第一次代表是一致的,宗教权威要么和政治权威合一,要么服从政治权威。在这个意义上,对霍布斯的宗教批判来说,基督比摩西等先知更重要,只有对基督的去政治化才使现世的世俗主权者对启示宗教和教会拥有合法权威成为可能。

使徒及其继任者所掌握的教会权力只不过是基督使职的延续,在性质上与之相同,因此教权也必须服从世俗主权者。基督和使徒对圣子和圣灵的政治性代表都在来世,而非此世。辨清对上帝之国的三次代表之间的差异,才算是较为完整地理解了霍布斯将上帝之国政治化和历史化的真正意图。对上帝之国的证明也就意味着对黑暗王国的否定,霍布斯同样使用了政治化的方式,对前者采用的是人格和代表,对后者采用的是深究利益归属。而在上帝之国和黑暗王国的背后作为参照物的是利维坦,无论是现世的世俗主权者,还是论证上帝之国和否定黑暗王国的政治化方式,都属于利维坦。那么,上帝之国和黑暗王国对利维坦而言究竟意味着什么?

Ⅳ

霍布斯对上帝之国的证明和对黑暗王国的否定归根结底是以利维坦为原则和尺度的,所以是对利维坦所体现的政治原则的运用和扩展,是将利维坦建在了更广阔的大地上,利维坦和上帝之国的联手足以制伏悬在空中的黑暗王国。在上一节中,我们曾把对利维坦的三次命名称作利维坦的三位一体,这是对上帝的三位一体的比附。我们也曾论证,利维坦作为人、神、王都是不完满的,它的欠缺也正是在于人造、有朽和骄傲。在这三类欠缺中,人造和骄傲都意味着败坏的可能性,而败坏的最终结果就是死亡,无论是内战还是外战所造成的国家的解体,都意味着利维坦的死亡。所以人造和骄傲所意味的欠缺最终可以归结为有朽,也就是说,即使伟大和骄傲如利维坦,也不可避免地终有一死。

而真正作为"希望原理"带给人们不朽和永生期待的是启示宗教。在这个意义上理解霍布斯的宗教批判,理解他对上帝之国的政治化和历史化处理的限度,理解他对耶稣和使徒的"去政治化",可能更能体会霍布斯的深意和利维坦的本质。霍布斯的最终目的并不是要用自然理性彻底压倒启示,用利维坦的政治原则彻底将上帝之国世俗化,用政治完全统一宗教。在绝对主权的政治原则内,以"内在"的名义为保护和服从原则不断增加麻烦的因素,如内在服从、内在信仰、内在自由等内容现在开始发挥作用。也就是说,当霍布斯在政治上完成了绝对主权的建构、正确规定了主权者和臣民之间的权利—义务关系、使世俗主权者真正掌握了对《圣经》的解释权之后,宗教,包括自然宗教和启示宗教在内,都理所当然也势所必然地要成为利维坦的构成要素。

所以,上帝之国和黑暗之国对利维坦的意义,也正是宗教批判乃至广义的宗教对利维坦的意义。这需要追溯到霍布斯对人性的深刻洞察,他认为,宗教是人性的特质:"由于除开人类以外便没有任何宗教的迹象或其成果,所以我们就没有理由怀疑宗教的种子也只存在于人类身上;它存在于某种特殊品质之中,这种品质在任何其他生物身上都找不到,至少其突出的程度是在其他生物身上找不到的。"[①]利维坦是深深地植根于人性的,人性中的宗教倾向是利维坦必需认真对待、并要在制度上予以容纳的重要因素。所以,无论是对上帝之国的证明,还是对黑暗王国的否定,都不能仅仅从消极意义上接受其表面的批判成果,而更应从利维坦的构成角度考虑如何将之转变为具有积极意义的内在要素。从这个意义上说,霍布斯处理宗教问题的最终目的,是要将启示宗教改造成公民宗教。

公民宗教至少包含两层含义:其一,它是公民的(civil),也就是政治的,其根本目的是为了政治,也就是服从并服务于利维坦;其二,它是宗教(religion),它要满足人性中对宗教,尤其是信仰的倾向,而并不完全是政治的,也就是说,利维坦要为它保留内在信仰的空间。第一层含义霍布斯在第三部分的末尾坦然承认,"在这方面我并不自称是提出任何自己的论点,而只是要说明:在我看来,从基督教政治学的原理(即《圣经》)中究竟能推论出一些什么结论来证实世俗主权者的权力和他们的臣民的义务"[②]。其实只要追溯到异教的立法者对自然宗教的广泛运用——霍布斯对此显然了如指掌——就可以相应推出,启示宗教对于人的政治而言所具有的政治功能是不言而喻的,只是霍布斯并没有勇敢到大肆论述如何使神的政治服务于人的政治,他只是小心翼翼地将人的政治和神的政治分开,并悄悄地借助人的政治为神的政治树立原则、确定代表。第四十七章中霍布斯对实践层面的宗教问题的著名处理,表明了他对政教关系的基本立场。在分析了教皇权力的全部组合和结构,也就是长老、主教和教皇三次为基督徒的自由打结的过程之后,霍布斯主张从后往前依次分析解决:先由国王解除教皇的权力,再由长老推翻教皇权力,并同时剥夺长老的权力,于是恢复了"原始基督教徒的独立状态,每一个人都可以随自己的心愿属于保罗、属于矶发或属于亚波罗"[③]。霍布斯

---

① 《利维坦》第十二章开头,第 79 页/p. 75。

② 《利维坦》第四十三章,第 488 页/p. 414。

③ 《利维坦》第四十七章,第 563—564 页/p. 479。

绕过了长老派，而主张独立派，这显然是基于防止教士掌握非法权力的根本考虑，教士的妖魔王国不仅是对上帝之国的误解，更是对利维坦的严重威胁。

第二层含义霍布斯并未明言，但有所暗示，不仅体现在对宗教作为人性特质的一般性讨论中，更体现于对耶稣基督使职的阐释。值得注意的是，神圣救主的“职分”和主权代表者的“职责”所用的是同一个词：Office。Office一般对应于“官职”和“职务”，表示与之相应、应当完成的分内事务，通常含有义务(duty/obligation)的意思。在下面讨论教育的一节中可以看到，主权者最重要的职责就是教导臣民服从的根据和理由，神圣救主的第二项重要职分就是劝服教导人们去信仰，在他未曾自我牺牲、也尚未在来世为王时，这也就是耶稣基督唯一的使职，而他的这项职责不仅打开了从犹太一族通向外邦人的普遍化道路，同时开启了因信称义、从有朽到永生的道路。耶稣基督的教化是基督徒的内在世界唯一可以接受的福音，当利维坦掌握了对《圣经》的解释权，并使宗教服从于政治之后，完全可以借助使徒及其继任者对人们内在信仰的教导，使其不仅归于对上帝之国的期待，还不至于受别有用心之徒的欺瞒蒙蔽，最终更有利于服从现世的世俗主权者。同时，启示宗教不但有助于人们的内在服从，它还是通向不朽的。利维坦在应对使国家致弱和解体的因素时，主要采取的是政治—法律层面的措施，要想实现真正的长治久安，除了正确解决主权问题、注意对主权者和臣民进行教育以尽量避免人性本身的弱点之外，还要借助启示宗教，使人们在信仰中达到永生。虽然霍布斯并未明确透露他对利维坦达致不朽的正面态度，而是保持了对利维坦有所欠缺的清醒认识，但他毕竟还是希望利维坦是能够持之以恒(everlasting[①])的：“因为国家根据其建立的性质说来，原来是打算与人类、自然法或使自然法具有生命力的正义之道共久长的。”[②]

---

① everlasting是一个具有强烈基督教背景的词语，参见《利维坦》第三十章，第262页/p. 232。“在人类开始建立不完善和容易回到混乱状况的国家以后很久，才可能通过勤勉的思考发现使国家的结构除开受外在暴力的作用以外永远存在(everlasting)的理性原理。”对比第三十八章，第370页/p. 319：“正是在这个世界中，基督才会有大能力、有大荣耀，驾云从天上降临；他要差遣天使把他们选民从四方、从地极到天边都招聚了来，以后永远(everlastingly)在他父之下为他们的王。”

② 《利维坦》第二十九章开头，第249页/p. 221。

四、教育

利维坦是国家制度，规定了主权者和臣民之间完整的权利—义务关系。通过对利维坦的三次命名，霍布斯揭示了现代国家集人、神、王三种身份于一身的典型特征。但基于国家制度基础上的三位一体是不完满的，在承认其可败坏甚至终有一死的必然性之后，霍布斯还在不断地寻求保卫利维坦的方式。将启示宗教改造成公民宗教，以自然理性和利维坦的政治原则为基督教国家立法，联合启示宗教和自然理性共同铲除黑暗王国是一条重要的途径，上一节大致呈现了霍布斯对这一途径的论述思路，着重强调了公民宗教对保卫利维坦的重要意义。与公民宗教紧密相关、能够保卫利维坦的另一个主要途径则是教育。如果说公民宗教主要是针对启示，在于将启示宗教从利维坦的敌人变成朋友，最终使启示宗教成为利维坦的构成要素，那么教育的范围则更为广泛，不仅包括启示宗教在内的对人们内在世界的劝说教导，还专指在法权意义上同时面向主权者和臣民的政治教育。

启示宗教被改造成公民宗教后最大的政治任务就是劝说基督徒服从世俗主权者，这是解决内在问题、理顺神的秩序和人的秩序之间关系的必然结果。上面我们已经详细论证了霍布斯如何同时运用了耶稣基督的去政治化，结果是一方面将政治权力赋予世俗主权者，由主权者解释《圣经》，另一方面由基督和使徒来劝说、教导人们信仰和服从，尤其在上帝之国降临之前，一定要服从世俗主权者，无论他是不是基督徒。在此基础上，基督徒就没有必要在政治上服从教会，因为教会根本不具有政治权力。经过霍布斯的批判和改造，教会的主要职能是教育、劝说教导人们信仰启示宗教，为人们的内在世界营造一个较为和平稳定的精神秩序，这个秩序是服从并服务于现实的政治秩序的，教会的劝说教导功能也一定要得到世俗主权者的批准与许可，在某种意义上是对政治秩序的有益补充。一般论者认为，霍布斯对内在和外在的区分埋下了最终侵蚀利维坦的祸根，似乎预留了一个政治无法涉足但黑暗王国却有可能占领的内在空间。但从霍布斯煞费苦心的宗教批判来看，他似乎早已意识到这种做法的危险性，并在坚持内外区分的必要性基础上，着意补足把内在世界划在政治之外而归于启示宗教的缺憾。在霍布斯的论证下，耶稣基督、使徒及其继任者的主要任务就是承担内在世界的教育，这既是为了使人们接受上帝之道、信仰启示宗教，也是为了稳定人心，使人们不以内在信仰为借口而拥有公民不服从的法理依据，更是为了坚决杜绝教会、教皇和教士制造黑暗王国、谋取特殊利益的可能性。

但霍布斯对教会始终是十分怀疑的，他对黑暗王国的存在持有异常敏感的警惕性。他从根本上不大相信教会能为政治所用，而宁可在实践层面采取更为极端的措施，以保障利维坦不受黑暗王国的威胁。在对教会进行了大批判、犀利而尖锐地驳斥了贝拉民主教后，霍布斯为基督徒进入天国开列了两项必要条件，服从神法和信仰耶稣基督，它们基本上与教会无关，尤其是在解决现实宗教问题时提出了独立派主张，最终目的就是使基督徒摆脱教会，摆脱教士制造黑暗王国的最后可能性，直接用内心世界面对上帝。这其中似乎预示着天主教和新教孰优孰劣的争执，但宗教内部的派别冲突对霍布斯来说只具有次要的意义，他的根本意图是为了政治，为了保卫利维坦。独立派主张表明，这是一个原始基督徒的独立的或孤独的状态。如果我们大胆推测，霍布斯是将基督徒的独立状态构想成自然状态的对应物——为了利维坦，他甚至不惜动用自然状态来解决宗教问题：正如在自然状态下每一个人是全部自然权利的拥有者，每一个人相互平等并自由地为了自我保存而采取行动，每一个人是善恶的判别者，基督徒的独立状态是每一个基督徒直接面对上帝、相互独立的状态，他们不受任何外来权力或外来力量的干扰，也不受任何人或任何集团的欺瞒蒙蔽。霍布斯坚信，这种状态最有利于人们直接了解上帝的目的，而不受假先知和教士自身目的的左右："由于除开道本身以外，应当没有任何权力可以管辖人们的良知意识；而道使信仰在每一个人身上发生作用时，并不永远按照栽种和浇灌的人的目的，而是按照叫它生长的上帝本身的目的。"①联系霍布斯对崇拜和培育的界定,可以看出,他更希望在人和上帝之间建立直接的联系,使上帝之言直接刻在信徒的心板上,尽量减少中间力量的介入。即使启示宗教不得不需要先知,那么真正的先知也是经过利维坦审查和人们自然理性判定的结果,这样一来,以创世论为前提的基督论就撇开了教会,使上帝成为信徒最直接的教育者。由此展开的一个合理推论是,上帝的教导就是《圣经》本身,而对《圣经》合法解释者就是世俗的主权者,由此,启示宗教真正变成了公民宗教,公民宗教真正承担了教育功能,启示由需要处理和克服的超理性"对手"真正成为了保卫利维坦的内在构成要素。

除了依靠启示宗教对人们内在信仰的教育外,利维坦所需要的另一种教育是针对主权者和臣民的政治教育。在全面充分地理解利维坦的基础上,回溯国家的基本架构,即主权者和臣民两个方面,可以发现,霍布斯自始至终都对利维坦的有所欠缺具有清醒的意识:绝对主义作为由自然理性运用正确的定义推导而出的理性原理是普遍有效的,从自然状态到公民社会的必然转化过程是确定无疑的,体现为主权者和臣民之间保护—服从的权利—义务关系也是清楚明晰的。问题在于,利维坦的政治原则最终有赖于人的有效实施,人造物要想持久,就得洞察可能败坏和死亡的原因,并采取有效措施予以补救完善,这就是说,利维坦是需要保护的。但有一点需要明确,利维坦终有一死或利维坦需要保护并不证明绝对主义是有限的。绝对主义作为抽象而普遍的国家制度,直接来自自然状态下抽象而普遍的人。为了自我保存,自然人的自然激情和自然理性促成了绝对主权的诞生。主权者的权利和臣民的自由作为绝对主义国家的基本构成要素,业已构成了国家制度完整而自足的法权体系,对这一体系的建构优先于对它的补充完善。绝对主义的政治原则贯穿利维坦始终,造成利维坦死亡的首要原因就是国家的绝对性不足,这恰恰证明,不是绝对主义,而是绝对主义的缺乏才对利维坦构成严重威胁。

---

① 《利维坦》第四十七章,第564页/p.480。

在制度与人之间,霍布斯更相信前者。制度基于理性原理和政治原则,相比于难免于人性弱点、备受激情困扰、易受黑暗王国摆布的人而言,具有更大的确定性和稳定性。从保卫利维坦的角度理解"人造人",能够更为清晰地把握制度与人的关系。人造人表明,利维坦作为一个整体,是制度和人的统一。利维坦是以国家制度为基础比照人的结果,制度优先于人,但制度是依照自然人建立的,制度要赋予作为质料的人以形式;人在了解制度的本质之后,即明确了主权者和臣民本身的职责之后,可以使制度得到有效实施和坚强保障。因此在追究国家致弱和解体的原因,也就是在强化保卫利维坦的主要方面时,霍布斯将目光集中到人身上,而不是作为质料的人,而是赋予形式的人,"所以当国家不是由于外界的暴力、而是由于内部失调以致解体时,毛病便不在于作为质料的人的人身上,而在于作为建造者与安排者的人身上。"①总的来说,霍布斯主要考虑从三个方面保卫利维坦,第一个方面是制度,即保卫绝对性本身,这是法权关系的范畴。利维坦首先表现为绝对主义的政治原则,表现为主权者的权利和臣民的服从,利维坦要求主权者和臣民都要恪尽职守,该保护的保护,该服从的服从,既有绝对权威,又有个人自由。对主权者来说,就要以维护人民安全为目的,教导人民服从、对所有人平等施法、公平征税、制定良法、正确执行赏罚、甄选良好的参议人员、获取人民爱戴等。对臣民来说,主要是服从国法、享受自由、勤勉劳作、保卫国家等。第二个方面是人的内在世界,通过处理启示宗教,把启示宗教改造成公民宗教,履行教育功能,在政治秩序不宜涉足的内在领域建立精神秩序,祛除黑暗王国的影响。第三个方面就是教育,特指用利维坦的政治原则对主权者和臣民进行的政治教育。从利维坦的构成来看,全部法权关系的根基在于立国时的根本契约,由此确定主权者和臣民之间的法权关系,也就是在整体上确定国家制度的基本框架。这一根本契约虽然是在某个伟大时刻一次性完成的,但却不意味着一劳永逸地解决了政治问题:无论是保护还是服从,主权者还是臣民,都需要通过不断的教育让主权者和臣民知道,究

① 《利维坦》第二十九章开头,第 249 页/p. 221。

竟什么是主权者的权利,什么是臣民的自由,什么是利维坦。

利维坦所需要的教育是政治意义上的教育,也就是作为政治的教育。可以从四个方面理解这种教育,即“教育谁”,“为什么要进行教育”,“谁来教育”,“教育什么”。从利维坦的构成来看,主权者和臣民都是被教育的对象。为什么要教育主权者和臣民,这涉及对二者本性的理解和认识。主权者和臣民是利维坦的两端,从国家制度的角度来说,它们首先是权利—义务关系的载体,是国家制度的内在组成部分。但就身份性质而言,他们都是“人”,不仅有自然人在本性上的弱点,还有自然人和政治身份之间的不睦甚至冲突。对主权者来说,他对自身权利和职责疏忽大意,对真正的政治原则懵懂无知,对统治缺乏技巧,在施法上违反公道,或出于其他人性本身固有的激情和弱点而犯错是极为可能的,而且会造成极为严重的后果。对臣民来说,如果他们不知道自身的义务和主权者的权利,误解了义务和自由的关系,由于憎恨具体的政治形式而认为弑君合法,由于受到黑暗王国的操纵而不服从世俗主权者,或出于个人野心和骄傲等其他强烈的激情有意反对国家,就会消解利维坦的根基。概言之,对主权者和臣民的教育就是要让他们清楚地“知道”,本身的权利和义务究竟是什么,怎样做才能正确地履行职责。

通过“知道”将“原则”和“实施”结合起来的思路在“国法”一章(第二十六章)体现得异常清楚。在对国法进行定义并适当推论后,霍布斯的主要论述都集中在如何使人们“认识”什么是主权者的意志,而这就需要显示足够的论据和形式,比如对法律的明文规定、以明显证据表明法律来自立法者意志、对法律进行良好的解释等内容都表明,主权者所需要的就是制定为人民的利益所需而又清晰明确的法律,臣民所需要的就是在了解制定法律的动机与原因后予以遵从。在霍布斯看来,既然任何法律都不可能是不公正的,那么制定良法的目的就在于让人们充分了解法律的意图以便遵守。推而广之,就绝对主义的国家制度而言,原则是确定无疑的,那么对原则予以普遍有效实施的必要条件就是:实施者必须明确而充分地“知道”原则,而使主权者和臣民“知道”原则的途径就是分别对他们进行教育,这样才能保证将根本契约的内容从一次性转变为长期有效,才能使原则及其实施之间毫无障碍、畅通无阻，才能克服主权者和臣民各自出于人性激情的弱点，同时避免黑暗王国的负面影响。

谁来教育和教育什么的问题可以放到一起来看。对主权者的教育比较困难，因为主权者是最高权威，而“教育”本身则意味着教育者和被教育者二者之间的不平等，所以在利维坦内部，严格说来没有人能教育主权者。相对委婉的说法是，主权者应该如何学习有关国家制度和政治原则的政治学知识。霍布斯指出了三条途径：第一，依靠自然理性，接受自然法的指导。在国家制度的基础上，霍布斯特别提出第十一条自然法“公道”作为对主权者意志的平衡，尤其在施法、征税和赏罚上，一定要持中守正，不可恣意妄为。第二，依靠对自然的上帝之国的了解，尤其是对自然惩罚的了解，明白“王国疏于执政招致叛乱之罚，而叛乱则会招致杀戮之罚。”①也就是说，主权者要通过了解犯错和无知的恶劣后果来警醒自身，这就是关于内战和自然状态的知识。从实践层面来说，主权者要从战争中理解和平，从自然状态中理解公民社会，从毕希莫特理解利维坦。第三，依靠良好的参议人员，学习有关自然正义的科学。霍布斯对建议及参议人员的论述可谓用心良苦，他既希望主权者能够选任适当的参议人员并予以恰当地使用，使之成为有利的参谋助手；又以命令和建议的严格区分提醒主权者，绝不可使参议人员凌驾于主权者之上。最优秀的参议人员是对政治学最精通的人，虽然参议人员仅为君主国才有，而自然正义的科学却是各种政体都适用的，有关国家制度和政治原则的政治学是主权者最需要掌握的知识。这三条途径虽然表面上有些差别，但究其实质，却有着内在的连贯性。自然理性是所有自然人都有的，自然法也不唯主权者才要遵守，单单强调“公道”意在表明，主权者要对有关国家制度的全部知识具有整体性的理解。自然状态作为负面论证的典型状态是这套知识的开端，也是利维坦的原因，主权者能从自然状态中学到公民社会被遮蔽的内在根据。参议人员是为主权者更好地贯彻原则而出谋划策的辅助人员，良好的参议人员要对原则和经验都比较熟悉，他所擅长的

① 参见《利维坦》第三十一章，第 288 页/p. 254。

知识也正是主权者所需要的知识:有关自然正义的科学。所以说,主权者真正需要学习、也是唯一需要学习的知识就是有关自然正义的科学:政治学。霍布斯的潜台词是,他所提出的有关利维坦的论述就是这一科学的全部内容,因此,他才多次表示,要把《利维坦》献给主权者①。

对臣民的教育相对简单些,这是主权者的职责,而且是保障人民安全的首要职责,“为了实现这一点,应当做到:除了个人提出控诉时对他加以保护使之不受侵害之外,不只是个别地加以照管,而是要在具有原理和实例的公开教导中包含一种总的安排,以及制定和实行个人可以适用于其本身情形的良法”②。主权者要在保证绝对权利的同时使人民了解服从的根据和理由,所用方法不是国法和刑罚,而是教育。霍布斯证明,需要教导的内容就是使国家的结构永远存在的理性原理,“这就是我在本书中所提出的那些理性原理”③,其正确性同时受到自然理性和《圣经》权威的保障,其内容是能够为一般人所理解的:“因此我的结论便是:当主权者的权力完整时,除开他们自己或他委托治理国家的人有过失以外,教导人民认识这些根本权利(即自然的基本性法律)并没有什么困难。因此,他便有义务让他们受到这样的教导,这不仅是他的义务,而且也是他的利益所在;同时这也是一种安全保障,可以防止叛乱对他的自然人身所带来的危险。”④

主权者教育臣民的具体做法是传授已被政治化的“十诫”。十诫本是上帝向犹太民族颁布的律法,霍布斯将之政治化,一方面是把主权者的教化看作上帝的律法,凸显利维坦“有朽的神”这一面相,使主权者的教育和上帝的言具有一致性,从而使主权者为了政治的目的能够名正言顺地履行牧师之责;另一方面是解除十诫的神圣化,也就是解除启示宗教的神圣化,使之变成公民宗教,其中蕴涵着霍布斯处理宗教问题的基本立场。与将基督徒得

---

① 参见《利维坦》“引言”末尾,第3页/p.11;第三十一章末尾,第288—289页/p.254;“综述与结论”末尾,第577—578页/pp.490—491。

② 《利维坦》第三十章,第261页/p.231。

③ 《利维坦》第三十章,第262页/p.232。

④ 《利维坦》第三十章,第263页/p.233。

救简化为两项必要条件相似，霍布斯将臣民所要接受的教导概括为“爱上帝”和“爱邻如爱己”，而利维坦就是“大地上的神”①。

对臣民的教育远远优先于主权者的其他职责，这不但表明教育问题对利维坦至关重要，同时表明，霍布斯对教育问题中存在的困难具有清醒的估计，因此才要予以足够充分的重视。教育问题之所以既重要又艰巨，其原因在于以亚里士多德、西塞罗为代表的希腊罗马错误观念和经院哲学的谬种流传，在于教士阶层为了谋取非法权力对人民有意欺瞒蒙蔽，更在于“有些人出于必要或贪财而专心致志于自己的行业和劳动，另一方面则有些人由于奢侈怠惰而耽于声色”②，而这两种人占去了人类的绝大部分。归根到底，教育问题的对手或敌人主要就是黑暗王国，黑暗王国之所以产生：一则在于黑暗王国的受益者蓄意制造，一则在于广大人民的懵懂无知，仅受激情操纵或忙于糊口，无暇领会精深的政治原理。因此，对霍布斯来说，教育一方面意味着依靠启示和理性联手铲除黑暗王国，还利维坦一个清新明了的精神世界，使上帝的言能够直接进入基督徒的内心，使主权者的教导能够引导臣民服从；另一方面，教育意味着“启蒙”，向广大人民普及理性原理，使人民能够依靠自然理性判定真假，自觉克服黑暗王国。无论是启示和理性的联手，还是启蒙，都要借助自然理性的正确推理，而“根据任何事物的发生方式推论其性质、或是根据其性质推论其某种可能的发生方式而获得的知识”③就是哲学。在政治思想史上，哲学从来没有像这样如此急切也如此必然地成为政治的组成部分，从这个角度，就可以理解霍布斯为什么以想象和感觉作为《利维坦》的开篇，原来其真正目标是瞄准了基督教和黑暗王国，其真正意图在于政治。而与哲学的政治化紧密相连的就是政治的哲学化，这几乎成为霍布斯坚信利维坦能够成功的理论根源。

在实践层面上，霍布斯提出的方案是改造大学，因为“对人民的教育完

① 参见《法哲学原理》第三篇第三章以下。黑格尔：《法哲学原理》，范扬、张企泰译，商务印书馆 1961 年版。

② 《利维坦》第三十章，第 267 页/p. 236。

③ 《利维坦》第四十六章，第 537—538 页/p. 458。

全取决于正确地教育大学中的青年"①。霍布斯认为,他那个时代的大学受制于罗马教会,专业局限于罗马宗教、罗马法律和医学,根本不是哲学研究,而是亚里士多德学研究,对真正的科学并不关心,相反还要予以打击压制,由此成为黑暗王国的策源地和虚妄哲学的源头。利维坦需要的是新的大学,新大学中需要传授的是真正的公民科学和道德哲学,由此"传道士和士君子都从这里汲取自己所能找到的泉水,并把它在讲坛上和谈话中洒在百姓身上;既然如此,我们就应当特别小心使之洁净,不让它为异教政治家的毒素和装神弄鬼的符咒所污染"②。真正的公民科学和道德哲学就是霍布斯的理论,也就是《利维坦》中业已证明的理性原理,"通过这种方式使大多数人知道他们的责任之后,就不至于那样被少数别有用心的人用作扩张野心的工具,危害国家了。同时也可以使他们对于那些和平与防务所需的捐税,不至于那样牢骚不满。统治者本身也就没有理由要奢费国币维持过大的军队,而只需足以保卫公众自由,使之不受外敌侵犯与侵略就行了"③。

总之,通过主权者学习有关自然正义的知识,通过主权者对人民的政治教育,通过全社会的启蒙,主权者和臣民不但得以明确各自的权利一义务、正确理解原则并予以实施,真正将国家制度稳固地建在大地上,而且在整体上,利维坦具有了据以为基督教政治确立原则的理论根据,并能借助自然理性和启示宗教的联手合作,最终铲除黑暗王国。教育虽然着重于解决理论层面的问题,借以清除危害和平、摧毁国家的错误学说,但最终落实于现实层面对大学的改造,教育人民尤其是教育青年的必要性和紧迫性势必会赋予大学以艰巨而崇高的政治使命。以教育保卫利维坦的构想与将启示宗教改造为公民宗教的意义相仿,霍布斯将教育——严格说是哲学——变成了

---

① 《利维坦》第三十章,第267页/p.237。同时参见接下来对两个具体问题的论述:"但有人也许会问:我们英国的大学难道不已经渊博到足以担当这一任务了吗?你难道要来教导这些大学吗?"《利维坦》第三十章,第267—268页/p.237。

② 《利维坦》"综述与结论",第577页/p.491。

③ 同上。

利维坦的构成要素，并最终使《利维坦》成为利维坦中唯一合法而正确的哲学，他的真实想法，应该是《利维坦》教育利维坦。

（作者系北京大学哲学博士，现为中国社会科学院政治学所研究人员）

TOCQUEVILLE ON LEADERSHIP IN DEMOCRACY

Harvey C. Mansfield

本文作者系美国哈佛大学政府系 William R. Kenan, Jr. 政治哲学讲座教授,美国民主与宪法问题的权威作者。《法意》编委会得到曼斯菲尔德教授的授权,在中国首发该文的英文版并中文版。英文版版权归作者所有。

——《法意》编辑部谨识

To consider Tocqueville on leadership in democracy we have to begin from the fact that he does not use the term "leadership," which is of more recent invention. Despite this fact, or even because of it, he has much to say relevant to the topic of "governing" (*gouverner*) a democracy—his preferred term. Besides "governor" (*gouvernant*) he will also speak of "statesmen" (*hommes d'état*), "chiefs" (*chefs*), "those at the head of affairs" or "of the state" (*ceux á la tête des affaires ou de l'état*), "public men" (*hommes publics*), and quite generally, of "magistrates" (*magistrats*). ①

① These examples are taken from Tocqueville's *Democracy in America* I 2.5, pp. 210—212 in the translation by Harvey C. Mansfield and Delba Winthrop (Chicago, Ill.: University of Chicago Press, 2000). Citations in the text will be to that work, the last figures being pages in that translation.

Tocqueville's usage is more formal than ours. For us, a leader can be in the government or in private society, "a leader of fashion" such as Madonna for example. Because a leader in our usage crosses the boundary between public and private, he has no clear relation to those whom he is leading. A "leader" would seem to be distinct from a "follower," but is he? A leader is certainly ahead of those who follow him—the led-but it is quite unclear whether he is merely calculating or guessing where his followers want to go or actually adopting a policy they would not accept without his leadership. Any leader takes a minimal risk even if he follows the polls assiduously, since polls are often wrong and people change their minds; but only the leader who decides to do something unpopular deserves praise for taking a risk. Is leadership defined by accepting the risk of unpopularity, or do we say that a leader who is not followed is not a leader? This is the ambiguity covered up by the term "leadership."

Tocqueville gives two examples of American presidents we would call "leaders," George Washington and Andrew Jackson. The first is positive, the second negative. Washington is praised in two places in *Democracy in America*, once for the policy he recommended of staying out of the internal affairs of Europe ("the political testament of that great man," *DA* I 2. 5, 217), and again for the policy he favored of treating the Indians with generosity (*DA* I 2. 10, 320). The first policy was successful, perhaps because Washington appealed to the "self-interest well understood of Americans"; but still, when the French revolution stirred Americans to take its part against England, it was only the "inflexible character of Washington" and "the austere reason of this great man" that held fast against the will of the majority (*DA* I 2. 5, 218, 220). In the case of the Indians, Washington's "noble and virtuous policy" was not followed, and the Indians were treated with tyranny, cupidity and violence. As to Andrew Jackson, Tocqueville says that "General Jackson is the slave of the majority: he follows it in its wishes, its desires, its half-uncovered instincts, or rather he divines it and runs to place himself at its head" (*DA* I 2. 10, 377).

Speaking of Washington as a "great man" and of Jackson as "slave of the majority," Tocqueville passes judgment where we, calling them both "leaders," might avoid doing so. ①"Slave of the majority" is particularly difficult for us today because it requires us to examine the character of the majority rather than merely accept every majority as democratically legitimate. That phrase recalls Aristotle's description of democratic demagogues as flatterers of the people. In democracies based on law, he says, the best citizens preside, but in lawless democracies demagogues arise. "For the people become a monarch, from many combining into one."② A lawless people ruling as if it were a monarch, and a monarch comparable to a tyrant, uses demagogues to do its will just as tyrants use flatterers. Such a people is responsible for the demagogues, for even though the demagogues may put the people in motion by rousing them up, in doing so they serve its desires. Demagogues are not "outside agitators" as has been said sometimes in America of traveling speakers who come from out of town to arouse local crowds. Thus for Tocqueville, following Aristotle, a slave of the majority, however forceful and energetic he may be, cannot be a leader.

The ambiguity of leader brings us to the question of who rules in a democracy, the people or its leaders. Tocqueville begins a part of his book with the chapter heading, "How one can say strictly that in the United

① Cf. the importance attached to "personal firmness" and the avoidance of "servile pliancy" in the office of the presidency in *The Federalist* 71.

② Aristotle, *Politics* 1292a10.

States the people govern" (*DA* II 1. 2, 165; cf. I 1. 4, 55). Of course this does not mean that the country is perfectly democratic; it means that "the people govern." Although the form of government is representative, and representation consists of forms that set barriers before the popular will, no lasting obstacles can prevent the people's opinions, prejudices, interests and even passions from providing the daily direction of society. Whatever undemocratic institutions may exist in America-for example, the primacy of lawyers-are there because the people consent to them. Slavery is there because the people want it or do not want to abolish it. Tocqueville rejects elite theory and its "iron law of oligarchy" that in effect say that democracy is impossible; it is always manipulated by its leaders. No, democracy is actual in America. Though not perfectly democratic it is sufficiently so to get its way. Tocqueville believes that democracy in America is continually becoming more democratic; democracy does not remain as it is but gets more democratic. It has the character of a democratic revolution (*DA* I Introd., 3). Today those on the left who want American democracy to purge itself of (some of) its undemocratic elements suggest the image of a people being egged on by their intellectual leaders to greater, more egalitarian democracy. But according to Tocqueville, democracy has its own momentum. It goes of its own accord toward ever greater democracy because it is already democratic. Those leaders are not as original and independent as they think; they merely tell the people to go where they already want to go.

The fact that the people are sovereign in America does not mean, however, that they will accept the advice of intellectual leaders to become more purely democratic. In fact, nothing is more notable (and laughable) on the current scene of American politics than the sovereign unwillingness of the people to follow the urgings of egalitarian intellectuals, who insist on bringing the people more equality and more power than they wish to have. [①] Yet the social state of Americans since Tocqueville's time has clearly become more democratic with the abolition of slavery, desegregation of blacks, new rights for women, and so forth. *And so forth*: American democracy, says Tocqueville, pursues the idea of the perfectibility of mankind, but that idea is indefinite (*DA* II 1. 8, 426—428). Americans want perfectibility but they have no notion of perfection by which they can know when they are perfecting their democracy and when not. They go forward in the direction of more democracy, sometimes in headlong pursuit, sometimes in prudent hesitation or withdrawal. In this profound sense democracy in America has no leadership; it is unled. That is one reason why Tocqueville calls the democratic revolution a "providential fact" (*DA* I Introd. , 6).

Yet again, we cannot consider democracy in America sovereign but uninstructed. Tocqueville wants to instruct democracy—an activity of leadership or as he says less vaguely, of direction-and he does this by pointing to the practice as opposed to the theory of democracy (*DA* I Introd. , 7). Americans are already doing what they should be doing, but their virtues may need to be pointed out to them in order that they be better understood. In addition, those virtues surely need to be analyzed for the edification of countries in Europe that are less advanced in the progress of democratic revolution. The American people, sovereign as it is, is neither a formless, lawless "mass," as implied in the French revolution, nor

① Note this recent declaration by Ronald Dworkin: "Many factors have contributed to liberalism's political decline... But the selfishness and intolerance of many ordinary people is undeniably part of the problem. It is no longer good enough to let the people speak; we must try to change what the people think." Announcement for a lecture to be given on February 11, 2003, at the Siemens Stiftung in Munich, Germany.

is it the tyrannical "one" that Aristotle speaks of. Briefly, we can summarize two aspects of American democracy relevant to leadership—its use of free institutions and its management of human inequalities.

Democracy is characterized by both equality and freedom, and Tocqueville says, the passion for equality is stronger than the taste for freedom (*DA* II 1. 1, 482). But Americans make use of "free institutions" to give themselves leadership (*DA* II 1. 4, 485—488). Free institutions are elective; they allow a citizen to offer himself for public office voluntarily because he sees a connection between his private interest and the public good. The connection is most visible in localities, where, for example, the building of a road can be seen obviously to unite private and public interests. In running for office citizens are drawn out of the "individualism" in which they are impotent members of a great, unstructured mass (Tocqueville's new concept, *DA* II 1. 1—2, 482). They satisfy their ambition and learn to cooperate so that the country becomes more prosperous together. "It is not the elected magistrate who makes American democracy prosper; but it prospers because the magistrate is elective" (*DA* II 1. 4, 488). Not economic but political freedom, and not interest but ambition, make America rich. Free institutions start from the ground up, and that is why Tocqueville makes so much of the New England township (*DA* I 1. 5, 56—75). The township, he explains, is hardly founded but seems to form itself by itself, being "natural" in the sense of spontaneous. Its government is coarse and given to lapses of both reason and morals; and it is therefore regarded with contempt by those who favor sophisticated, rationalized bureaucracies. But it allows equal men to live in freedom through self-government, by which they accomplish things and come to feel capable (perhaps more than they truly are). Equality by itself does not guarantee that men are capable rather than incapable, and it does no good for the people to be sovereign if it is not capable. Freedom validates equality by teaching citizens how to be together and strong rather than isolated and weak. With local government go the associations, civil and political, for which Tocqueville praises the Americans (*DA* I 2.4, II 2.5—7).

Free institutions begin but do not end with local self-government and voluntary association. The sovereign people must also be formed as a whole in the Constitution, described as a "work of art" based on a complex theory in contrast to the natural spontaneity of the township. The Constitution was composed and instituted by the Federalists, one of the great parties formed at the beginning of the republic and to be distinguished from the issueless small parties of the 1830's. The Federalists were essentially aristocratic, hence always a minority in the American democracy, and their sway could not have continued much longer than it did (*DA* I 2.2, 168—169). Still, their appearance on the scene of the birth of the republic was "most fortunate." Sometimes a democracy will get better leadership than it expects, perhaps better than it deserves. Or should we say that freedom for the ordinary citizen, the demotic citizen, includes freedom for the outstanding citizen who, curbing and fashioning the expression of his pride, may get himself elected? Representative democratic offices enable a few to get above their fellow citizens without having to claim that they are superior to them, for people will think that it is simply useful to have someone else do the job. In this way the forms and formalities of self-government do double work: they present barriers or obstacles to the immediate (though not, as we have seen, to the long-term) triumph of the people's will; and they permit the ambitious few, among whom may occasionally be found a great man, to gain distinction and to contribute to the common good. At the end of his book Tocqueville warns of the "instinctive disdain" of democratic men for the forms that keep them free

(*DA* II 4. 7, 669; cf. II 1. 1). Democrats prefer informality, and, being impatient, they always want to go directly to the objects of their desires regardless of deliberation and due process. Tocqueville's concern for the formalities of governing is the milder, modern version of Aristotle's criticism of lawless democracy.

American democracy manages human inequalities, neither ignoring them nor giving in to them. America's free institutions see to it that ambition is democratized and made mediocre and universal. Everyone gets in on the action. The trouble is that democratic ambition is petty and focused on immediate objectives in the present so that it is often "appeased and debased" at the same time. Lofty ambition requires pride, but pride is what is most lacking in democracies. "I would willingly trade several of our small virtues for this vice," says Tocqueville (*DA* II 3. 19, 604). Connected to ambition is honor, the aristocratic quality that also appears in democracy. Tocqueville reminds us that men have two standards by which they make public judgments on others-the universal, simple standard of justice and the complex, parochial standard of honor. Democratic nations tend to judge in the light of the common needs of humanity rather than by particular codes of honor; their sense of honor is weaker than under aristocracy and it is enforced by public opinion that is often confused and tolerant. But these nations do honor certain things such as the regularity necessary for commerce and the courage required for facing failure and striking out anew (*DA* II 3. 18, 589—599). Democratic or liberal theory, with its opposite concerns for self-interest and disinterested morality, has little to say on ambition and honor, in which private feeling and public good converge. Once more Tocqueville shows that the practice of democracy in America is sager than the theories of Thomas Hobbes, John Locke and others that go unmentioned by him.

Tocqueville does describe, without naming examples, two sets of theorists of whom he disapproves, pantheists and democratic historians (*DA* II 1.7, 20). Not so different from each other, the pantheists portray the universe as a unity that overcomes the special character of human beings, while the democratic historians explain history through great, general causes that ignore the actions of individual human beings. Regarding the latter, Tocqueville notes that the historian himself, disposing of the great, general causes, appears great while the rest of humanity, exposed to those causes, appears small. In the following chapter on parliamentary eloquence (*DA* II 1.21), Tocqueville remarks that a democratic representative, as opposed to an aristocratic one, feels the need in his bombastic rhetoric to show how important he and his constituents are. Thus the spirit of the democratic representative contradicts the insignificance attributed to individuals by the democratic historian (from which, of course, he exempts himself). The democratic representative believes that he is important, hence that man is important. This is an aristocratic truth. Democratic man wants to be honored; he has a desire unknown to himself to live in an aristocracy where he would be honored.

Tocqueville denies that a mixed regime of aristocracy and democracy is anything but a chimera, and he declares that aristocrats and democrats "are, as it were, two distinct humanities" (*DA* II 4.8, 675). Nonetheless, there are many indications of more or less hidden elements of aristocracy in American democracy. One of these is lawyers, whom Tocqueville calls the "American aristocracy" (*DA* I 2.8, 251—258). Lawyers in America are the "political class" that Tocqueville said was lacking in the old regime in France.[①] There it had been replaced by a literary class of

① Tocqueville, *The Old Regime*, III 8.

philosophes that had no knowledge of, no practice in, politics. America was an "image of democracy" for Tocqueville that did not suffer as much from this defect. It is still a place where the intellectual leaders are kept at a safe distance from the political leaders.

托克维尔论民主中的领袖

〔美〕哈维·曼斯菲尔德
张艳　译

若要品味托克维尔论民主中的领袖这一主题，我们有必要从下面的这个事实着手，那就是托克维尔不用“领袖”这个词，这个词是相当晚近的发明。尽管有这样一个事实，或者说，恰恰是因为这样一个事实，关于“统治”一个民主政体，托克维尔仍有许多话要说，而“统治”是托克维尔更偏爱的用词。除“统治者”之外，他也用到诸如“政治家”、“首领”、“管理事务的人”、“管理国家的人”、“公共人物”等词，也更一般化地使用“长官”一词。①

托克维尔的遣词较之我们今天更正式。对我们来说，一个领袖人物既可以领导一个政府，也可以领导一个私人社团，比如类似麦当娜这样的“时尚领袖”。因为在我们今日的用法当中，“领袖”一词跨越了私人和公共领域的边界，因此他同那些被他领导的人们之间并无清晰可辨的关联。一个领袖人物似乎可以同“追随者”区别开来，但这可能吗？领袖人物势必要走在

① 这些例子都采自托克维尔《论美国的民主》(Trans. by Harvey Mansfield and Delba Winthrop, Chicago: University of Chicago Press, 2000)的 I 2.5，第 210—212 页。本文所有对《论美国的民主》的引用均出自这一译本，简写为 *DA*，之后的阿拉伯数字表示此译本中的页码。

追随者的前面，但是一个领袖人物仅仅是在盘算或猜测追随者想去往哪里？还是在实际上采取了一项非他的领导众人将无法接受的政策？这一点却很模糊。普通领袖人物即使在汲汲于顺从民意之时通常也会采用风险最小的路线，因为民意经常是错误的，人民也可能改变他们的决定；但是一个领袖人物只有在决心做一件为众人所不喜的事情时，才值得为担当风险而受到赞扬。勇于担当不受欢迎这一风险是否可以定义领袖呢？或者我们只能说，一个不再被追随的领袖就不再是领袖了呢？这些问题的答案很模糊，正是这种模糊构成了“领袖”一词的题中之意。

托克维尔举了两个我们可称之为“领袖”的美国总统的例子，华盛顿和杰克逊。前者是正面的，后者是反面的。《论美国的民主》两次赞誉了华盛顿，一次是因为华盛顿所主张的置身欧洲事务之外的外交政策（也就是所谓的“伟人的政治遗嘱”，*DA* I 2.5，217），另一次则是因为华盛顿对印第安人的宽大政策（*DA* I 2.10，320）。前一项政策成功了，这很可能是因为华盛顿诉求了“得到恰当理解的美国人的自我利益”；但是，当法国大革命激发美国人民采取立场反对英国时，仅仅是由于“华盛顿铁一般的性格”和“这位伟人的严厉理性”坚决抵抗了多数的意志（*DA* I 2.5，218，220）。人们并没有遵守华盛顿对待印第安人的那种“高贵而有德的政策”，残暴、贪婪和暴力仍然是印第安人所受的待遇。关于杰克逊，托克维尔说：“杰克逊将军是多数的奴隶：他追随多数的愿望、欲望及其半遮半掩的本能，他甚至进行占卜，并身先士卒地奔向那地方。”（*DA* I 2.10，377）

谈论作为“伟人”的华盛顿和作为“多数的奴隶”的杰克逊，托克维尔的倾向判然，而我们则避免下这样的评判，因为我们称呼他们两人同为“领袖”。[①] 对今天的我们来说，做“多数的奴隶”尤其困难，因为这要求我们去考察“多数”，而不是仅仅将任何的“多数”都视为民主合宪。这一术语本身使我们回想起亚里士多德将民主煽动家当做人民的讨好者的那些描述。在

---

① 关于“个人的坚定”和避免“曲意逢迎”于总统职位的重要性，参见《联邦党人文集》，程逢如等译，商务印书馆 1997 年版，第 71 篇。

以法律为基础的民主当中,亚里士多德说,最好的公民主持工作,而失去法律的民主将是煽动家们的舞台。“人民成为君主,众人合为一人。”[①]失去法律的人民如同君主那样统治,一个可比之僭主的君主,他通过煽动家逞其意志,正如同僭主通过宠臣逞其意志那样。这样的人民实际上成就了煽动家,因为即使煽动家通过激发人民而驱使人民,采取这一手法仍然要顺从人民的欲望。煽动家并不像来美国的旅游者有时说的那样,是“外来的鼓动者”,所谓的从镇子外面而来,煽动群众的情绪。因此,托克维尔遵循亚里士多德的意见,认为一个“多数的奴隶”,无论多么强大和精力充沛,都不能成其为一个领袖。

领袖身份的这种模糊性把我们带向这样一个问题:谁统治民主?人民还是领袖?托克维尔此书中曾有一个章节的标题是这样的:“何以严格地说美国是由人民统治的”(*DA* II 1.2,165;参见 I 1.4,55)。当然,这并不意味着这个国家是纯粹的民主制;它的意思是说“人民施行统治”。尽管政体类似属于代议制,代表则包含了各种对人民意志设置障碍的形式,但没有什么障碍可以永久性地阻止人民的看法、偏见、利益甚至激情,不让它们对社会进行日常的指导。在美国,无论存在什么样的非民主制度,比如法官的突出地位,这都是因为人民同意如此;奴隶制存在,这是因为人民同意如此或者人民不想废除它。托克维尔反对精英理论及其“寡头铁律”,因为这一理论实际上是说民主是不可能的,它总是要被领导人物操纵。不,在美国,民主就是现实。尽管美国的民主不够完善,但这一判断却适得其所。托克维尔相信,美国的民主正在深化;民主不会是当下的存在,相反,它将变得越来越民主,它具备民主革命的性格(*DA* I Introd.,3)。今天,一些左派人物希望美国民主或完全或部分地清洗掉身上那些非民主的成分,他们实际上恰恰暗示了这样一种人民的形象:人民在其知识领袖的策动下,不断走向更纯粹、更平等的民主。但是,在托克维尔看来,民主有其自身的动力。它由其自身出发而走向更纯的民主,这是因为它已经是民主的了。那些领袖人物

① 亚里士多德:《政治学》,吴寿彭译,商务印书馆 1997 年版,1292a10,第 191 页。

并非像其自我想象的那样是原动的和独立的;他们仅仅是告诉人民走向人民早就想去的地方而已。

然而,人民握有最高权力这一事实并不就意味着人民将听从其领袖的建议,让民主更加纯粹。事实上,在当今美国政治的舞台上,握有最高权力的人民并不愿意跟随平等派知识分子的风潮,这些知识分子坚持带给人民超出其所愿的平等和权力;没有什么比这一现象更值得瞩目和更可笑的了。[①] 然而,自托克维尔时代以来,伴随着奴隶制的废除、种族隔离的消除以及女权运动等等,美国社会的状态已经变得更加民主了。不过事情到此并未结束:美国民主,托克维尔说,追寻的是人之可完善性的理念,而这一理念却并不十分清晰(*DA* Ⅱ 1.8,426—428)。美国人需要可完善性,但是他们并不知道"完善"究竟所指为何,以便他们可以确定他们是在完善而不是损害民主;他们在民主的方向上行走,时而率性而为,时而犹豫谨慎,时而退缩。在这样一个深刻的意义上,美国的民主可说是没有领袖的;它没有被领导。托克维尔称民主革命乃是一桩"天意事实"(*DA* I Introd.,6),上述就是其中原因之一。

还应当注意的是,民主在美国至高无上,但仍可以接受教诲。托克维尔希望教诲这一民主,这正是领袖人物的活动,或者用他更清楚的表达就是,引导;托克维尔通过将民主的理论对照于民主的实践来进行这一活动(*DA* I Introd.,7)。美国人已经做了他们应该做的那些事情,但是应当把他们的德性向他们指出来,以便他们更好地理解这一切。另外,这些德性势必要加以分析,以便启蒙欧洲国家,在民主革命的道路上,欧洲国家仍步履缓慢。美国人民,尽管大权在握,但既不是无形式的、失去法律的"大众",如法国大革命时期那样;也不是亚里士多德谈论的那种僭主形态。简单地说,关于"领袖",我们可总结出美国民主的两个方面:它对自由制度的使用和对人类

---

① 注意一下德沃金最近的宣言:"许多因素促成了自由主义的政治衰落……但是许多普通人的自私和不宽容无可否认正是问题的一部分。让人民发言已经不够了,我们必须改变人民的想法。"(Announcement for a lecture to be given on Febrary 11, 2003, at the Siemens Stiftung in Munich, Germany.)

不平等的管理。

民主由平等和自由双方面加以刻画，并且托克维尔说，对平等的激情要超越对自由的趣味(*DA* Ⅱ 1.1,482)。但是，美国人通过使用“自由制度”而赋予自身领袖(*DA* Ⅱ 1.4,485—488)。自由制度采用选举制；它们允许公民自愿竞逐公职，只要他看到在他的私人利益和公共福利之间存在的联系。这一联系在一些局部事务上是最易分辨的，比如道路建设。在竞争公职时，公民走出了“个人主义”的范围，在这一范围当中，他是那庞大而散乱的大众中无能的成员(这是托克维尔的一个新概念，见 *DA* Ⅱ 1.1—2,482)。他们满足他们的野心并学会合作，国家也因此更为繁荣。“使美国繁荣的不是选举的官员，而是官员的选举。”(*DA* Ⅱ 1.4,488)那使美国富强的不是经济自由而是政治自由，不是利益而是野心。自由制度地基深厚，耸入云霄，这就是为什么托克维尔在新英格兰诸镇花费大量笔墨的原因(*DA* Ⅰ1.5,56—75)。他解释说，市镇制度很难说得上是创立而成的，它是自我生成的，在自发的意义上来讲，它是“自然的”。它的政府十分粗糙，无论理性还是道德都存在诸多失误；那些赞赏精致而理性化的官僚制度的人自然轻蔑视之；但是，它容许平等的人们通过自治而生活在自由当中，人们因此而建立功业并自感能力十足(可能事实上并非如此)。平等就其自身而言并不保证人们有能力而非无能力，如果缺乏能力，那么平等并不能对握有大权的人们有所帮助。自由确证平等乃是通过教导人们如何合作而强大，而非孤立而弱小。伴随地方政府一起的是各种各样的政治和民间团体，而这正是托克维尔赞誉美国人的地方(*DA* Ⅰ 2.4；Ⅱ 2.5—7)。

自由制度以自治和自主社团始，但并不以之为终。主权人民也必须在宪法中成为一个整体，而宪法乃是一件以复杂理论为基础的“艺术品”，这与市镇制度的自然自发性形成鲜明对比。宪法由联邦党人构想完成，联邦党是共和国草创期间的大党之一，同 19 世纪 30 年代那些无果而终的小党实在是判然有别。联邦党人实质上是贵族式的，在美国的民主中因此只能是少数，他们因此本就不可能发挥较之实际更长的影响(*DA* Ⅰ 2.2,168—169)。还有，他们之出现在共和国初生的舞台上也实属“非常幸运”。有时候，民主也可能得到较之期望更好的领袖，简直物美价廉。但我们能说，普通公民或庸常之人的自由也包括了杰出人物的自由吗？我们能说，这些杰出人物通过抑制并小心塑造自己对骄傲的表露就能赢得选举吗？代议制民主中的职位可使小部分官员居于同胞公民之上，而用不着宣称比同胞公民优越，因为人民觉得让别人当官仅仅是因为这对自己有好处而已。通过这种方式，自治的形式和程序完成了双重任务：阻拦人民意志的即时胜出（尽管不可能长久为之）；提供空间，容许有野心的个别人获得地位并对公共福利有所贡献，这些人中很可能碰巧会有一个伟人出现。在书的结尾，托克维尔警告民主中的人们对使他们自由的诸种形式不要怀有那种“本能的蔑视”（*DA* II 4.7,669；Ⅱ 1.1）。民主主义者偏爱不规则，也不耐心，他们总是喜欢直奔目标而忽略审慎和适当的程序。托克维尔对统治程序的关心是亚里士多德对没有法律的民主之批判的一个温和的现代版本。

美国民主尝试管理人类的不平等，不忽视它，也不向它低头。美国的自由制度似乎达到了这样的效果：使野心民主化，从而变得普遍而平庸。每个人从事一种职业。困难在于：野心一旦民主化就势必琐碎并贯注于当前的直接目标之上，因此而变得“安静而低贱”。高贵的野心要求骄傲，而骄傲在民主中是最缺乏的。“我愿意失去诸多小德以换取此一大恶”，托克维尔说（*DA* II 3.19,604）。托克维尔提醒我们，人们在判断他人时常常依据两套标准：一是普遍而单一的正义标准，二是复杂而狭窄的荣誉标准。民主国家倾向于以人性之共同需要来论人断事，而非依据关于荣誉的特殊法典；民主制的荣誉感要弱于贵族制，而混合和宽容的公共看法又加强了这一情形。但是，民主国家确实也把另一些东西视为荣誉，比如商业上的合常规性以及面对失败、从头再来的勇气（*DA* Ⅱ 3.18,589－599）。民主和自由的理论，以相反的方式心念自利和漠然之道德，对于野心和荣誉它们自然无话可说，而私人感受和公共福利正是在此发生交汇。托克维尔在此又一次表明，美国民主的实践较之霍布斯、洛克以及其他未提名作家的理论更为明智。

托克维尔确实并未指名道姓地描绘了他所不赞同的两种理论家：泛神论者和民主派历史学家（*DA* Ⅱ 1.7,20）。他们并非人们所想象的那样不同,泛神论者描绘宇宙为一个统一体,以克服人类身上的特殊性格,而民主派历史学家通过大而普遍的原因解释历史,而忽略了个体人物的行动。关于后者,托克维尔强调指出,在处理大而普遍的原因之时,历史学家本人显得伟大,而处身这些因果当中的其余人则显得渺小。在接下来谈论议会中的雄辩那一章(*DA* Ⅱ 1.21),托克维尔评论如下:不同于贵族制中的代表,一个民主制中的代表感到有必要以其滔滔雄辩去表明他和他的选民是何等重要。因此,民主代议制的精神同民主派历史学家归之于个人的那种无意义是相矛盾的(当然,托克维尔在此排除了自己作为民主派历史学家)。民主制中的代表相信,他是重要的,因此人是重要的。这是一个充满贵族气息的真理。民主人希望得到尊崇;他有生活在贵族制中的欲望,因为在那里他可以得到尊崇,而对这一欲望,他本人可能并未意识到。

托克维尔否认一个贵族制和民主制的混合体可以成为现实,他宣称,贵族人和民主人"看起来是两种不同的人性"(*DA* Ⅱ 4.8,675)。但是,多少有线索表明在美国民主中存在贵族制的因素。其中之一就是法官,托克维尔称之为"美国的贵族"(*DA* Ⅰ 2.8,251—258)。在美国,法官是"政治阶级",这一阶级正是旧制度中的法国所缺乏的。[①] 取而代之的是那个被称为"哲学家们"的文人阶层,他们既不了解政治也不从事政治。对托克维尔来说,美国乃是一种未曾深受此一缺陷之害的"民主的形象"。在美国这地方,知识领袖与政治领袖之间仍保持着一个安全的距离。

(本文译者系西南政法大学法学研究所学术助理)

① 托克维尔:《旧制度与大革命》,冯常译,商务印书馆 1996 年版,III,8。

春秋决狱

大革命与新制度

——希罗多德《原史》Ⅲ.79—83意图略考①

林国华

——对人类精神的考古是古典史撰的专有事业

罗马政要兼大文豪西塞罗(Cicero)在《法律篇》(*De legibus*)卷一考究诗歌与历史的修辞风格时,把希罗多德(Herodotus)誉为"历史之父"(Pater Historiae),这已经是文史学界耳熟能详的佳话。② 希罗多德以"Historia"这个字的复数形式命名其著作,翻译界前辈王以铸先生以"历史"汉译之。最近有西洋学人(施特劳斯学派中人)倡议将之译为"*Enquiries*",虽得其引申义,但却失其表面,不合译业规矩。当代古典学家刘小枫探究此字的希腊原旨,译之为"原史",笔者颇以为是,并希望这个译法能够自此沿用下去。此不多论。

看《原史》卷三第79—83节原文:

(3.79)他们杀死了两个玛哥斯僧,并割下了他们的首级之后,却把

① 关于《原史》相关文本的希腊文词法和句法问题,笔者请教了郑文龙先生,在此致谢。

② 西塞罗:《法律篇》(*De Legibus*)I.1.5:"Cum in ilia [此处指历史]omnia ad veritatem, referantur, in hoc[此处指诗歌] ad delectationem pleraque; quamquam et apud Herodotum, patrem historiae, et apud Theopompum[四世纪希腊史家,修辞学家 Isocrates 的门生,其史撰重修辞,轻史实] sunt innumeriabiles fabulae."也可参考西塞罗:《论演说家》(*De oratore*),Ⅱ.13.55—57。

伤者留在原处,这一则是由于他们已非常虚弱,此外还为了要他们看守城砦;其他五个人便拿看两个玛哥斯僧的首级,一路呼喊叫啸着跑出来叫所有的波斯人前来帮助,告诉他们自己所做的一切并把首级给他们看。同时他们又把他们在路上所遇到的每一个玛哥斯僧都给杀死了。当波斯人听到这七个人所做的一切以及玛哥斯僧人如何欺骗了他们的时候,便决定追随他们的榜样,也掏出匕首把他们所能寻找到的全部玛哥斯僧都杀死了。而如果不是夜幕降临而使他们不得不停手的话,他们恐怕是不会叫任何一个玛哥斯僧得到活命的。这一天是一切波斯人同样都举行的最盛大的神圣的日子;他们为这件事举行了盛大的节日,并称之为玛哥斯僧屠杀节;在节日期间,玛哥斯僧不许到街上来,他们要整天留在自己的家里。

(3.80)当五天以后混乱的情况好转的时候,那些起来反抗玛哥斯僧的人们便集会讨论全部局势,在会上所发表的意见,在某些希腊人看起来是不可信的:但毫无疑问这些意见是发表了的。欧塔涅斯的意见是主张使全体波斯人参加管理国家。他说:"我以为我们必须停止使一个人进行独裁的统治,因为这既不是一件快活事,又不是一件好事。你们已经看到刚比西斯骄傲自满到什么程度,而你们也尝过了玛哥斯僧的那种旁若无人的滋味。当一个人愿意怎样做便怎样做而自己对所做的事又可以毫不负责的时候,那么这种独裁的统治又有什么好处呢?把这种权力给世界上最优秀的人,他也会脱离他的正常心情的。他具有的特权产生了骄傲,而人们的嫉妒心又是一件很自然的事情。这双重的原因便是在他身上产生一切恶事的根源;他之所以做出许多恶事来,有些是由于骄傲自满,有些则是由于嫉妒。本来一个具有独裁权力的君主,既然可以随心所欲地得到一切东西,那他应当是不会嫉妒任何人的了;但是在他和国人打交道时,情况却恰恰相反。他嫉妒他的臣民中最有道德的人们,希望他们快死,却欢迎那些最下贱卑劣的人们,并且比任何人都更愿意听信谗言。此外,一个国王又是一个最难对付的人。如果你只是适当地尊敬他,他就会不高兴,说你侍奉他不够尽心竭力；如果你真地尽心竭力的话，他又要骂你巧言令色。然而我说他最大的害处还不是在这里；他把父祖相传的大法任意改变，他强奸妇女，他可以把人民不加审判而任意诛杀。不过，相反的，人民的统治的优点首先在于它的最美好的声名，那就是，在法律面前人人平等。其次，那样也便不会产生一个国王所易犯的任何错误。一切职位都抽签决定，任职的人对他们任上所做的一切负责，而一切意见均交由人民大众加以裁决。因此我的意见是，我们废掉独裁政治并增加人民的权力，因为一切事情是必须取决于公众的。”

(3.81)欧塔涅斯发表的意见就是这样。但是美伽比佐斯的意见是主张组成一个统治的寡头。他说：“我同意欧塔涅斯所说的全部反对一个人的统治的意见。但是当他主张要你把权力给予民众的时候，他的见解便不是最好的见解了。没有比不好对付的群众更愚蠢和横暴无礼的了。把我们自己从一个暴君的横暴无礼的统治之下拯救出来，却又用它来换取那肆无忌惮的人民大众的专擅，那是不能容忍的事情。不管暴君做什么事情，他还是明明知道这件事才做的；但是人民大众连这一点都做不到而完全是盲目的；你想民众既然不知道、他们自己也不能看到什么是最好的最妥当的，而是直向前冲，像一条泛滥的河那样地盲目向前奔流，那他们怎么能懂得他们所做的是什么呢？只有希望波斯会变坏的人才拥护民治；还是让我们选一批最优秀的人物，把政权交给他们罢。我们自己也可以参加这一批人物；而既然我们有一批最优秀的人物。那我们就可以做出最高明的决定了”。

(3.82)以上便是美伽比佐斯的看法了。大流士是第三个发表意见的人。他是这样说的：“我以为在谈到民治的时候，美伽比佐斯的话是有道理的，但是在谈到寡头之治的时候，他的话便不能这样看了。现在的选择既然是在这三者之间，而这三者，即民治、寡头之治和独裁之治之中的每一种既然又都指着它最好的一种而言，则我的意见，是认为独裁之治要比其他两种好得多。没有什么能够比一个最优秀的人物的统治更好了。他既然有与他本人相适应的判断力，因此他能完美无缺地统治人民,同时为对付敌人而拟订的计划也可以隐藏得最严密。然而若实施寡头之治,则许多人虽然都愿意给国家做好事情,但这种愿望却常常在他们之间产生激烈的敌对情绪,因为每一个人都想在所有的人当中为首领,都想使自己的意见占上风,这结果便引起激烈的倾轧,相互之间的倾轧产生派系,派系产生流血事件,而流血事件的结果仍是独裁之治;因此可以看出,这种统治式乃是最好的统治方式。再者,民众的统治必定会产生恶意,而当着在公共的事务中产生恶意的时候,坏人们便不会因敌对而分裂,而是因巩固的友谊而团结起来;因为那些对大众做坏事的人是会狼狈为奸地行动的。这种情况会继续下去,直到某个人为民众的利益起来进行斗争并制止了这样的坏事。于是他便成了人民崇拜的偶像,而既然成了人民崇拜的偶像,也便成了他们的独裁的君主;在这样的情况下也可以证明独裁之治是最好的统治方法。但是,总而言之,请告诉我,我们的自由是从什么地方来的,是谁赐予的——是大众,是寡头,还是一个单独的统治者?因而我认为,既然一个人的统治能给我们自由,那么我们便应当保留这种统治方法;再说,我们也不应当废弃我们父祖的优良法制;那样做是不好的。”

(3.83)在判断上述的三种意见时,七个人里有四个人赞成最后的那种看法。①

笔者解读如下:

这是一场著名的政治辩论,发生在古代波斯王宫。关于其真伪问题,笔者在此不打算刻意考证追究,那只是19世纪德国史学的风格和家法,笔者并不认同。凡是从昔日传下来的,都可以假定是真的。——这就是笔者研读古代文本过程中所遵从的路数。关键的问题不在史实的真伪,而在世事的是非。②

① 希罗多德:《历史》,王以铸译,商务印书馆2007年版,第231—234页。

② 参见拙文:“柏拉图的‘叙拉古’与狄翁的‘友谊’难题”,刘小枫、陈少明主编:刊《经典与解释·古典传统与自由教育》,华夏出版社2005年版,第161页,注2。

这场辩论发生在大革命之后，辩论的主题从表面上看是民主制、贵族制和君主制三种政体的优劣，所以这也是有关国家基础之自然本性(nature)的辩论。涉及国家终极根基问题的辩论得以发生的一个必要前提是国家权威的缺席。① 只有政治宗法权威不在场的情况下，理性的言谈方能出现。——辩论继大革命而后起，就是这个意思。政治辩论具有强烈的反权威的意图，其本身就是大革命行动的一部分。大革命摧毁了玛哥斯僧侣阶层所掌控的政治权威。希罗多德设计的这个场景很难不让人想起柏拉图在《理想国》开篇为那场有关国家正义之本性的讨论所设计的场景。——讨论得以进行的前提是老迈而虔敬的塞弗卢斯必须退场。②

下面进入问题的关键。这场辩论表面上是三种政体的比较，它在西洋学界也基本上被历代注家认为是有关所谓“政体分类”理论的最早表述，为柏拉图的《政治家》、《理想国》和《法律篇》中的类似讨论提供了灵感，并且在亚里士多德的《政治学》卷四臻至完满。亚里士多德以降，所有经典政治理论作家都必定会在他们的经典作品中为这个论题保留一章核心篇幅。这一学统反映了寻求“最佳政体”的恒久愿望，这个愿望是古典式的。直到霍布斯以在“自然公法”(*jus publicum universale seu naturale*)的旗帜下建构的所谓普世性的“正当政体”(legitimate regime)替代了“最佳政体”，这个政治学中的古典学统才得以终结。③ 回到我们的文本——这场有关政体类型的辩论的确容易令人想到亚里士多德的《政治学》卷四的“政体类型学”，以至于刘小枫老师在2006年春季西南政法大学的法理课堂上径直将这场辩论戏称为“比较宪法学”。

---

① 参见柏拉图：《法律篇》，634e。

② 与塞弗卢斯退场几乎同时发生的就是苏格拉底与年轻的波勒马库斯对正义的“定义”的追问。追问正义的定义就是追问正义的自然本性。柏拉图：《理想国》331d-e。参见 mqb Stanley Rosen, *Plato's Republic: A Study*, Yale University Press, 2005, p. 19ff。

③ 参见 Leo Strauss, *Natural Right and History*, the University of Chicago Press, 1950, 1953, pp. 190－192。比较霍布斯：《利维坦》(拉丁文版)，第 XXX 章，第 3－4 段 (Hobbes, *Opera philosophica omnia*, Vol. Ⅲ, Edited by William Molesworth, Thoemmes Press, 1999, pp. 240－241, Cap. XXX, “De officio summi imperantis”)。

这种以亚里士多德式的“政治科学家”的视角所做的观察显然是有问题的,因为,这种视角忽略了这场政治辩论的具体场景。这场辩论出现在史家的史书中,而不是政治科学家的研究论文中;不是“《政治学》(*Politica*)”,而是“《原史》(*Historiae*)”才是这场辩论的文本情境。这意味着,对这场辩论的理解不得不首先回到它赖以发生的历史语境。前文有述,这场辩论已经是大革命的组成部分。具体而言,辩论的参与者不是政治科学家,而是七位贵族,他们发动了一场血腥的贵族革命,并且从残酷的大革命中幸存下来。玛哥斯僧侣的人头虽然被砍掉,但大革命的血腥并没有涤除净尽,政治局势仍然暧昧不明,保护与服从这一国家根本秩序[①]仍然没有定局,七位贵族革命者也依旧处于革命后必然产生的“自然状态”中。——“暴死”的可能性是悬在这七位贵族头上的最根本的“necessity”(必然性)!不是哲学家的逍遥闲暇,而是革命的政治家的紧急状态,才是这场辩论的根本前提和氛围。辩论中所有的辩辞都必须在这个前提和氛围下才能得到恰当的理解。所以,笔者不准备认同所有试图在亚里士多德《政治学》卷四所构成的安闲的哲学语境下解读这场波斯宫廷辩论的意图和意义。

那么,问题就来了。——在政治革命者所处身的紧急状态中,换句话说,在大革命意犹未尽的血色激情中,那个对于大革命的幸存者而言最紧急的问题,就是这场政体辩论的起点、动力和目的。常识告诉我们,这个问题就是安全,[②]革命幸存者的安全,也就是这七位贵族的安全。——因此,这场发生在大革命后的波斯王宫中的辩论的主题不是民主制、贵族制和君主制政体本身(by nature)的优劣问题,而是在这三种政体中,究竟哪一种能够保证革命贵族的安全。三个辩论者中,似乎只有大流士一人将这个问题一语道破:“但是,总而言之,请告诉我,我们的自由是从什么地方来的,是谁赐予的——是大众,是寡头,还是一个单独的统治者?”(3.82)

与大流士不同,辩论的另外两个参与者,欧塔涅斯和美伽比佐斯,似乎

---

① 对比霍布斯:《利维坦》之“综述与结论”(第567—578页)与维柯:《新科学》,第1102—1106节。

② 柏拉图:《法律篇》,960b—c。

没有看到这个生死攸关的问题，但这可能只是表面的假象。

欧塔涅斯的辩辞看起来是一副民主做派，尽管他是一位地地道道的贵族。驱使欧塔涅斯主张民主政体的理由是他在暴政下的政治生活经历："你们已经看到刚比西斯骄傲自满到什么程度，而你们也尝过了玛哥斯僧的那种旁若无人的滋味。当一个人愿意怎样做便怎样做而自己对所做的事又可以毫不负责的时候，那么这种独裁的统治又有什么好处呢？"(3.80)所以，欧塔涅斯认为："我以为我们必须停止使一个人进行独裁的统治，因为这既不是一件快活事，又不是一件好事。"(3.82)

美伽比佐斯针对欧塔涅斯的民主辩辞提出自己的意见，他认为，欧塔涅斯反对"一个人的暴政"的辩辞是可以接受的，但他不能接受欧塔涅斯把权力平均分给民众的民主方案。为什么？暴政的反方不正是民主吗？笔者认为，美伽比佐斯之所以反民主，乃在于他的一个担忧或者洞见：民主有可能沦为多数人的暴政："没有比不好对付的群众更愚蠢和横暴无礼的了。把我们自己从一个暴君的横暴无礼的统治之下拯救出来，却又用它来换取那肆无忌惮的人民大众的专擅，那是不能容忍的事情。"(3.81)当民主沦为多数人的暴政的时候，对于贵族而言那可能意味着什么呢？很简单，如果我们承认贵族的天性是逐杀暴君的，那么，当处于"一个人的暴政"状态的时候，事情很好办，搞一场革命，把那个独夫杀掉即可；可是，如果全部民众都成了暴君，单凭区区几个贵族又怎么可能杀得完呢？——这才是美伽比佐斯的难言之隐所在。所以，在这个未言明的前提下，就不难理解为什么美伽比佐斯在反驳欧塔涅斯的时候频频提到"我们"。——"还是让我们选一批最优秀的人物，把政权交给他们罢。我们自己也可以参加这一批人物；而既然我们有一批最优秀的人物[①]。那我们就可以做出最高明的决定了。"(3.81)此处的"我们"当然是指"我们贵族"。——贵族的自我意识只有在面对民众的时候才变得无比鲜明和高昂。[②] 美伽比佐斯拥有天生敏锐的贵族意识，他从

① "最优秀的人物"希腊文原意即"贵族"，这一语义同样也反应在拉丁文中。

② 黑格尔：《精神现象学》，第四章。

欧塔涅斯的民主论调与做派中,隐隐感到了天然的来自民众的威胁。既然持守民主立场,在欧塔涅斯的辩辞中,当然不必出现"我们贵族"之类的自我指谓。——欧塔涅斯很可能是隐藏在贵族阶层中的"坏分子"。美伽比佐斯感受到了这一点,所以他有点忿忿不平地说:"只有希望【我们的】波斯会变坏的人才拥护民治。"(3.81)单凭这一句话,美伽比佐斯必定会付出血的代价,当然,前提条件是欧塔涅斯的民主方案在其本人的主导下得以实施。这句话无疑是贵族对平民的宣战书,它的背后,党争和内斗的血腥不难预见。①

在平民派欧塔涅斯与贵族派美伽比佐斯的交锋之后,大流士最后提出自己的辩辞。他的辩辞显示,他显然预见到了这种血腥。大流士赞同美伽比佐斯针对民主政体中的多数人的暴政的驳辞,通过赞同美伽比佐斯,大流士否定了欧塔涅斯,亦即否定了民主方案。这种辩论技巧本身也许就彰显了大流士以贵族制衡民众的君主技艺。在欧塔涅斯的民主方案中,大流士不仅看到了美伽比佐斯所看到的,即多数人的暴政,而且也看到了美伽比佐斯没有看到的可能性,即多数人的暴政必然重归一个人的暴政:"民众的统治必定会产生恶意,而当着在公共的事务中产生恶意的时候,坏人们便不会因敌对而分裂,而是因巩固的友谊而团结起来;因为那些对大众做坏事的人是会狼狈为奸地行动的。这种情况会继续下去,直到某个人为民众的利益起来进行斗争并制止了这样的坏事。于是他便成了人民崇拜的偶像,而既然成了人民崇拜的偶像,也便成了他们的独裁的君主。"(3.82)

与此同时,最为大流士担心的还是美伽比佐斯(贵族)与欧塔涅斯(民众)之间潜在的流血冲突。所以,美伽比佐斯骄傲和自私的贵族意识需要一定程度上的节制。这也就是大流士为什么说,在谈到寡头(贵族)之治的时候,美伽比佐斯的话就没有道理了。换句话说,贵族政体是不可行的。贵族不仅是民众的天敌,而且贵族自身之间也是互为敌对的。大流士对贵族的

---

① 亚里士多德在《政治学》第五卷1310a9中提到了贵族对平民的古老仇恨以及决意与平民为敌的可怕誓言:"我深恶平民,当尽我力之所及,以消除其祸害。"比较《政治学》1296a27－32。参维柯:《新科学》271、588、611对此誓言的解释。

躁动不安的天性了若指掌："然而若实施寡头之治，则许多人虽然都愿意给国家做好事情，但这种愿望却常常在他们之间产生激烈的敌对情绪，因为每一个人都想在所有的人当中为首领，都想使自己的意见占上风，这结果便引起激烈的倾轧，相互之间的倾轧产生派系，派系产生流血事件，而流血事件的结果仍是独裁之治。"(3.82)在大流士的描摹下，贵族就像赫西俄德(Hesiod)笔下的"青铜时代"人一样拥有天生的内斗习性，以至于常常是"自己用自己的手把自己毁掉"。[①] 在这个意义上，没有什么比贵族政体更加不能保证贵族的安全与自由了。看起来，贵族政体似乎生来就是要毁灭贵族的。——这是贵族政体的最大悖论。[②]

笔者认为，正是针对欧塔涅斯觊觎独裁的民主居心[③]，尤其是针对美伽比佐斯足以导致自我毁灭的贵族意识，大流士才提出了下面这个纲领性的问题："总而言之，请告诉我，我们的自由是从什么地方来的，是谁赐予的——是大众，是寡头，还是一个单独的统治者？"对于这个问题，贵族派美伽比佐斯缺乏足够的警觉，而民主派欧塔涅斯则讳莫如深。两者皆事出自然。美伽比佐斯的迟钝来自贵族特有的狭隘和自私，而欧塔涅斯的叵测城府则来自民主派特有的弱者的嫉妒和工于心计。[④]

针对存在于国家肌体中的这两种危险势力，大流士的解决方案是君主政体。颇具王者气度的大流士似乎注定就是来收拾平民和贵族之间以及贵族与贵族之间的内斗所造成的残局的。大流士纠正了欧塔涅斯的似是而非的意见，即认为暴政的反方就是民主。大流士认为，君主政体，而不是民主政体，才是暴政的反方。[⑤] 这是大流士对欧塔涅斯的回答。在大流士看来，

---

① 赫西俄德：《劳作与时日》140－155。

② 在赫西俄德的"五代神话"中，唯独青铜时代的人是自取灭亡的，其他时代则都是神亲手埋葬的。

③ 参见《原史》3.83关于欧塔涅斯及其家族的政治命运。

④ 参见马基雅维里在《佛罗伦萨史》中对"贵族"与"民众"的精神性格深刻的文学刻画。

⑤ 参见柏拉图：《政治家》301a－303b，《理想国》第八卷、亚里士多德：《政治学》第四—六卷的相关讨论。柏拉图甚至认为，君主政体与民主政体乃是两种无所不在的"母制"，所有其他政体皆以不同的混合方式来源于这两种政体。参见柏拉图：《法律篇》，693d。

率先实行君主制,无疑意味着它提前堵死了欧塔涅斯从多数人的民主暴政走向一个人的暴君的暴政的野心和步伐。对于相对单纯一点的贵族派美伽比佐斯,大流士的回答直截了当:贵族政体不能保证贵族的安全和自由。——具有暴君灵魂与意图的民主派的风格往往就像罗马第二帝提比略(Tiberius)那样阴郁叵测、讳莫如深,而原汁原味的贵族大都像科里尔拉努斯(Coriolanus)那样坦率。——对于前者,大流士回敬以通幽之曲径,对于后者,大流士则坦率相待。

保证贵族的安全的不是贵族政体,而是君主政体。这意味着什么?很简单,这意味着把躁动不安的贵族们变成习惯和平生活的臣民,从而能够安息在君主的独裁政体下。换句话说,就是帝国从此只有安静的臣民,不再有纷争的贵族。这就是大流士所提醒他的两个蠢蠢欲动的贵族朋友的那个"不应当废弃【的】我们父祖的优良法制",也就是居鲁士君主治下的民主帝国。大流士以及所有开明君主所期待的那种国家盛世——即"民主在帝国"——,被后来的罗马史家塔西陀(Tacitus)用一句高度简约的拉丁文总结为:"*In Augustum cessere, qui cuncta discordiis civilibus fessa nomine principis sub imperium accepit.*"①这句垂诸后世的政治格言被意大利政治哲学家维柯(Vico)生动地将之译为:"*ch'è la legge regia naturale con la quale Tacito legittima la monarchia romana sotto di Augusto, qui cuncta, bellis civilibus fessa, nomine 'principis' sub imperium accepit.*"朱光潜先生的中译文也颇得其神韵:"当世界对【贵族们的】内战感到厌倦了的时候,奥古斯都使世界成为在君主名义下的帝国的臣民。"②

维柯正确地看到,作为君主的典范,奥古斯都用以安顿共和国时期扰攘不休的贵族们的东西就是君主政体的基本精神——自然的王法(natural equity=*legge regia naturale*)。凭着这种自然的王法,霍布斯曾经使他的

① 塔西陀:《编年史》第一卷,王以铸、崔妙因译,商务印书馆 1997 年版,第 1 节。

② 维柯:《新科学》第 292 节,亦参见第 1007—1008 两节。

“利维坦”安顿了那些蠢蠢欲动的共和分子；也是凭借这种自然王法，汉密尔顿驯服了“加图”和“布鲁图斯”们的骄傲和狭隘，并最终把和平、强大与透着男子汉气概的民主安顿在了新大陆；①同样凭借这种自然的王法，维柯也曾经期待冥冥中的帝国神意能够把那些醉心于残酷而狭隘的“战争权”(*jus belli*)②的诸民族从野蛮的英雄时代引领出来，并且安息在君主政体这种“在理性时代最能适应人性的秩序中”③。

重述一遍那场发生在波斯王宫里的政体辩论的主旨：能够保证贵族

---

① 在这个意义上，理解托克维尔的《论美国的民主》(或者《民主在美国》)的恰当线索不是别的，而是肇始于奥古斯都大帝时代并在但丁的《帝制论》(*Monarchia*)中达到顶峰的伟大思路——“民主在帝国”，亦即 Pax Augusta。

② “这种最古老的战争权的原则就是英雄时代的各个民族对外方人不以宾礼相待，因为他们把外方人看成永久的仇敌，而且把自己的权力和荣誉摆在能把外方人推到离自己的疆界尽可能远的地方之外。”维柯：《新科学》第 637 页，又参见第 611 节。

③ 维柯：*ibid et passim*。比较但丁(Dante Alighieri)：《宴饮篇》(*Convivio*)IV. 4：“The root foundation underlying the Imperial Majesty is, in truth, man's need for human society, which is established for a single end: namely, a life of happiness, which no one is able to attain by himself without the aid of someone else, since one has need of many things which no single individual is able to provide. Therefore the Philosopher says that man is by nature a social animal. And just as for his well-being an individual requires the domestic companionship provided by family, so for its well-being a household requires a community, for otherwise it would suffer many defects that would hinder happiness. And since a community could not provide for its own well-being completely by itself, it is necessary for this well-being that there be a city. Moreover, a city requires for the sake of its culture and its defense mutual relations and brotherhood with the surrounding cities, and for this reason kingdoms were created. Since the human mind does not rest content with limited possession of land but always seeks to achieve glory through further conquest, as we see from experience, discord and war must spring up between one kingdom and another. Such things are the tribulations of cities, of the surrounding cities, of the communities, and of the households of individuals; and so happiness is hindered. Consequently, in order to do away with these wars and their causes, it is necessary that the whole earth, and all that is given to the human race to possess, should be a Monarchy—that is, a single principality, having one prince who, possessing all things and being unable to desire anything else, would keep the kings content within the boundaries of their kingdoms and preserve among them the peace in which the cities might rest. Through this peace the communities would come to love one another, and by this love all households would provide for their needs, which when provided would bring man happiness, for this is the end for which he is born.” Translated by Richard Lansing, New York: Garland, 1990.——(但丁这段文字，笔者将在“格劳修斯如何使用基督教的仁爱(caritas)思想构造近代和平法权(jus pacis)”中专文讨论。)

的安全的,不是贵族政体,而是君主政体;而在君主政体中,只有臣民,不再有贵族。①

(作者系美国芝加哥大学"社会思想委员会"博士研究生,
现为西南政法大学特聘教授,供职该校法学研究所)

① 有关这场辩论之后的帝国政治安排,参考希罗多德《原史》Ⅲ,第 83 页以下记述以及全书关于波斯帝国的记述。关于大流士治下的帝国情况及其评价,参见柏拉图:《法律篇》第三卷,695c—696b。注意柏拉图《法律篇》的语境:教育并驯服斯巴达式的贵族。在这个意义上,柏拉图与大流士拥有明确的共识。

图书在版编目(CIP)数据

法意.第二辑/赵明主编.—北京:商务印书馆,2008
ISBN 978—7—100—05709—7

Ⅰ.法… Ⅱ.赵… Ⅲ.法哲学—文集 Ⅳ.D90-53

中国版本图书馆CIP数据核字(2008)第101012号

法 意
第 二 辑
赵 明 主编

商 务 印 书 馆 出 版
(北京王府井大街36号 邮政编码 100710)
商 务 印 书 馆 发 行
北京瑞古冠中印刷厂印刷
ISBN 978-7-100-05709-7

2008年1月第1版　　开本 787×960 1/16
2008年1月北京第1次印刷　　印张 19¾
定价:34.00元